# AVOIDING

# WAR

# MAKING

# PEACE

# 避免战争 缔造和平

〔英〕理查德·内德·勒博（Richard Ned Lebow）著
肖宏宇 译

北京大学出版社
PEKING UNIVERSITY PRESS

著作权合同登记号　图字：01-2018-1388
图书在版编目(CIP)数据

避免战争,缔造和平/(英)理查德·内德·勒博著；肖宏宇译.—北京：北京大学出版社,2021.4
　ISBN 978-7-301-32045-7

Ⅰ.①避… Ⅱ.①理… ②肖… Ⅲ.①战争与和平问题 Ⅳ.①D068

中国版本图书馆CIP数据核字(2021)第039751号

Avoiding War, Making Peace, by Richard Ned Lebow
© Richard Ned Lebow 2018
First published in English by Palgrave Macmillan, a division of Macmillan Publishers Limited under the title *Avoiding War, Making Peace* by Richard Ned Lebow. This edition has been translated and published under licence from Palgrave Macmillan. The author has asserted his right to be identified as the author of this Work.

| | |
|---|---|
| 书　　名 | 避免战争，缔造和平<br>BIMIAN ZHANZHENG, DIZAO HEPING |
| 著作责任者 | 〔英〕理查德·内德·勒博（Richard Ned Lebow） 著<br>肖宏宇 译 |
| 责任编辑 | 董郑芳 |
| 标准书号 | ISBN 978-7-301-32045-7 |
| 出版发行 | 北京大学出版社 |
| 地　　址 | 北京市海淀区成府路205号　100871 |
| 网　　址 | http://www.pup.cn |
| 新浪微博 | @北京大学出版社　　@未名社科-北大图书 |
| 微信公众号 | ss_book |
| 电子信箱 | ss@pup.pku.edu.cn　　dzfpku@163.com |
| 电　　话 | 邮购部 010-62752015　发行部 010-62750672<br>编辑部 010-62753121 |
| 印刷者 | 大厂回族自治县彩虹印刷有限公司 |
| 经销者 | 新华书店 |
| | 730毫米×980毫米　16开本　17.5印张　240千字<br>2021年4月第1版　2021年4月第1次印刷 |
| 定　　价 | 59.00元 |

未经许可，不得以任何方式复制或抄袭本书之部分或全部内容。
**版权所有，侵权必究**
举报电话：010-62752024　电子信箱：fd@pup.pku.edu.cn
图书如有印装质量问题，请与出版部联系，电话：010-62756370

谨以此书献给贾尼丝
为了我们之间意趣盎然的合作

# 致　谢

本书借鉴了笔者在20世纪最后四十年里的研究和作品。两次柏林危机和古巴导弹危机发生之际，正值笔者的大学和研究生学习阶段，冲突管理研究成为笔者的兴趣所在。在深入研究了这三次危机及其他危机的基础上，笔者形成了对威慑与胁迫理论的批判观点。20世纪80年代冷战的升温激励笔者扩展了研究范围和对其他冲突管理战略的探索。20世纪90年代早期苏联的解体和冷战的结束给笔者提供了研究不同冲突管理战略的机遇。苏联档案的开放也使得梳理苏联在几次严重的冷战危机中的政策成为可能。贾尼丝·格罗斯·斯坦（Janice Gross Stein）和笔者使用了苏联开禁的这些文件和新近解密的美国文件，并多次访谈了苏联、美国、欧洲、以色列和埃及的官员们，再现了1962年古巴导弹危机和1973年10月的中东危机场景。我们首次得以从危机双方的视角来审视这些危机的起源、过程及其化解经过，并试图洞察常常不能被双方领导者所预见的危机造成的后果。基于有着充分根据的假设，此前贾尼丝和笔者已经通过这种方式重构了其他危机事例，这对于理解基于威胁战略的不确定的、有时适得其反的后果，理解这种战略成功与失败的原因及其对敌对关系的长期影响，是完全必要的。

笔者对威慑和胁迫的批判始于1981年出版的《和平与战争之间：国际危机的性质》（*Between Peace and War: The Nature of Inter-*

national Crisis）一书。随后，笔者在和贾尼丝及其他学者合著的1984年出版的《心理学和威慑》（Psychology and Deterrence）一书中，以及在20世纪80年代后期与贾尼丝共同撰写的一系列文章中，进一步阐述了这种批判。出版于1994年的《我们都输了冷战》（We All Lost the Cold War）一书是笔者和贾尼丝合作的最后成果。我们也在思考冲突管理的其他战略，且认为增信释疑（reassurance）[1]战略最为重要，并努力描述这一战略在解决冷战危机中发挥的作用。本书虽然只有一章是合作的成果，但是在这里转载的其他章节中的许多想法都反映了笔者同贾尼丝的合作。因此笔者首先要感谢她。

笔者很高兴地提及要感谢的其他人：首先是鲍勃·杰维斯（Bob Jervis），他深思熟虑，对《和平与战争之间：国际危机的性质》（霍普金斯大学出版社）一书的评论使笔者获益良多。他还是《心理学和威慑》一书的合著者。其次要感谢的是已故的亚历克斯·乔治（Alex George），他开启了对威慑的实证研究。他不同意笔者对威慑战略或对理性决策的批判，但依旧支持笔者和贾尼丝的研究，并成为我们的好朋友，在许多方面，他也是我们的研究最富有建设性的批判者。出于同样的原因，笔者要感谢欧文·贾尼斯（Irving Janis）。笔者运用了他的决策冲突理论并与他成为关系亲密的朋友。我们对较好的决策将在多大程度上导致较好的政策的看法有着根本的差异，他坚定地认为较好的决策导致较好的政策，而笔者强调了假设的关键作用。在我们开始构思就此题目合写一本书的时候，他被诊断出癌症晚期。

笔者的研究在欧洲比在美国更受欢迎，尤其是法兰克福和平研究所（the Frankfurt Peace Research Institute）的同事更乐于接受笔者的观点。他们邀请笔者到该研究所做研究。1982年，笔者在那里度

---

[1] 已出版的勒博的中文译著《和平与战争之间：国际危机的性质》中译为"示善"。——译者注

过整个夏季，并写了一篇关于导致英国和阿根廷之间的福克兰/马尔维纳斯群岛战争（the Falklands/Malvinas war）的双重情报失败（the dual intelligence failures）的研究文章。笔者要特别感谢时任研究所主任 E. O. 切姆皮尔（E. O. Czempiel），以及研究所的两位同事格特·克雷尔（Gert Krell）和哈拉尔德·米勒（Harald Mueller），他们对笔者的这项研究和随后的合作以及笔者的学术进展贡献良多。

后来笔者相继在位于纽波特的美国海军学院和华盛顿特区的国家战争学院（the US Naval and National War Colleges, in Newport, R. I. and Washington, D. C.）担任战略学教授，在卡特任总统时期，成为中央情报局（Central Intelligence Agency）的首任常驻学者。这些职位教会了笔者很多关于军事和情报部门的知识，使笔者了解到这些部门的人员对于冷战的理解、他们所认为的合适战略及其对战略的评估。在中情局的任职也为笔者了解高层级威胁评估和决策提供了一扇窗。

继而，笔者回归原来的生活，首先在意大利博洛尼亚（Bologna）大学，随后到了康奈尔（Cornell）大学，最后又回到达特茅斯（Dartmouth）大学。在担任康奈尔跨学科和平研究项目主任时，从社会科学、历史和物理学的互动中，笔者获益良多。在俄亥俄州立大学，笔者担任美尔尚中心（the Mershon Center）主任有六年时间，并与瑞克·赫尔曼（Rick Herrmann）和布朗大学的沃森中心（the Watson Center at Brown）进行了密切合作，把来自美国、苏联、德国和英国的高级官员及其顾问召集在一起，组织了冷战结束后的一系列会议。达特茅斯拥有国际关系领域方面杰出的学者，我们定期开会，阅读并批评对方的研究。

最后，笔者要感谢在帕尔格雷夫·麦克米伦（Palgrave Macmillan）出版社负责本书的编辑萨拉·拉夫利（Sarah Roughley）。这是笔者同该出版社合作的第六本书，而笔者第一本书的编辑就是萨拉。她总是有求必应，很有创造力，令笔者十分感激。

# 目　录

第一章　导　言 ………………………………………………… 1
　一、威慑理论和实践 ……………………………………… 3
　二、当代威慑与胁迫 ……………………………………… 8
　三、对传统观念的怀疑 …………………………………… 12
　四、新瓶装旧酒 …………………………………………… 19
　五、章节框架 ……………………………………………… 28
　注　释 ……………………………………………………… 31

第二章　代际学习与外交政策 ………………………………… 43
　一、20世纪30年代的教训 ………………………………… 46
　二、竞争的形象 …………………………………………… 57
　三、结　论 ………………………………………………… 62
　注　释 ……………………………………………………… 66

第三章　威慑：政治和心理的批判 …………………………… 71
　一、数据与方法 …………………………………………… 76
　二、政治失败 ……………………………………………… 78
　三、威慑怎么会事与愿违？ ……………………………… 82
　四、心理的问题 …………………………………………… 84

五、运用威慑的问题 ········································ 88
　　六、唯我独尊 ················································ 94
　　七、对威慑理论的影响 ···································· 95
　　注　释 ··························································· 97
　　参考文献 ······················································· 98

**第四章　第一次世界大战的教训** ························· 102
　　一、历史学者与第一次世界大战 ······················ 104
　　二、代表性 ···················································· 108
　　三、偶然性 ···················································· 111
　　四、大国均势 ················································ 116
　　五、威　慑 ···················································· 120
　　六、危机管理 ················································ 123
　　七、为何协约国获胜？ ···································· 126
　　八、结　论 ···················································· 128
　　注　释 ··························································· 130

**第五章　冷战的教训** ········································· 140
　　一、核威胁与核武器 ······································· 140
　　二、四个问题 ················································ 141
　　三、克制、挑衅还是无关？ ······························ 144
　　四、威慑何时及为何起作用？ ··························· 149
　　五、多少才够？ ·············································· 152
　　六、核武器的政治价值 ···································· 157
　　七、核威胁与核武器 ······································· 160
　　八、关于威慑的后见之明 ································· 163
　　注　释 ··························································· 165

**第六章　如何化解冲突？** …………………………………… 173
　一、实力下降 …………………………………………… 175
　二、总体威慑 …………………………………………… 177
　三、通向和解的路径 …………………………………… 181
　四、说　明 ……………………………………………… 190
　五、何为和解？ ………………………………………… 191
　注　释 …………………………………………………… 194

**第七章　对冲突管理及其解决方案的再思考** ……………… 201
　一、胁迫性战略 ………………………………………… 204
　二、增信释疑战略 ……………………………………… 212
　三、外　交 ……………………………………………… 221
　四、总体思维 …………………………………………… 234
　注　释 …………………………………………………… 242

**索　引** ……………………………………………………… 253

**译后记** ……………………………………………………… 265

# 图表目录

表 3.1　威慑矩阵 …………………………………… 75

表 3.2　勒博-斯坦矩阵 …………………………………… 75

图 7.1　冲突三角形 …………………………………… 237

# 第一章
# 导　言

本书回顾并扩展了笔者对基于威胁的冲突管理战略的批判，并讨论了作为替代的增信释疑战略和外交战略。笔者也探讨了政治和解之根源以及冲突管理与和解之间的关系。在美国和英国的政策制定者、媒体和学者认为过去许多不太成功的战略与当今安全问题有关的情形下，笔者的这项研究尤为及时。当人们普遍担心俄罗斯富有侵略性和中国更加坚定自信时，威慑和胁迫战略回潮。干涉再次成为美国的一项积极战略；2003年以来，美国及其盟友发动了对阿富汗和伊拉克的战争，在美国支持下，欧洲对利比亚进行干涉，推翻了卡扎菲的统治。美国右翼煽动对朝鲜采取军事行动，美国主流媒体对这种煽动展开讨论。①

现在和过去有着显著的不同。对西方最直接的安全威胁是恐怖主义，外部对手越来越表现为非国家团体和运动，北非和中东的动荡使大批难民涌向欧洲。全球化大大增加了病菌的流动性，在东亚或非洲新进化的一种病毒很有可能会危及全世界。长远来说，最大的威胁来自全球变暖的影响，这种影响可能引发经济混乱、水资源短缺和国内外各种冲突。基于威胁的战略与这些问题没有关联。基于威胁的战略与更传统的冲突有关——或者被那些制定政策或试图影响政策的人认为是更为传统的类型——也与打击恐怖主义有关。

这些观点的赞成者常常援引所谓冷战或者其他过去冲突的经验教训。对这些教训进行一番回顾是有价值的，尤其当笔者认为这些教训是错误的时，这么做就更有价值了。笔者从威慑与胁迫战略的批判角度对这些教训提出相反的观点。笔者使用的案例就是这些教训所基于的案例，但笔者掌握了更充分的历史证据。

20世纪80年代和90年代，笔者发表了一些关于冲突管理与预防的研究成果，其中一些是与贾尼丝·格罗斯·斯坦（Janice Gross Stein）合作完成的。[②]这些研究成果形成了对谈判和冲突管理中的威胁战略的强有力批判。其他已出版的作品则涉及其他战略，如增信释疑和外交，以及解决冲突的问题。本书提供了将这项工作的某些部分汇集起来，以超越各种不同的冲突管理战略并探索各战略之间的关系的机会。这些战略的相互影响是怎样的？怎样将这些战略更为有效地组合或规划？笔者的目标是想用更为全面的观点分析冲突管理及其化解策略，并找到冲突管理与冲突化解之间的途径。

需要从冲突各方的角度来评估冲突管理，但是在冷战期间，来自苏联方面的有关东西方重大危机的文献资料匮乏。笔者的多数研究只能聚焦于更早期的威慑事件，包括导致第一次世界大战爆发的冲突事件。冷战的结束提供了获取新信息的渠道，也提供了又一个和解的事例，如更早以前的埃以和平与中美和解一样。近年来，我们已经能够获得关于第一次世界大战的更多信息。从涉及冲突管理战略的这些冲突中可以学到更多知识，这些知识与当前的冲突存在关联。

本书的章节来源于笔者已经发表的关于冲突管理与和解的主要文章。这些文章发表于1989年至2014年间。其核心内容是笔者对直接威慑与总体威慑、常规威慑与核威慑的批判。笔者添加了有关和解及和解需要的条件的讨论。在冗长却富有原创性的结论中，笔者探讨了冲突管理战略综合或者交叉使用的方式，以及达到综合或交叉使用效果的机制。笔者也对这些战略运用与冲突化解的关系进行了探讨。

在第一章的开头，笔者简要介绍了威慑的理论与实践，接着叙述了威慑与胁迫如何被运用于后冷战的世界，以及如何能够运用冷战的教训来对这些战略进行批判。这是为读者预热，也是为了展示这项研究的相关性和重要性。

对美国国家安全政策和学术文献所提供的这种所谓的政策基础感到困扰的国际关系学者来说，笔者和斯坦对基于威胁的战略理论和实践的批判可谓正当时，得到了他们的认可。许多现实主义者和理性主义者则出于政治、心理乃至体制的原因抵制这种批判。笔者要指出，他们的这些反应表明这种研究是如何轻易地就触及人们的敏感神经的。

这是一本关于向过去学习的书，笔者考虑的是学习问题。基于威胁的战略历史为我们提供了有关威慑和胁迫的相互矛盾的教训，甄别这些教训远非易事，其中，一种非常真实的危险就是吸取错误的教训，以循环推理和选择性地使用证据来证实，并将其用于不适当的情况或以适得其反的方式运用。笔者对解决这个问题提出了一些想法。最后，笔者对本书各章进行了概述。

## 一、威慑理论和实践

基于威胁的战略始终是国际关系的核心。威慑和胁迫代表了将这些战略概念化的努力，以便使这些战略在理论上更容易理解，在实践上也更为有效。自第二次世界大战结束以来一直进行的这些努力仍存在很大的争议。

威慑可以被定义为威慑方试图影响其他行为体对其利益的评估。威慑方通过使被威慑方相信，如果采取类似行动的话，其成本将大过任何可能的收益，使被威慑方放弃其不希望见到的行为。③威慑战略预设了根据合理的成本效益计算而做出的决策，且这种计算可以通过增加不顺从的成本从外部进行成功的操纵。与威慑相关的胁迫战略则运用同样的策略使另一方采取某种在不被胁迫的情形下不会采取的行动。威慑战略一直以来都被采用，但是核武器的出现使得政策制定者在利用战略核优势获取政治利益的同时，必须设法防止灾难性的毁灭战争。

威慑理论必须与威慑战略相区分。前者涉及的是威慑的逻辑假设及其政治与心理假设基础，后者是这种理论在实践中的运用。威慑理论的发展是为了指导威慑战略。

随着核武器的发展，学者和政策制定者开始对威慑感兴趣。20世纪40年代后期到60年代中期是第一批理论家写作的时期。早期关于威慑的出版物都认为，两个拥有核武器的国家之间的战争有可能是毁灭性的，从而否认了卡尔·冯·克劳塞维茨（Carl von Clausewitz）视战争为政治的其他手段的延续的经典论述。④冷战持续发展，苏联在1949年10月引爆第一个核装置一事出乎美国的意料，这使威慑问题变得更加紧迫。在被视为威慑黄金时期的20世纪50年代，威廉·考夫曼（William Kaufmann）、亨利·基辛格（Henry Kissinger）和伯纳德·布罗迪（Bernard Brodie），连同其他人一起制定了一项全面的核威慑方针。该方针强调了威胁的必要性，但同时又指出了使威胁可信的困难，因为这种威胁很可能导致国家自杀。⑤20世纪60年代见证了令人印象深刻的托马斯·谢林（Thomas Schelling）的理论的出台，谢林从谈判理论的角度分析了基于默认信号的威慑。⑥

谈论威慑的早期文献从完全理性的行为体的假设出发，本质上是演绎的。早期文献提出了成功威慑需要的四个条件：一是承诺明确，二是这些承诺被传递给对手，三是发展能够捍卫承诺的实力，四是使承诺可信。这种理论也探讨了领导人为达到威慑目的而可能采取的各种策略，但中心问题是威慑的可信性。在对另一个核对手使用威慑时——威胁的实施可能导致本国自杀，威慑可信性问题就成为核心问题。⑦托马斯·谢林曾论证说，领导人靠非理性博得声望是理性的，这样一来领导人的威胁就是可信的。⑧尼克松在处理与苏联和北越的问题时，把这个建议铭记于心。⑨

所谓的黄金时代的文献几乎全部聚焦于威慑战略的讨论，如考夫曼和布罗迪的研究，或者像基辛格那样，注重最可能令威慑可信的军力结构的研究。谢林属于前一范畴，但是他不同于20世纪50年代和60年代的其他威慑论学者，他试图把对威慑战略的理解建立在借鉴经济学和心理学的更宽泛的谈判理论基础上。他的《冲突的战略》(*Strategy of Deterrence*[1]，1960) 和《武器及其影响》(*Arms and Influence*，1966) 是这个时代继续被经常引用的有关威慑的著作。

在《武器及其影响》一书的开篇，谢林就表现出对物质实力的顶礼膜拜，他认为，只要军力足够强，国家就不必进行谈判。但他很快澄清了，只有在最不对称的关系中，军事实力才有决定性的作用，甚至只是在更强势的一方未达成和解而几乎没有损失或根本无损失的情况下，军事实力才是决定性的。而当实力对比远非如此不对称，或者双方都可能因为不和解而遭受损失时，国家就有必要进行谈判。谈判的结果并不必然反映利益或军事实力的均势。其他三个方面的影响也很重要。

第一个因素是**情境**。在谢林看来，这包括利害关系、可能的后果范围、这些后果的显著影响以及谈判方对这些后果做出承诺的能力。在直截了当的商业谈判中，情境因素不大可能起到关键性的作用。在就价格进行谈判时，买方和卖方的开标之间有很大的空间。如果商品并无既定的市场价，那么任何一个谈判的结果都不会具有特别的影响。任何一方都可以通过承诺其所希望的结果来获得优势。

---

[1] 原文有误，应为 *Strategy of Conflict*。——译者注

国家之间的战略谈判在情境方面的不连贯性往往非常明显。战略谈判可能会产生一些结果,而且国际惯例的准则、公认的边界、显著的地貌特征乃至全有或全无的简单结果,会使一种方案比其他方案更为突出。这种突出的解决方案更容易沟通和得到承诺,尤其是在双方对讨价还价还默认时。⑩

第二个考量因素是**技能**。如果威胁使用武力的代价高昂,那么这种威胁就缺乏可信度。要避免这种困境,聪明的领导人会假装疯狂,树立残酷无情的名声,或者把自己置身于无法后撤的境地,也会使用其他策略诋毁敌方承诺,或者最小化自己不遵守承诺的代价。⑪

**受苦的意愿**是决定结果的第三个因素,也可能是最重要的因素。在解释克劳塞维茨的观点时,谢林把战争描述为意志的较量。直至20世纪中期,武力都是通过打败敌方军队与以敌方的人口和领土为人质,而使敌方屈服或摧毁敌方的意志。空中力量和核武器使战争发生了革命性的变化,使国家能够在任何争端之始,就把对方的领土、经济资源和人口当作人质。战争不再是力量的较量,而是勇气与冒险的较量、痛苦与耐力的较量。为了谈判,承受痛苦的能力与施加痛苦的能力变得同样重要。⑫

谢林并没有这样讲,但是他的分析可以得出结论:承受痛苦的能力与施加痛苦的能力一样多变。克劳塞维茨认识到了这种多变。他认为,这两种能力的增强,使武装起来的国家和拿破仑战争的革命性质成为可能。⑬通过让人民相信他们与战争的后果有着利害关系,首先是法国人,接着是他们的对手,都能部署庞大的军队,获取必要的资源来武装并维持庞大的军队,促使个人做出必要的牺牲来维持斗争。

克劳塞维茨和谢林对痛苦的强调对于谈判有着广泛的含义。具备能够承受一定的身体、经济、道德或其他任何损失的能力是谈判实力的一个重要来源，它有时能够抵消敌方的惩罚能力。现实主义者在谈论谈判时往往忽略了能力的这个维度，而把重点放在伤害的能力以及如何将其转换为可信的威胁方面。谢林在分析越南战争中的胁迫战略时，也忽视了实力—痛苦等式中承受痛苦的一面，这种忽视让他盲目乐观，认为河内将被迫按照华盛顿方面的意愿去行事。惩罚的力量只在一定程度上来自物质能力。领导人必须有使用权力的意志和自由。谢林评论说，成吉思汗（Genghis Khan）之所以卓有成效，是因为他不受通常的仁慈的约束。现代文明产生的期望与规范严重限制了惩罚的权力。美国轰炸越南在许多人看来是背离文明的行为，自相矛盾地说明了这一事实。

在约翰逊政府和尼克松政府时期，威慑在美国对印度支那的战略中有着核心地位。军队的部署、两届政府寻求的交战性质与轰炸目标的级别和选择，都不是要打败越南南方民族解放阵线（越共）[the National Liberation Front of South Vietnam（Viet Cong）] 或者北越（North Vietnam），而是要迫使它们结束战争并接受南越的独立。美国对印度支那的干涉以灾难告终，这在20世纪70年代引发了对威慑理论和战略的一系列批判。

越南战争自相矛盾地显示出，现代文明产生的期望与规范严重限制了惩罚的权力。空中和地面战都招致美国国内的强烈反对，绝大部分是因为战争的野蛮性，公众舆论最终迫使美国军队停止轰炸并撤出印度支那。美军对印度支那投放的炸弹超过了第二次世界大战的总吨位数，但行为却比二战时更为克制。美国没有不加区分地对平民进行轰炸，也没有试图摧毁北越精心设计的堤坝系统，更没有考虑使用核武器。这种克制是对道德和美国国内政治需要的回应。美国在海湾战争（the Gulf War, 1990—1991）中对伊拉克的打击有着同样的克制，这使得伊拉克的共和国卫队（the Republican Guard）和萨达姆·侯赛因（Saddam Hussein）免于被毁灭的命运。

承受惩罚的能力与物质能力的关联度更低,甚至与物质能力呈负相关。越南不像谢林和五角大楼(Pentagon)的计划者所设想的那样不堪一击,正是由于其经济的落后,越南没有多少高价值目标值得被摧毁或者用作人质。工厂、公路和铁路都少得可怜,经济更不易被破坏,人们较少依赖现有的分配网络来维持生计和获得物质支持。用越南战略分析家郭海良(Quach Hai Luong)上校的话说:"你炸得越多,想同你战斗的人就越多。"[14]国防部的研究也证实,轰炸"加强而不是削弱了河内政府及其人民的意志"[15]。现在回头来看,显然双方在物质和军事实力上的差距小于他们在承受惩罚的能力上的差距。美国赢了每一场战役,但输掉了整个战争,因为美国国民不愿为胜利付出道德、经济和人力的代价。华盛顿最终在付出58000名美国人的生命后撤出印度支那,而这与即使保守估计的越共和北越的死亡人数相比,也只占很小一部分。

南越和北越的比较就更能说明问题,南越军队比越共或北越的军队规模更大、装备和训练更精良,且有着美国提供的空中力量、通信和后勤的优势。但南越最终还是瓦解了,因为它的军队无心打仗。越共和北越面对美国强大的火力,遭受了空前的损失,但是它们在长期的斗争中保持了士气与凝聚力。与在炮火中士气涣散的南越军官和士兵不同的是,更多越共和北越人与斗争的事业融为一体,并为之献出了生命。在最基本的层面上,共产主义者的胜利显示了思想和甘于奉献的力量。

## 二、当代威慑与胁迫

当代对威慑与胁迫的讨论比冷战时期更具国际性,这是因为世界有了第三个核大国,且威慑的目标增多了。威慑扩展至非国家行为体和网络战的新领域中。[16]俄罗斯持续对其核力量进行现代化改造。

而特朗普在总统就职宣誓之前就提出，美国要扩大自己的核力量。⑰对笔者来说，最大的问题不是威慑能否真的有助于阻止第三次世界大战的爆发，而是为何有这么多的官员及学者认为威慑能够阻止战争爆发。著名的学者也常常声称，核武器使印度与中国保持了和平，总体上促进了和平。⑱冷战中，威慑理论的理论家和分析家更多暴露了他们在这一理论上所持的意识形态假设或者国家战略文化观，而不是强调基于威胁战略的有效性。

冷战期间，威慑和胁迫的理论与实践侧重于制造可信的威胁，这种理论与实践假定可信的威胁对于约束敌方来说是必需的。自我威慑——无论有无其他行为体的威慑，行为体自身都不愿冒战争的风险——很少受到关注或者被认为有价值，即使它实际上已经在起作用。后冷战研究表明，自我威慑比由敌方实施的威慑所导致的克制更为重要。⑲超级大国的历任领导人都害怕常规战争，更不用提核战争了。

在后冷战时代，自我威慑同样明显。在索马里（Somalia），美国在损失了18名海军陆战突击队员（US Army Rangers）后撤兵。⑳在卢旺达（Rwanda），进行种族屠杀的胡图族人通过杀死10名比利时士兵而阻止了西方的干涉。㉑在波斯尼亚（Bosnia），对米洛舍维奇（Milosevic）的胁迫显然不起作用，他不顾西方的威胁继续对波斯尼亚人（Bosniaks）实行种族清洗的政策。在西方舆论的推动下，北约最后鼓起勇气进行干预，但因为轻型武装部队的弱点而无法追捕那些战争要犯，其首要使命是分配援助物质。㉒自我威慑也阻止了西方大国干涉叙利亚或者在乌克兰危机中对俄罗斯采取更强硬的立场。

上述事例都揭示出重要的教训，但这些教训没有得到基于威胁战略的理论家的广泛关注。或许最重要的教训就是克劳塞维茨关于战争的名言：战争是意志的较量，因而，也是施加痛苦的能力和承受痛苦的意志的较量。㉓如上面提到的，被许多人视为伟大的威慑与胁迫理论家的谢林只关注了施加痛苦的能力。因此，他对于约翰逊政府能迫使北越对越共进行约束信心满满。[24]美国政策制定者只聚焦于他们如何能使北越和越共遭受损失的一面。这种局限性在阿富汗战争和伊拉克战争中也很明显，苏联和美国都因忽视克劳塞维茨的战争等式而付出了巨大的代价。伊曼纽尔·阿德勒（Emanuel Adler）正确地评论说，弱国更能把强国拖入战争，因为强国领导人总是认为有必要显示决心和为实现目标而展开军事行动。[25]军事干预及其造成的间接伤害动员起对弱国的支持，同时激起了对强国的反对。弗罗斯特（Frost）和勒博（Lebow）把这种情形视为"伦理陷阱"，并推理出这些"伦理陷阱"成功设置或者自我生成的条件。[26]

在当今复杂世界里，核大国数目更多了，理性假设并不总是起作用，久拖不决的冲突多过突发的烈性冲突，除了常规武器和核武器外，还要考虑生化武器，一国对另一国实施的威慑可能会对其他冲突中的威慑带来重大影响，面对这样的情形，西方威慑理论家开始思考威慑的内涵。[27]

冷战结束之后，美国威慑的焦点从限制拥有核武器的大国行为体转向更小的所谓"流氓"国家和非国家行为体。华盛顿及其欧洲盟友试图阻止伊拉克、伊朗和朝鲜发展或者试验核武器。[28]威慑未能令美国实现此目标。伊拉克被入侵，伊朗被劝服搁置其计划以获得西方的让步，朝鲜则继续其核武库的建设。对这三个国家来说，有理由认为，威慑的威胁可能使这些武器更具吸引力了。有一些令人信服的研究表明，在认为核计划有悖于国家利益或价值观的新政府上台时，这些国家很可能放弃其核计划。[29]无论威慑还是胁迫都与这些猜想毫不相关，但是却与关于承认和接受的承诺相关。

自2001年"9·11"事件以来，人们一直在就威慑战略是否适用于恐怖主义问题进行讨论。利比亚、朝鲜和伊朗不仅仅追求或者资助核武器计划，故三国始终是美国施压的主要目标。区域行为体试图威慑非国家行为体，主要是巴勒斯坦人、库尔德人和宗教激进分子。㉚人们新近得出的一个结论是，虽然对愿意付出生命的群体进行威慑可能不起作用，但是威慑可能从总的方面减少恐怖主义，因为威慑预示了会采取其他的惩罚，并且与非胁迫的努力联合，以减少这类暴力行为的诱因。㉛

近来，作为对俄罗斯和中国的回应，核战略在美国学术界和政策界卷土重来。㉜核战略的倡导者声称，这是一个可以证明的成功战略，有些人说，如果美国具备有效的反破坏战略，就可以使用核武器。㉝被特朗普批评忽视了军事的奥巴马政府在核武器上的花费比里根政府在20世纪80年代早期的宏伟建设中还多。㉞奥巴马的建设计划引发无数的批评；这些批评挑战了首先使用核武器的概念、有限核战争的可行性，或者更为根本的关于核武器（无论是明示的还是暗示的）是有价值的这一假设。㉟无论如何，人们目前正就美国对俄罗斯、中国、朝鲜或者其他敌对国首先使用核武器的可能性进行着激烈的争论。㊱

通过对现在和过去的考察，我们可以得出三个结论。第一个结论产生自冷战及其结束后的威慑与胁迫事例。这些冲突表明，强国聚焦于克劳塞维茨等式中惩罚的一面，弱国则聚焦于承受代价的一面。这有可能助长关于相对优势的误导性结论。迄今，强国一方的误判更为严重。强国更倾向于认为自己与弱国有着同样的承受代价的能力，相应地认为自己在施加压力方面占有更大优势。这有助于解释为何高度发达的工业大国都愿意对较弱的、不发达的、更传统的国家进行军事干涉。这同样也解释了它们为何常常失败；它们对于生命损失的容忍度要低得多，低于那些国家荣誉感依旧强烈或者民族主义仍是较强大的动力和团结之源泉的国家。有多少西方人愿意自愿执行自杀性任务？

第二个结论是威慑作为一种战略的一般效力问题。我们不应该因威慑的政治和心理缺陷而将其抛弃。相反,学者们和政治家们必须认识到威慑的局限性,更多地使用冲突预防和管理的其他战略。笔者将要论证的是,如果我们将威慑战略与增信释疑战略以及其他减少恐惧和解决或巧妙处理实质性分歧的外交手段配合使用的话,就可以减少威慑战略中的不利因素。

第三个结论是,战略家们未能严肃对待历史。当今关于常规战略与核战略的讨论表明,人们对过去的辩论知之甚少,或者在重复冷战时期那些令人生疑的关于核武器在政治和军事上的用途的说法。保罗·布拉肯(Paul Bracken)的《第二个核武器时代》(*The Second Nuclear Age*)就是一个事例,该书受到了相当程度的关注。他在书中声称,"核武器在冷战时期是非常有用的武器",核威胁在预防或者阻止"苏联扩张、威胁和暴政"上常常是成功的。[37]他老调重弹,说杜鲁门政府在1948—1949年进行的战争准备防止了苏联对柏林的入侵,或者阻止了苏联对美国向被围困的城市空运食品和供应品进行干涉。[38]他引用了冷战时期发生的两个危机的研究,没有使用苏联的原始资料,这两个研究假设了斯大林的动机,基于他的克制,推断了威慑的成功,结果表明这种假设是错误的。[39]这种循环推理在冷战时期非常普遍,还被运用于分析台湾海峡危机和古巴导弹危机以及其他危机。在有相反证据的时代,这是站不住脚的。[40]

## 三、对传统观念的怀疑

从冷战的高峰期到现在的五十多年里,笔者一直在探寻坏政策的教训,并试图找到较好的政策经验。多数时间,笔者在学术界工作,也作为教授相继在美国海军学院和国家战争学院教了几年战略课程。笔者间接参与了政策讨论,笔者反对越战,反对美国支持世界各地的右翼独裁政权,反对美国的实战战略,反对战略防御倡议

（Strategic Defense Initiative）；支持美国加入国际刑事法庭和各种减缓全球变暖的倡议。多数情况下，笔者的研究集中于美国和西方国家安全政策的基本假设，而不是政策本身。笔者推断，对这些政策的基本假设的成功批判将为替代性的解释提供基础，替代性解释或许更有助于服务国家利益，减少风险——不仅是全球核战争，还包括代价高昂的区域冲突。

笔者早期的著作和文章将历史和心理学引入了外交政策和国际关系研究领域。在柏林危机和古巴危机之后的研究写作中，笔者聚焦于危机管理。笔者开始认为威慑是一种合理的战略，因为笔者被威慑战略所吸引：该理论说明了理论发挥效用的具体条件，并声称这种理论曾在柏林危机、古巴导弹危机和台湾危机中发挥了作用。[41]但笔者收集的 15 个直接威慑案例的证据与上述认识不符，因为这些案例中具备了构成威慑的所有条件：承诺公开明确，传递给了挑战方，防御方具备捍卫承诺或者惩罚对手的能力，且似乎具备了这样做的决心。但是威慑最终未能阻止任何一种挑战。笔者纠结于这种矛盾，直到有一天在手球场上灵光乍现（电灯泡时刻）。笔者认为问题可能不是数据，而是威慑理论。这种洞察使笔者转向了动机心理学，最终走向对威慑和胁迫的心理学的政治学的批判。

在将近二十年的时间里，笔者记录下对威慑理论的批判，并试图发展更有效的冲突预防与管理的战略。笔者主要的出版作品有《和平与战争之间：国际危机的性质》，与杰维斯和斯坦合写的《心理学和威慑》（1984），与他人合写的发表于《社会问题》（Journal of Social Issues）与《世界政治》（World Politics）1987—1990 年的期刊中的文章，以及与斯坦合写的《威慑何时成功及我们何以知晓？》（When Does Deterrence Succeed and How Do We Know? 1990）。[42]《和平与战争之间：国际危机的性质》使用了 1898 年到 1967 年间的 26 个危机案例的证据，从概念和经验两方面对作为冲突管理的理论和战略的威慑进行批判。笔者发现,在领导人把挑战敌方的承诺作为国内外问题的解决方式,且多数情形下国内外问题兼而有之时,威慑就会失败。这种情形下,领导人往往对敌方利益及敌方为显示能力和决心做出的努力反应迟钝。面临挑战的领导人会操纵情报渠道,只要求情报渠道提供支持性的信息,而拒绝、歪曲、搪塞甚至无视与他们的期望不符的信息或建议。在上述研究的后续工作中,斯坦和笔者在更多的案例中证实了这种现象,也证实了威胁如何鼓励面对威胁挑战的领导人对眼前危险进行重新分析。我们探讨了应对"基于需求"挑战的战略比应对"基于机会"挑战的战略更为有效。

1994 年,我们出版了《我们都输了冷战》(*We All Lost the Cold War*)。[13]该书从多个参与者的角度重现了两次冷战危机。我们运用认知心理学和动机心理学分析政治领导人的信息收集与评估,以及冲突后的学习。斯坦和笔者利用苏联公开化提供的机遇,从苏联和美国档案中获得了以前的机密文件,并对苏联和美国以前的官员进行了广泛的访谈,重现了 1962 年的古巴导弹危机和缘起于 1973 年中东战争的超级大国对抗。我们有理由认为,苏联的导弹部署是要解决赫鲁晓夫面临的政治和战略问题,同时,赫鲁晓夫未理会他的顾问们和菲德尔·卡斯特罗(Fidel Castro)的警告,他们都提醒他,导弹将被发现,且可能导致同美国的严重对抗。这场危机是双方缺乏安全感的领导人旨在显示决心而发起挑衅行为的结果。古巴危机和中东危机最终都通过双方努力向对方澄清利益并保证自己的和平意图而得到了解决。我们论证,整个冷战也是如此。

笔者的理论和实证研究对国际关系学科产生了一定影响。笔者的研究既获得了许多正面的评价,也招致了强烈的反对。笔者的研究表明,威慑战略有可能引发旨在预防的冲突。出于认识或意识形态原因,致力于常规和核威慑研究的学者对此类研究不以为然。笔者对第一次世界大战起源案例的研究——以及其他人的研究——表明，无论奥地利人还是德国人都没有对风险进行认真评估，出于对地位和声誉的担忧，而不是出于安全考虑，两国领导人有强烈的动机忽略有关局部巴尔干战争的计划可能引发两大同盟体系之间的欧洲大战并招致英国反对的汇总信息。[44]

这个案例研究尤其遭到现实主义者的反对，他们反驳说，德国领导人没有误判，而是出于对俄国实力增长的理性担忧，如果英国有效地实施了威慑战略的话，德国领导人可能会更为克制些。[45] 布鲁斯·拉西特（Bruce Russett）和保罗·胡斯（Paul Huth）发表了两篇为常规威慑进行辩护的文章，文章列举了多个他们认为威慑成功的案例。斯坦和笔者仔细研究了他们的数据集，发现许多所谓成功的案例并不能被视为威慑案例。[46]

笔者对威胁战略的能动性、情境和心理机制的强调招致理性主义者的愤怒，他们奉行所谓简约的行为主义解释。于是在《世界政治》期刊中，笔者与他们进行了激烈但友好的交流。[47] 不久，芝加哥大学的一位助理教授詹姆斯·费伦（James Fearon）在一篇文章中写到，如果斯坦和笔者关于威慑的研究结论是对的话，那将是第二次世界大战后国际关系研究中最重要的发现。在应邀到母校做讲座时，笔者当面感谢了他对我们的研究的称赞。他却说，笔者误解了他的观点，他的称赞是开玩笑的。他说，假如斯坦和我是对的，那么"这就嘲弄了几十年来人们对威慑的研究，而那实在是太荒谬了"。[48]

笔者的反设事实观点同样引起了争议。笔者最初的动机是评估威慑的基本主张：如果西方能够在慕尼黑稳住阵脚——或许更早一点——希特勒就可能被扼杀在萌芽状态，第二次世界大战就不会爆发。几年后，在笔者同斯坦合写的一本书和笔者同理查德·K.赫尔曼（Richard K. Herrmann）合编的另一本书中，笔者对冷战结束的说明又点燃了现实主义者和威慑必胜论者的怒火，这两类人都声称

是里根的军备建设和星球大战最终令俄国人屈服的。⁴⁹

笔者的研究在政策领域引起了关注。1981年，笔者应中央情报局主任斯坦斯菲尔德·特纳上将（Admiral Stansfield Turner）的邀请，担任中情局的首任常驻学者。该职位为笔者提供了一扇观察情报界的有趣窗口，笔者由此知晓了情报界的运作方式及其同白宫的不安又顺从的关系。笔者被雇用的部分原因在于笔者对战略分析尤其是对核战略博弈的批判。笔者论证说，最糟糕的战略假设是基于夸大苏联威胁的假设。笔者进而提示，对苏联的军事实力的关注过度，而对苏联的政治弱点的关注不够；苏联是一个正在衰落的国家，很可能崩溃，而不是扩张。笔者的文章被政府内部传阅，但是没有产生明显影响。⁵⁰

2000年，笔者参与了一项预测演习，这项工作把来自中情局、国务院、财政部和国家安全委员会的代表聚拢在一起，以发现即将上任的布什政府可能会面临的问题和威胁。这项工作出奇地简化了。专家组成的五个工作组要评估眼下的问题，主要是确定在接下来的四年里，这些问题是否会激化。可以预见的是，他们用高低选项对眼下趋势进行了线性预测。没有人考虑如果这些存在的问题以非线性方式互动该怎么办。在"9·11"事件后——恐怖主义当时并不在五个工作组考虑的威胁之内——笔者参加了由一个情报界赞助的、旨在预测未来袭击的头脑风暴会议。笔者在会上建议，除了对可能发生的袭击进行情报收集外，我们还应该委托包括美国人和外国人在内的人员对袭击进行策划，做一切同袭击有关的事情，但不会真正去实施。这也许有助于提供可能遭受袭击的目标的情报和恐怖主义者的准备工作的情报。这样一来，看到这些准备和行为的人就会对应该寻找何种信息保持警惕——而不是被告知去报告"任何可疑的信息"。笔者的建议未能获得支持。

对美国的外交和国家安全政策认知的挫败感促使笔者改变了研

究的方向。为了探讨战争与和平的更基本的问题和成功政治秩序的本质，笔者越来越多地深入研究古典和政治学理论。《政治的悲剧视角：伦理、利益和秩序》(*The Tragic Vision of Politics：Ethics, Interests, and Orders*) 是笔者在这个研究方向上的第一个成果。这一成果无疑是一部社会科学著作，但观点是基于古代和现代文献。它通过修昔底德（Thucydides）、克劳塞维茨和汉斯·摩根索（Hans Morgenthau）的文本重建了古典现实主义的智慧。著作以一个小故事"地狱中的尼克松"开篇引出了全书的主要规范论点：政府和体制的领导人所应遵循的伦理规范同私人个体的并无两样。像悲剧，更宽泛地说同艺术一样，这个小故事的目的是既激发读者的情感，也激发读者的思考。希腊人清楚合作与冲突都源自情感与理性的互动，笔者借用希腊人的理解和笔者的故事来批判现存的合作理论，提供一种替代选择，并说明伦理行为的工具价值。笔者最重要的观点是，同现存伦理规范相一致的外交政策更可能成功，而同现存伦理规范不一致的外交政策则可能失败。笔者也论证说，大国——而不是外部对手——是它们自身最大的敌人；它们的安全问题更多是由自身而非对手造成的。美国和苏联都悲哀地证实了这一点。

希腊悲剧为社会科学提供了可供选择和更富有成效的本体论的基础。居主导地位的本体论认为自我中心、自主和非历史的行为是分析的适当出发点。希腊人认识到，人很少存在于社会连续体的两极（比如，自我—社会认同及利益、声誉—利益、家庭忠诚—公民责任）。在大多数时候和大多数社会中，人的行为处于极端之间的连续状态，而悲剧描绘了处于极端状态下的问题。大多数人和他们的社会做出了不安的、往往不合逻辑的、不舒服的，以及一贯不稳定的妥协，而不是坚定不移地信守某种价值观或者承诺某类责任。像悲剧一样，我们必须从这样的前提出发：这些极性决定了人类状况的极端情形，但是这些极性本身并不是理解人类行为的好起点，更不用说预测了。我们必须拥抱并表现人类身份、利益和动机的多样性和固有的不稳定性,以及它们与它们所形成且加以维持的话语、社会行为和体制之间的复杂互动。

在笔者和托尼·厄斯金(Toni Erskine)合编的《悲剧与国际关系》(*Tragedy and International Relations*)一书中,笔者继续讨论了这一主题。[51]该书阐述了古代希腊人和现代人对于悲剧的理解,并探讨了悲剧在国际关系中的运用。该书的撰稿人从不同的角度谈论悲剧——古代的和现代的——并就悲剧知识是否有可能降低国际关系中悲剧的频率表达了不同的观点。

2014年,西蒙·赖克(Simon Reich)和笔者合写了《再见了霸权!全球体系中的权力与影响》(*Good-Bye Hegemony! Power and Influence in the Global System*)一书。[52]我们认为,美国不是霸权国家,当然其他国家也不承认美国的霸权。霸权是宣传出来的虚构故事,以维持美国庞大的国防体系,为美国谋求世界领导权辩护,并强化美国选民的自尊。许多政策制定者、媒体记者和美国学者都坚称,霸权对防止全球动荡很重要。我们则认为,霸权与美国利益和全球秩序背道而驰。现实主义者和自由主义者都声称,在设定议程、监管经济和支持全球倡议方面,霸权是必要的。现在,这些功能通过体系被分散了,欧洲国家、中国及其他较小的国家都做出了重要的贡献。相反,美国常常是政治和经济不稳定的根源。

《再见了霸权!全球体系中的权力与影响》也借用了古希腊人的思想。我们拒绝像美国现实主义者和自由主义者那样把实力作为分析的重点,而是回到修昔底德和索福克勒斯(Sophocles),以新的视角分析影响力。我们把影响力与实力、实力与物质财富区分开来。物质财富仅是实力的一个组成部分,物质财富对实力贡献的程度取决于对于适当种类能力的投资。实力只是影响力的一个来源。军事实力用于错误的形势——比如,美国在印度支那、阿富汗和伊拉克,苏联在阿富汗，可能还有乌克兰——会导致影响力的丧失。影响力在很大程度上取决于说服，而说服对知识、技能和友谊的倚重不亚于其对实力的倚重。我们的分析揭示了为何世界所见证的最大实力国家越来越无法将其实力变成影响力。我们运用我们的分析来为美国在世界事务中确定一个更现实的位置。

## 四、新瓶装旧酒

学者们总是在重大事件发生后迫不及待地宣称新的世界的来临，宣称许多昨日的教训已过时。这种事情一再发生，如布尔什维克革命后、第二次世界大战结束后、苏联第一次核试验后、冷战后以及"9·11"事件后。这样的声明总是夸大其词，因为以往的世界及其威胁和机遇很少消失。如果老问题依旧存在，或者以新的形式再出现，那么旧的教训就依然相关，但是因为新的挑战要求新的思维，这些教训的作用可能更为有限。

经验教训尽管对于好的政策制定至关重要，但其结果总是喜忧参半。政治领导人、将军和商人常常成为连篇累牍记录下的人类以线性方式看待世界的倾向的牺牲品。与总是声称他们更可能在相反的方向犯错的学者不同：他们把过去视为未来的指南，并认为未来同现在差不多一样。两次世界大战后的军事规划很好地展示了这种现象。[53]

即使老练的分析家也难以避免的一个认知偏差是把形势中的表面特征视为更根本的特征。[54]这是误导类比及基于误导类比的不当政策的一个来源。由于苏联和中国都反对资本主义的西方，许多美国政策制定者和学者就得出结论说，任何新建立的左翼政权都是亲苏的，都敌视美国。这种看法促使美国支持中国国民党，支持伊朗政变（1953）、危地马拉政变（1954），以及随后支持拉美和世界其他地方的右翼势力对左翼的政治和游击队运动的镇压。美国对中国、越南和伊朗的政策至少在某种程度上很快使这种想法自我实现了。这种偏见促成美国政策制定者坚持威慑政策，并促使他们对威慑政策的循环确认。笔者在随后的章节中将澄清这一点。

我们必须向历史学习，但只能学好的东西。这是一个艰巨的任务，因为轻率的类比总是主导着政策审议与公共讨论。㊻这些轻率的类比总是带有道德色彩或者试图用道德词语来界定政策选择。我们看看南斯拉夫的内战和德国对于北约军事干涉行动的讨论的事例。那些赞成军事干涉的人提起了大屠杀；在所有国家中，德国面对族群屠杀是最不能袖手旁观、无所作为的。那些反对干涉的人则提及萨拉热窝事件，认为对巴尔干地区的干涉可能会像1914年那样再次产生无法预见和冲突升级的后果。反对干涉的人还谈及德国的历史，提醒大众不要忘记阿道夫·希特勒在第二次世界大战中对南斯拉夫的侵略与占领，以及德国军队在其他国家任何地方参与的战斗在道义上是多么令人无法接受。㊼谁能事前——或事后——说这些经验教训有哪些是恰当的？

政策教训涉及目的和手段。大多数外交政策教训是关于手段的，因为这些手段常常是政府日常要直面的最困难的选择。政治安全、经济稳定和睦邻友好，以及总体上的和平的目标，很少受到挑战，但是实现这些目标的方式却总是被挑战。马克斯·韦伯（Max Weber）在他著名的论文《以政治为业》（"The Vocation of Politics"）中谈及这个问题——在笔者看来，他的论述并不令人满意。他区分了"信念伦理"（Gesinnungsethik）和"责任伦理"（Verantwortungsethik）。㊽信念伦理要求人们不顾可能的后果仅凭借原则行事。韦伯嘲笑在一个武力有时还必须用作生存或者重要政策目的的世界里，信念伦理是人们负担不起的奢侈品。他论证说："世界上没有伦理能够回避以下的事实：'良善'目标的实现在多数情形下与使用危险的道德手段的必要性联系在一起;人们必须考虑到这种情形发生的概率甚至邪恶的副作用的可能性。"㊳责任伦理直接把注意力放在人的行为后果上,他强调,这种伦理更适合政治,尤其是国际关系。任何认识不到这一点的人"在政治事务上还很幼稚"㊴。

韦伯的责任伦理是有问题的,因为行为常常导致无法预见或本不期望的后果,韦伯也看到了这一点。在动荡的国内外冲突中使用暴力时,这种情况可能性更大。道德正当的政策可能产生可怕的后果,但为追求好的结果而精心制定的政策也可能会适得其反。他提醒,负责任的政治家在一定程度上运用两种伦理,仔细考虑在哪种条件下更适合哪一种伦理及其可能导致的后果——消极的和积极的。睿智的领导人必须"清楚这些伦理悖论,清楚他在这些伦理悖论下自己要承担的责任"㊵。领导人必须用头脑思考,用心倾听,因为某些情形下,伦理考量应该是决定性的。他的结论是,两种伦理"是相辅相成的,且只有结合在一起,才能产生真正能够以'政治为天职'之人"㊶。

韦伯没有尝试去确认道德选择应遵守的条件,原因是这些道德选择都受具体条件限制。无论在南斯拉夫,还是在阿富汗、伊拉克和利比亚,这些条件在事前都不明朗。在缺乏明确的标准时,领导人就拥有了进行便利选择的自由,这是非常危险的,如布什政府在伊拉克所做的,布什政府声称不允许萨达姆拥有大规模杀伤性武器的目标不仅辩称使用武力是正当的,也辩称随之而来的不确定性是正当的。㊷

经验教训是有用的,因为它们暗示了政策选项并帮助领导人评估其可能的后果。经验教训也可能鼓励人们对战略或者政策抱有错误的信心,这是危险的。就其性质来说,经验教训鼓励分析家和领导人根据可能合适也可能不合适的标准,对现在和过去的情形进行比较。然而,即使标准适用,如果有的话,在政治层面完全相似的情形依然罕见。它们可能区别在细节上，更经常的是在重要的方式上。这就是为什么理论或者经验教训从来只是解释性叙述或者前瞻预测的出发点，而非决定因素。经验教训和理论都不是决定因素，但情境是。真正的危险在于，领导人及其顾问高估了从历史中得到的经验教训，因为他们对情势不敏感，高估了当前形势和产生这些经验的以往形势的相似之处。这是一个众所周知的认知偏差，但这种偏差也可能是有动机的。领导人可能躲在令人安慰的古今类比和经验教训中，因为他们支持的政策如果成功，就为他们解决了正面临的重要战略或者政治问题。或者，他们这样做，是因为它们减少了不确定性和焦虑，因而可以提高他们执行政策的能力。[63]

20世纪80年代，美国人试图以历史证据为基础对威慑的有效性进行评估，这促进了对威慑的争论。学者们不仅研究冷战中的案例，也研究更早历史时期的案例，这些案例的历史情境可能很不一样，但是都有文献证据。这些威慑事例，无论是直接威慑还是总体威慑，都可以在一个更宽泛的视角下进行评估，其中一些事例发生于冷战前的30—50年。导致第一次世界大战和第二次世界大战的危机周期对于研究者来说尤其重要，一是因为这两场战争的重要性，二是因为一些人认为，如果存在更有效的威慑的话，这两场战争可能不会发生。早期的威慑研究总是把慕尼黑事件作为反设事实的原型案例：如果领导人尝试运用威慑的话，威慑可能会成功。[64]他们认为，如果当初英法两国坚定地信守保卫捷克斯洛伐克的承诺，那么希特勒就会后撤。德国的文献表明，到1938年，希特勒一直想发动战争。的确，他对于英国首相内维尔·张伯伦（Neville Chamberlain）在慕尼黑的绥靖非常失望，并在协议要达成的最后一刻又提出了新的要求。到1938年，英法威慑的决心、承诺和尝试都未能成功，就像绥靖也未能阻止第二次世界大战的爆发一样，因为希特勒已决意开战。[65]

如果英法早几年采取坚定的立场的话，欧洲的未来可能会大为不同。1936 年，当希特勒命令德国军队进入非军事化的莱茵兰地区时，他和他的将军们都认为他们可能无法战胜法国的军事抵抗。如果法国在英国支持下反对莱茵兰的重新军事化，在德国高级别外交官的配合下，他们就可能把希特勒搞下台。直至 1938 年，德国仍有军官和外交官员试图发动政变，但是随着西方大国再次投降，他们失去了信心。⑥

英法没有实施可信的威慑，绝大部分原因还是两国首都普遍的避战要求。当时并非所有的英法领导人都认为希特勒是受机会驱动的，或者希特勒不只是希望恢复到《凡尔赛条约》前的政治和领土的状况。如果希特勒想要的就是这些有限目标，英法对于希特勒对莱茵兰的再军事化的容忍是合理的政策，而替代对策——法国军队的干涉——则可能触发不必要的战争。

无疑，20 世纪 30 年代的悲剧在于，欧洲政治家们未能认识到希特勒是想利用他国的弱点且野心无限。领导人仅认识到希特勒所带来的危险还是不够的，因为要使威慑可信，国家还需获得民众强有力的明确的支持。英法舆论在国内问题上意见分歧很大，但在反战问题上几乎是一边倒；这在 1935 年、1936 年和 1937 年已经削弱了英法对希特勒德国的威慑。直到 1939 年 3 月，面对希特勒对捷克斯洛伐克的占领，英国公众才开始正视纳粹德国的威胁，并支持采取更为坚决的行动。⑥在法国，相当一部分舆论对此深信不疑：法国社会主义者造成战争的危险大过纳粹德国的危险。⑧

这种威慑的反设事实思维源于张伯伦的政治对手：温斯顿·丘吉尔（Winston Churchill）、达夫·库珀（Duff Cooper）、早期战后历史学者刘易斯·内米尔（Lewis Namier）和约翰·惠勒-贝内特（John Wheeler-Bennett）。⑩这种说法被美国政策制定者和外交政策分析家一股脑接受下来，虽然此后一直被历史学者所质疑。⑩威慑倡导者一直误把慕尼黑事件的反设事实案例作为威慑失败的范式。到

1938年，希特勒决意开战，威慑已经不起作用了。次年，当英法以对波兰的军事担保的形式进行威慑时，威慑注定是失败的。[71]那些批评西方大国没有积极反对希特勒的第一次侵略行动的人忽视了英法当时面临的政治制约因素，这种政治制约因素排除了把威慑作为战略的可能。事实上，这种观点反映了威慑理论家把避免战争作为单一行为体之间问题的倾向，忽视了国内政治的、心理的和经济的因素，这些因素可能强化或者挫败威慑，甚至完全排除对威慑战略的严格使用。

冷战也带来了教训，主要是关于威慑在解决冲突中的作用的教训。美国前总统罗纳德·里根（Ronald Reagan）的支持者通常都是保守主义者，将冷战的结束归于里根的军备建设和战略防御计划（"星球大战"）。他们说，这些政策使苏联恢复理智，是苏联寻求与美国和解的强大动力。[72]戈尔巴乔夫（Gorbachev）和他的顾问都认为，苏联无法同美国继续较量，必须在苏联实力进一步衰退之前同美国达成最好的交易。[73]西方自由主义者、苏联政策制定者和许多学者都将冷战的结束归于"新思维"和"新思维"在苏联领导中引起的政治变革。他们争辩说，戈尔巴乔夫认为冷战危险、浪费资源，寻求结束冷战，并把苏联带回欧洲，以加速国内的政治改革，为国内发展腾出资源。[74]

这些相互对立的解释提出了不同的论点。那些将冷战的结束归于里根的军备建设的人把观点完全建立在推理之上。军备建设应当是向莫斯科展示决心，使理性的苏联领导人做出必要的让步，从而结束冷战。没有证据表明戈尔巴乔夫和他的顾问们受到了此种逻辑的影响。那些认为戈尔巴乔夫急于结束冷战且单方面做出让步的人则提供了相当多的证据来支持自己的观点，他们的证据来源于苏联领导人讨论的记录，其中包括政治局会议的记录，对戈尔巴乔夫及其1986年至1992年间的主要顾问的访谈，以及对曾与苏联领导人有过讨论的前东欧官员的访谈。在任何法庭上，证据都胜于推理。至少暂时，相比于保守主义者所认为的超级大国之间实力差异增大的观点，自由主义者主张的变革的思想是冷战结束的催化剂的观点更令人信服。

威慑提倡者的反设事实论点并不局限于没有实施威慑的事例。所有想论证威慑成功的尝试都基于反设事实；他们的假设是如果威慑得到有效实施，战争就不会发生。这种命题是慕尼黑论的镜像。如我们所看到的，旨在证明为什么某种结果没有出现的论点很容易导致循环论证。这很难成为构建冲突管理战略的可靠基础。

那么我们如何区分经验教训的好与坏？笔者在别处就反设事实推理提出了这样的看法：证实一个反设事实论点，即使曾经有过的话，也几乎是不可能的。同样，主张因果论的历史论点也是如此。⑤我们所能做的就是依据论点的内在逻辑和对于经验证据的使用来评估论点及其假设的教训。其逻辑链是否一致？这些论点的提出者是否考虑到当没有了假定的解释时，同样结果的反设事实可能或者必定出现？他们有没有选择性使用证据？他们是否认真研究了第二手资料，或更好的，第一手资料？他们是否支持过程追踪，以表明问题中的行为体是受到人们所认为的因素驱动？他们是否考虑了其他解释和结果？最重要的是，他们的经验证据是源于多个还是单一案例？

在谈及经验教训方面，笔者想要提出任何教训都应该具备的四个条件。如前所述，第一，它应该依赖可靠和令人尊重的解读事件的历史文献。事件通常有多种令人信服的解释——如对第一次世界大战的解释——这些解释或者彼此矛盾，或者相互加强。前者暗示，任何教训都是试探性的，因为教训是基于对历史充满矛盾的解释。后者指出了谨慎的必要，因为即使解释是有说服力的，但充其量它也只能算是造成所涉事件的一个必要但不充分的原因。

第二，教训不应该出自单一案例。我们无从知道这些案例是特殊的，还是代表研究中的现象。国际关系理论在很大程度上依据两个历史案例：第一次世界大战和第二次世界大战。理论家简单地假定这两个案例是合理的事件并从中归纳出战争的原因，但没有真正尝试为自己的选择进行辩护。如果这两个案例是受具体条件限制的，或者反映了一组特定的暂时性条件，那这两个案例就无法成为理论基础的备选。⁷⁶从对数据集的统计分析中得出的教训也面临同样的问题，尽管定量研究者们声称不是这样。⁷⁷

第三，经验教训的总结应该像一个好的理论一样对其范围条件做出规定。倡导者应该确定其政治和军事假设、其所依赖的机制以及可能适用的范围。这对解决基于单一案例或可能不具代表性案例归纳的结论所产生的不确定性非常重要。即使是从有代表性案例中所得出的结论也必须有范围条件的限制，以避免将结论适用于不具代表性案例。在涉及多数事件都有其独特性的国际关系时，"代表性"条件是一个有限使用的统计术语，正如马克斯·韦伯对社会发展的广泛观察。⁷⁸这并不是否认经验教训的用处，但需要重视的是不仅应明确这些教训适用于哪些情况，而且要明确这些教训的局限和风险。这些教训如何及在什么条件下不起作用？借用药理性术语来说，其"禁忌"是什么？在最好的情形下，历史学习使政策有递归性的关系。基于新的经验和证据，历史经验必须进行更新。

第四，如上所述，理论和教训都仅是解释过去事件或者预测未来事件的出发点。以能动性、融合、路径依赖和偶然性为形式的情境常常决定了政治的后果，尤其是国际政治的后果。因此，教训即使深刻且恰当，也无法用作预测。这些教训至多指明了可能同某项或某套特别政策相联系的后果。这些教训不是解决政策难题的办法，而是可能奏效也可能不奏效的建议。在使用这些教训时，必须对其仔细监控，以证明其不会导致预期后果。

这些标准有助于我们排除坏的经验教训。但我们不能用它们区分有效与无效的教训。所有的经验教训都是主观的，正如这些经验教训与新形势的相关性一样。确定经验教训的适用性的科学方法是不存在的。

好的历史在任何情形下都仅是好的教训的开始。好的历史可能产生坏的教训，好的教训也可能被误用。更为复杂的是，坏的历史可能产生好的教训。芭芭拉·塔奇曼（Barbara Tuchman）1962年出版的畅销书《八月炮火》（*The Guns of August*）论证说，1914年时无人想要战争，战争是可以避免的偶然事件。⑦当代历史的研究共识拒绝了这种解释，在证据的基础上认为德国和奥地利对于战争的爆发负有责任，因为两国当时都希望在巴尔干地区至少打一场有限战争。⑧塔奇曼的说法随后被人质疑，但是她给予我们的教训重要且及时。肯尼迪总统在古巴导弹危机发生前夕阅读了《八月炮火》，后来他说该书使他意识到了失去控制的问题。⑧

历史学习可能受用，也可能不受用。但历史学习仍然是必不可少的，因为缺乏了对历史的学习，政策制定者更可能援引不适当的类似事例来支持不适当的政策。在某些国家，尤其是英国，许多政治家不仅读史，而且有时会修史。这在美国很少见，多数美国总统及其顾问都不像约翰·F.肯尼迪那样博览群书又思想开明。这两个国家——以及世界其他地方——的媒体倾向于抵制同传统观念相抵触的历史解释和教训。1994年《我们都输了冷战》一书出版后，笔者曾想在《纽约时报》（*New York Times*）的社论版登一篇短文，谈论威慑如何促进了古巴导弹危机的爆发。当时的专栏编辑拒绝了笔者，并写信给笔者说，笔者当然不能指望有人会相信这种荒谬的说法。2016年，《大西洋月刊》（*The Atlantic*）接受、编辑却随后拒绝发表一篇笔者同他人合写的文章，该文章揭露了不良的历史倾向和格雷厄姆·艾利森（Graham Allison）关于权力转移过程中战争几乎不可避免的观点。⑫编辑们声称，他们不能确认我们文章中的事实，虽然我们文章中的事实源于详细记录的数据集，这与艾利森公然无视历史事实形成鲜明对照。关于什么能激励那些所谓一流知识分子杂志的编辑，读者会得出自己的结论。随后我们将这篇文章发表在《华盛顿月刊》（*Washington Monthly*）上。⑬

## 五、章节框架

笔者认为，该研究对于国际关系理论和实践以及国家安全政策有重要启示。在近年的出版物中，笔者用建构主义的国际关系和战争理论，以及对身份、案例研究和因果关系的新理解，来阐述这些启示。⑭在本书中，笔者回到早先关注的战略以及预防与管理冲突的不同方法。笔者转载了涉及这些问题和备选方案的相关文章和书中一章，且得出了专门为本书写作的结论，这一结论超越了这些写作的目的，试图把其中的见解纳入一个更广泛的预防与管理冲突的方法。

第二章审视所谓过去的教训如何支配着对当今问题的回应。笔者认为，美国国家安全团体可从第二次世界大战前的准备阶段吸取五个教训。这些教训一定涉及：20世纪30年代的世界经济危机如何促进了侵略性的威权主义政权的出现，对"大萧条"缺乏全面考虑的应对如何加剧了经济困难，以及美国的孤立主义如何削弱了威慑等内容。经济的教训是恰当的，且有助于构建一个更为繁荣和安全的世界秩序。外交政策的教训则更让人质疑，不是因为这些教训不对，而是因为这些外交政策被运用在不同且可能不适当的情境中。笔者从认知心理学的角度来解释为什么会是这样。这种现象应该成为我们在将冷战教训用于当今世界时保持谨慎的理由。

第三章对威慑提出了批判。该章通过用大量案例和动机心理学来解释为何直接的常规威慑通常会失败。该章也批判了政治和行动上的威慑假设。这些战略对政策制定者提出了不合理的情报和分析的要求。这些战略曲解了风险评估的过程，夸大了领导人对所面临威胁中固有风险的评估能力，更不用说塑造他们决心的敌对性评估能力了。他们高估了权力和利益的均势，错误地认为当事方对战略有共同的理解。这些问题有助于解释为何理性和专注的行为体在对同样理性和专注的目标实施威慑和胁迫时，威胁和胁迫总是不能奏效。有些关于威慑和胁迫的政治和行为假设非常独特，但是多数假设同其他理性的谈判理论并无不同。笔者将用美国和苏联在古巴导弹危机中的决策事例来阐明自己的论点。

第四章探讨了第一次世界大战起源的教训，也用较少的笔墨对第二次世界大战起源的教训进行了讨论。几代历史学者对两次世界大战的起源，尤其是第一次世界大战的起源，进行了激烈争论。某些战争及其预防的理论建立在对战争起源的特定解释的基础上，但是历史学者越来越一致地认为，第一次世界大战的爆发没有单一的，甚至主导的原因。相反，这场战争是一系列互动并且彼此强化的因素的结果，但是关于其中何种因素是最重要的并没有达成共识。2014年是第一次世界大战爆发一百周年，这鼓励人们基于新的重要文献进行新的研究，但新的研究主要代表了对战争起源的重新思考，即集体从关注研究哪个国家对战争负有最大责任的问题转移至探究这场灾难到底如何发生。历史研究的重点因此向国际关系学者关注的问题靠拢，我们的研究也从这一新的研究中有所收获。

新的研究提供了与大国均势、权力转移和威慑理论相关的证据和论据。新的研究也提示了战争的直接原因的重要性，该直接原因可能与深层次原因没有关系，并不能想当然地看待直接原因。新的研究突出了能动性的作用，突出了政策可能以何种方式被特定的或者看似不恰当的目标（这些目标建立在对其他行为体的错误理解和威胁评估的基础之上）所驱动而制定，其结果是出乎意料的，有时甚至是行为体难以想象的。在一个更根本的层面上，新的研究提出了关于假设理性行为体的方法问题或者依赖于外界对它们的动机和对情境的理解的方式问题。最重要的是，新的研究应该使我们对这样的自负产生疑问：任何简约的战争理论就能让我们了解任何一场战争或者从整体上更多地了解战争现象。

第五章探讨了冷战给冲突管理带来的教训。这一章是《我们都输了冷战》一书的结论章，由笔者和斯坦合作完成。我们利用了苏联和美国档案，并对苏联和美国的政治和军事官员进行了广泛访谈，以重新确定总体威慑在苏美关系中的后果，以及进行危机预防的直接威慑的后果。我们认为，总体威慑很大程度上是不必要的，因为两个超级大国都是自我威慑的。关于第二次世界大战的记忆令双方领导人和大多数军事官员深信，两个超级大国之间即使只发生一场常规战争，战争也将带来一场无法解脱的灾难。原子弹的出现和之后热核武器的出现加强了这种信念和对战争的恐惧。问题在于双方都不知道对方害怕战争，部分原因在于彼此都竭力掩饰自己的恐惧，担心这种恐惧被对方视为软弱。苏联和美国领导人因此都认为有必要构建自己的战略武库，在挑衅性前沿阵地部署武器，以及发出好战和威胁性的言辞。以这种方式进行的总体威慑削弱了直接威慑的效果，使双方都感到更不安全且受到威胁。它是20世纪50年代末和60年代初危机螺旋式升级的深层次原因。这一切在古巴导弹危机之后结束，这场危机至少让双方领导人认识到了，对方也在害怕战争。

第六章不仅着眼于危机管理，也着眼于解决冲突。笔者讨论了外交和解手段，并将大幅度降低战争威胁却无助于改善关系的缓和（rapprochement）与关系正常化的和解（accommodation）区分开来。和平协定后的埃以关系属于缓和的事例，协约国组织建立后的英法关系属于和解的事例。冷战结束后的俄美关系和尼克松与毛泽东开启的解冻后的中美关系介于缓和与和解之间。

这些缓和与和解是怎么发生的？笔者发现了英法、埃以和苏美事例中共有的三个条件。一方有一位新的领导人致力于影响深远的改革，这种改革要求逐步平息该国的主要外部冲突，使资源自由流动起来，同时削弱国内反对改革的强硬派。双方领导人都认为通过军事力量不可能实现其政治目标。这种信念主要源于在最近的挑战或冲突中的失败。承诺改革的领导人接受递出橄榄枝后带来的风险，在其倡议得到鼓励和有了相应的回报后，外交取得进展。基于威胁的战略既是冲突的起因，也有助于冲突的解决，但冲突的解决并非用一般理论所说的方式。

在第七章，笔者慎重地提出，冲突的管理与解决要运用整体分析的方式。整体分析的方式承认威慑虽然是一种有缺陷的战略，但在国际关系中有着重要的作用。威慑战略适用于对付那些领导人有着侵略意图的国家，但是运用威慑的国家必须小心行事，且认识到总体威慑和直接威慑的成功率都不高。基于威胁的战略只是应对国际冲突的一种反应。致力于减少或处理实质性分歧的增信释疑和外交同等重要。笔者对这些战略进行了描述，确定其相关机制及其机制可能的运作方式和运用这些方式的最适宜的条件。不论国际冲突如何开始，但随着时间的推移，这些冲突通常表现为敌对、利益冲突和误解。关键的问题不是特定战略的选择——因为所有的战略都是相关的——而是如何将这些不同的战略统合、分阶段进行、纳入一种复杂的方法中，以管理冲突，解决冲突问题。

## 注　释

① Suji Kim,"Is it Time to Intervene in North Korea?" *New Republic*, 11 January 2016, https://newrepublic.com/article/127280/timeintervene-north-korea; Pascal-

Emanuel Gobry, "The Case for Invading North Korea," *The Week*, 7 January 2015, http://theweek.com/articles/441214/case-invading-north-korea; Mark Thompson, "Is it Time to Attack North Korea?" *Time*, 9 March 2016, http://time.com/4252372/north-korea-nuclear-missile-attack/; Robert E. Kelly, "The Ultimate Nightmare: Why Invading North Korea is a Really Bad Idea," *National Interest*, 30 January 2015, http://nationalinterest.org/blog/the-buzz/the-ultimate-nightmare-why-invading-the-north-koreareally-12157 (all accessed 25 November 2016).

② 参见注释㊼。

③ Richard Ned Lebow, *Between Peace and War: The Nature of International Crisis* (Baltimore: Johns Hopkins University Press, 1981), p. 83.

④ Bernard Brodie, "The Absolute Weapon: Atomic Power and World Order," *Bulletin of the Atomic Scientists*, 3 (1947), pp. 150–155; Carl von Clausewitz, *On War*, trans. M. Howard and P. Paret (Princeton: Princeton University Press, 1976), pp. 75–89.

⑤ William W. Kaufmann, *The Requirements of Deterrence* (Princeton: Center of International Studies, 1954); Henry Kissinger, *Nuclear Weapons and Foreign Policy* (New York: Harper, 1957); Bernard B. Brodie, "The Anatomy of Deterrence," *World Politics*, 11, No. 1 (1959), pp. 173–192; Morton A. Kaplan, "The Calculus of Deterrence," *World Politics*, 11, No. 1 (1958), pp. 20–43.

⑥ Thomas Schelling, *The Strategy of Conflict* (Cambridge: Harvard University Press, 1960) and *Arms and Influence* (New Haven: Yale University Press, 1966).

⑦ Ibid.

⑧ Schelling, *Arms and Influence*.

⑨ Jeffrey Kimball, *Nixon's Vietnam War* (Lawrence: University Press of Kansas, 1998), pp. 76–86.

⑩ Schelling, *Arms and Influence*, pp. 6–16.

⑪ Ibid.

⑫ Ibid; Clausewitz, *On War*, pp. 479–483.

⑬ Clausewitz, *On War*, pp. 585–594.

⑭ Robert S. McNamara, James G. Blight, and Robert K. Brigham, *Argument Without End: In Search of Answers to the Vietnam Tragedy* (New York: Public Affairs, 1999), p. 194.

⑮ Ibid, pp. 191, 341–345.

⑯ Emanuel Adler, "Complex Deterrence in the Asymmetric-Warfare Era," in T. V. Paul, Patrick M. Morgan and James Wirtz, eds., *Complex Deterrence: Strategy in the Global Age* (Chicago: University of Chicago Press, 2009), pp. 85–109; Alex Wilner, "Deterring the Undeterrable," *Journal of Strategic Studies*, 3, No. 5 (2010), pp. 597–619; Ivan Arreguin Toft, "Unconventional Deterrence: How the Weak Deter Strong," in Wirtz, *Complex Deterrence*, pp. 222–259, and "Targeted Killings in Afghanistan: Measuring Coercion and Deterrence in Counterterrorism Counterinsurgency," *Studies in Conflict and Terrorism*, 33 (2010), pp. 53–94; Patrick B. Johnston, "Does Decapitation Work? Assessing the Effectiveness of Leadership Targeting in Counterinsurgency Campaigns," *International Security*, 36, No. 4 (2002), pp. 47–79.

⑰ Michael D. Shear and James Glanz, "Trump Says US Should Expand its Nuclear capability," *New York Times*, 22 December 2016, http://www.nytimes.com/2016/12/22/us/politics/trump-says-us-shouldexpand-its-nuclear capability.html?_r=0 (accessed 22 December 2016); Michael D. Shear and David E. Sanger, "Trump Says U.S. Would 'Outmatch' Rivals in a New Nuclear Arms Race," *New York Times*, 23 December 2016, http://www.nytimes.com/2016/12/23/us/politics/trump-nuclear-arms-race-russia-united-states.html?hp&action=click&pgtype=Homepage&clickSource=story-heading&module=first-columnregion&region=top-news&WT.nav=top-news&_r=0 (accessed 23 December 2016).

⑱ 关于这种争论, 参见 Scott Sagan and Kenneth Waltz, *The Spread of Nuclear Weapons: A Debate* (New York: Norton, 1995)。

⑲ Richard Ned Lebow and Janice Stein, *We All Lost the Cold War* (Princeton: University Press, 1994); T. V. Paul, *The Tradition of Non-Use of Nuclear Weapons* (Stanford: Stanford University Press, 2009).

⑳ Walter Clarke and Jeffrey Herbst, eds., *Learning from Somalia: The Lessons of Armed Humanitarian Intervention* (Boulder: Westview, 1997).

㉑ Mahmood Mamdani, *When Victims Become Killers: Colonialism, Nativism, and the Genocide in Rwanda* (Princeton: Princeton University Press, 2002); Roméo Dallaire, *Shake Hands with the Devil: The Failure of Humanity in Rwanda* (London: Arrow Books, 2002); Gerard Prunier, *The Rwanda Crisis: A History of a Genocide*, 2nd ed. (London: Hurst, 1998).

㉒ Daniel L. Byman and Mathew C. Waxman, "Kosovo and the Great Air Power Debate," *International Security*, 24, No. 4 (2000), pp. 5–38; Lawrence A. Freedman, *Deterrence* (Cambridge: Polity, 2004), pp. 124–130.

㉓ Clausewitz, *On War*, Ch. 1.

㉔ Thomas Schelling, *Arms and Influence* (New Haven Yale University Press, 1966). 对于此观点的批评，参见 Richard Ned Lebow, "Thomas Schelling and Strategic Bargaining," in Lebow, *Coercion, Cooperation, and Ethics in International Relations* (New York: Routledge, 2007), Ch. 7。

㉕ Adler, "Complex Deterrence in the Asymmetric-Warfare Era."

㉖ Mervyn Frost and Richard Ned Lebow, "Ethical Traps," 审核中的论文。

㉗ Patrick M. Morgan and T. V. Paul, "Deterrence Among the Great Powers in an Era of Globalization," in Paul, Morgan and Wirtz, *Complex Deterrence*, pp. 259–276; Paul Bracken, *The Second Nuclear Age: Strategy, Danger, and the New Power Politics* (New York: St. Martin's, 2012); Jeffrey A. Larsen and Kerry M. Kartchner, eds., *On Limited Nuclear War in the 21st Century* (Stanford: Stanford University Press, 2014).

㉘ Frank Harvey and Patrick James, "Deterrence an Compellence in Iraq, 1991–2003: Lessons for a Complex Paradigm," in Paul, Morgan and Wirtz, *Complex Deterrence*, pp. 222–258; Jacquelyn K. Davis and Robert L. Pfaltzgraff, Jr., *Anticipating a Nuclear Iran: Challenges for U.S. Security* (New York: Columbia University Press, 2013); Er-Win Tan, *The US Versus the North Korean Nuclear Threat: Mitigating the Nuclear Security Dilemma* (New York: Routledge, 2013).

㉙ 关于放弃武器计划，参见 Jacques E. Hymans, *The Psychology of Nuclear Proliferation: Identity, Emotions, and Foreign Policy* (Cambridge: Cambridge University Press, 2006); Etel Solingen, *Nuclear Logics: Contrasting Paths in East Asia and the Middle East* (Cambridge University Press, 2007)。

㉚ Shmuel Barr, "Deterrence of Palestinian Terrorism: The Israeli Experience," in Andreas Wenger and Alex Wilner, eds., *Deterring Terrorism: Theory and Practice* (Stanford: Stanford University Press, 2012), pp. 205–227; Michael D. Cohen, "Mission Impossible? Influencing Iranian and Libyan Sponsorship of Terrorism," in Wenger and Wilner, *Deterring Terrorism*, pp. 251–272; Fred Wehling, "A Toxic Cloud of Mystery: Lessons from Iraq for Deterring CBRN Terrorism," in Wenger and Wilner, *Deterring Terrorism*, pp. 273–300; David Romano, "Turkish and Iranian Efforts to Deter Turkish Attacks," in Andreas Wenger and Alex Wilner, *Deterring Terrorism*, pp. 228–250.

㉛ Janice Gross Stein, "Deterring Terrorism, Not Terrorists," in Wenger and Wilner, *Deterring Terrorism*, pp. 46–66.

㉜ Stephen van Evera, *Causes of War: Power and the Roots of Conflict* (Ithaca: Cornell University Press, 1999), Ch. 8; Daniel Deudney, *Bounding Power: Republican Security Theory from the Polis to the Global Village* (Princeton: Princeton University Press, 2007) and "Unipolarity and Nuclear Weapons," in G. John Ikenberry, Michael Mastanduno, and William Wohlforth, eds., *International Relations Theory and the Consequences of Unipolarity* (Cambridge: Cambridge University Press, 2011); Avery Goldstein, *Deterrence and Security in the 21st Century: China, Britain, France and the Enduring Legacy of the Nuclear Revolution* (Palo Alto: Stanford University Press, 2000); Randall Schweller, *Unanswered Threats: Political Constraints on the Balance of Power* (Princeton: Princeton University Press, 2006), pp. 2–3; Susan B. Martin, "The Continuing Value of Nuclear Weapons: A Structural Realist Analysis," *Contemporary Security Policy*, 34, No. 1 (spring 2013), pp. 174–194; Casper Sylvest and Rens van Munster, *Nuclear Realism: Global Political Thought During the Thermonuclear Revolution* (London: Routledge, 2016); Charles Glaser and Steve Fetter, "Should the United States Reject MAD? Damage Limitation and U.S. Nuclear Strategy Towards China," *International Security*, 41, No. 1, pp. 49–98; Nuno Monteiro, *Theory of Unipolar Politics* (Cambridge: Cambridge University Press, 2014).

㉝ Keir Lieber and Daryl Press, "The End of MAD? The Nuclear Dimension of US Primacy," *International Security*, Vol. 30, No. 4 (spring 2006), pp. 7–44; Lieber and Press, "The New Era of Nuclear Weapons, Deterrence and Conflict," *Strategic Studies Quarterly*, Vol. 7, No. 1 (spring 2013), pp. 3–12; Larsen and Kartchner, *On Limited Nuclear War*; Matthew Kroenig, "Nuclear Superiority and the Balance of Resolve: Explaining Nuclear Crisis Outcomes," *International Organization*, Vol. 67, No. 1 (winter 2013), pp. 141–171 and "Facing Reality: Getting NATO Ready for a New Cold War," *Survival: Global Politics and Strategy*, Vol. 57, No. 1 (winter/spring 2015), pp. 49–70; Brad Roberts, *The Case for U.S. Nuclear Weapons in the Twenty-First Century* (Palo Alto: Stanford University Press, 2015), Ch. 6; Austin Long and Brendan Rittenhouse-Green, "Stalking the Secure Second Strike: Intelligence, Counterforce, and Nuclear Strategy," *Journal of Strategic Studies*, 38, Nos. 1–2 (2015), pp. 38–73; Francis Gavin, "Strategies of Inhibition: U.S. Grand Strategy, the Nuclear Revolution, and Nonproliferation," *International Security*, 40, No. 1 (2015), pp. 16–17; ISFF, "Policy Roundtable 9-4 on U.S. Nuclear Policy," with an introduction by Francis J. Gavin and essays by James M. Acton, Keir A. Lieber, Austin Long, Joshua Rovner, and Nina Tannenwald, *H-Diplo*, 22 December 2016, https://networks.h-net.org/node/28443/discussions/157862/issf-policy-roundtable-9-4-usnu-clear-Policy (accessed 22 December 2016).

㉞ Jon Wolfsthal, Jeffrey Lewis, and Marc Quint, "The Trillion Dollar Nuclear Triad."

㉟ James Cartwright, Richard Burt, Chuck Hagel, Thomas Pickering, Jack Sheehan, and Bruce Blair, "Global Zero U.S. Nuclear Policy Commission Report: Modernizing U.S. Nuclear Strategy, Force Structure and Posture," www.globalzero.org, 2012; James Cartwright and Bruce Blair, "End the First-Use Policy for Nuclear Weapons," *New York Times*, 15 August 2016, p. A39; Thomas Nichols, *No Use*:

*Nuclear Weapons and U.S. National Security* (Philadelphia: University of Pennsylvania Press, 2014).

㊱ James Martin Center for Nonproliferation Studies, Monterey, 2014. Scott Sagan, "The Case for No First Use," *Survival*, Vol. 51, No. 3 (summer 2009), pp. 163–182; Morton Halperin, Bruno Tertrais, Keith B. Payne, K. Subrahmanyam, and Scott Sagan, "The Case for No First Use: An Exchange," *Survival*, Vol. 51, No. 5 (autumn 2009), pp. 17–46.

㊲ Bracken, *Second Nuclear Age*, pp. 33–35.

㊳ Ibid, pp. 50–57.

㊴ Ibid, pp. 289–290. Mihail M. Narinskii, "The Soviet Union and the Berlin Crisis, 1948–1949," in Francesca Gori and Silvio Pons, *The Soviet Union in the Cold War, 1943-1953* (New York: St. Martin's, 1996), pp. 57–75; Victor Gorbarev, "Soviet Military Plans and Actions During the First Berlin Crisis," *Slavic Military Studies*, 10, No. 3 (1997), pp. 1–23. Vladislav Zubok and Constantine Pleshakov, *Inside the Kremlin's Cold War* (Cambridge: Harvard University Press, 1997), pp. 134–137, 194–197.

㊵ Lebow and Stein, *We All Lost the Cold War*, 第 2 章至第 4 章就古巴导弹危机进行了讨论与说明。

㊶ 关于该理论,参见 Brodie, "Anatomy of Deterrence"; Kaufmann, *Requirements of Deterrence*; Kaplan, "Calculus of Deterrence; Schelling," *Arms and Influence*。

㊷ Lebow, *Between Peace and War*; Robert Jervis, Richard Ned Lebow and Janice Gross Stein, *Psychology and Deterrence*, co-authored with (Baltimore: The Johns Hopkins University Press, 1985); Richard Ned Lebow, *Nuclear Crisis Management: A Dangerous Illusion* (Ithaca: Cornell University Press, January 1987); Richard Ned Lebow, "Deterrence Failure Revisited: A Reply to the Critics," *International Security*, 12 (summer 1987), pp. 197–213, and "Deterrence: A Political and Psychological Critique," in Robert Axelrod, Robert Jervis, Roy Radner, and Paul Stern, eds., *Perspectives in Deterrence* (New York: Oxford University Press, 1989); Richard Ned Lebow and Janice Gross Stein, "Beyond Deterrence," *Journal of Social Issues*, 43, No. 4 (1987), pp. 5–71, "Beyond Deterrence: Building Better Theory," *Journal of Social Issues*, 43, No. 4 (1987), pp. 155–169, "Conventional and Nuclear Deterrence: Are the Lessons Transferable?" *Journal of Social Issues*, 43, No. 4 (1987), pp. 171–191, "Rational Deterrence Theory: I Think Therefore I Deter," *World Politics*, 41 (January 1989), pp. 208–224, and *When Does Deterrence Succeed and How Do We Know*? (Ottawa: Canadian Institute for International Peace and Security, 1990).

㊸ Lebow and Stein, *We All Lost the Cold War.*

㊹ Lebow, *Between Peace and War*, Ch. 4.

㊺ 例如, John Orme, "Deterrence Failures: A Second Look," *International Security*, 11, No. 4 (1987), pp. 96–124; Jack S. Levy, "Preferences, Constraints, and Choices in July 1914," *International Security*, 15, No. 3 (1990–1991), pp. 151–186; Paul W. Schroeder, "International Politics, Peace, and War, 1815–1914," in T. C. Blanning, ed., *The Nineteenth Century: Europe 1789–1914* (Oxford: Oxford University Press, 2001), pp. 158–209。

㊻ Paul K. Huth and Bruce Russett, "What Makes Deterrence Work? Cases from 1900 to 1980," *World Politics*, 36 (July 1984), Richard Ned Lebow and Janice Gross Stein, "Deterrence: The Elusive Dependent Variable," *World Politics*, 42 (April 1990), pp. 336–369.

㊼ Christopher H. Achen and Duncan Snidal, "Rational Deterrence Theory and Comparative Case Studies," *World Politics*, 41, No. 2 (1989), pp. 143–169; Lebow and Stein, "Rational Deterrence Theory."

㊽ 1994 年 2 月在芝加哥大学每周一次的研讨会 (PIPES seminar) 上, 笔者与詹姆斯·费伦的谈话。

㊾ Ibid; Herrmann and Lebow, *Ending the Cold War.*

㊿ 关于这些文件的非机密版本, 参见 Richard Ned Lebow, "Superpower Management of Security Alliances: The Soviet Union and the Warsaw Pact," in Arlene Idol Broadhurst, ed., *The Future and The Future of European Alliance Systems* (Boulder: Westview Press, 1982), pp. 185–236 and "Misconceptions in American Strategic

Assessment," *Political Science Quarterly*, 97 (summer 1982), pp. 187–206。

(51) Toni Erskine and Richard Ned Lebow, eds., *Tragedy and International Relations* (London: Palgrave, 2012).

(52) Simon Reich and Richard Ned Lebow, *Good-Bye Hegemony! Power and Influence in the Global System* (Princeton: Princeton University Press, 2012).

(53) Robert Jervis, *Perception and Misperception in International Relations* (Princeton: Princeton University Press, 1976), pp. 266–269.

(54) I. Blanchette and K. Dunbar, "How Analogies are Generated: The Roles of Structural and Superficial Similarities," *Memory & Cognition*, 28, No. 1 (2000), pp. 108–124.

(55) Jervis, *Perception and Misperception in International Relations*, pp. 217–286; Yuen Foong Khong, *Analogies at War: Korea, Munich, Dien Bien Phu, and the Vietnam* 35
*Decisions of 1965* (Princeton: Princeton University Press, 1995).

(56) Maja Zehfuss, "Constructivism and Identity: A Dangerous Liaison," *European Journal of International Relations*, 7, No. 3 (2001), pp. 315–348; Anja Dalgaard-Nielsen, *Germany, Pacifism and Peace Enforcement* (Manchester University Press, 2006).

(57) Max Weber, "The Profession and Vocation of Politics," in Peter Lassmann and Ronald Speirs, *Weber: Political Writings* (Cambridge: Cambridge University Press, 1994), pp. 309–369.

(58) Ibid.

(59) Ibid.

(60) Ibid.

(61) Ibid.

(62) John Prados, *Hoodwinked: How the Bush Administration Sold US a War* (New York: New Press, 2006); Jeffrey Record, *Wanting War: Why the Bush Administration Invaded Iraq* (Lincoln, Neb.: Potomac Books, 2010).

(63) Irving L. Janis, and Leon Mann, *Decision-Making: A Psychological Model of Conflict, Choice, and Commitment* (New York: Free Press, 1977).

㉔ Alexander L. George and Richard Smoke, *Deterrence in American Foreign Policy: Theory and Practice* (New York: Columbia University Press, 1974), p. 142.

㉕ Gerhard L. Weinberg, *The Foreign Policy of Hitler's Germany*, 2 vols (Chicago: University of Chicago Press, 1970-1980), I, pp. 462-463.

㉖ Zara Steiner, *Triumph of the Dark: European and International History 1933-1939* (Oxford: Oxford University Press, 2011), pp. 589-590; Terry M. Parssinen, *The Oster Conspiracy of 1938: The Unknown Story of the Military Plot to Kill Hitler and Avert World War II* (London: Harper Collins, 2001); R. A. C. Parker, *Chamberlain and Appeasement: British Policy and the Coming of the Second World War* (London: Macmillan, 1993); Andrew David Stedman, *Alternatives to Appeasement: Neville Chamberlain and Hitler's Government* (London: I. B. Tauris, 2015).

㉗ Steiner, *Triumph of the Dark*, pp. 765-770, 819-823; Stedman, *Alternatives to Appeasement*, pp. 196-231.

㉘ Steiner, *Triumph of the Dark*, pp. 765-770, 819-823.

㉙ Winston Churchill, *The Gathering Storm* (London: Thomas Allen, 1948); Lewis Namier, *Diplomatic Prelude, 1938-1939* (London: Macmillan, 1948); John Wheeler-Bennett, *Munich: Prologue to Tragedy* (London: Macmillan, 1948); Alfred Duff Cooper, *Old Men Forget* (London: Faber & Faber, 1953).

㉚ Stedman, *Alternatives to Appeasement*, pp. 1-13, 119-160, 对这次正在进行的讨论进行了说明和深思熟虑的评估。

㉛ Steiner, *Triumph of the Dark*, pp. 727-754.

㉜ Matlock, *Autopsy on an Empire: The American Ambassador's Account of the Collapse of the Soviet Union* (New York: Random House, 1995).

㉝ James W. Davis and William C. Wohlforth, "German Unification," in Richard K. Herrmann and Richard Ned Lebow, eds., *Ending the Cold War* (New York: Palgrave-Macmillan, 2004), pp. 131-160.

㉞ Archie Brown, *The Gorbachev Factor* (Oxford University Press, 1996); Robert D. English, *Russia and the Idea of the West: Gorbachev, Intellectuals and the End of the Cold War* (New York: Columbia University Press, 2000); Jacques Lévesque, *The*

*Enigma of 1989: The USSR and the Liberation of Eastern Europe* (Berkeley: University of California Press, 1997); Richard K. Herrmann, "Learning from the End of the Cold War," in Richard K. Herrmann and Richard Ned Lebow, eds., *Ending the Cold War* (New York: Palgrave-Macmillan, 2004), pp. 219–238.

⑦⑤ Ned Lebow, *Forbidden Fruit: Counterfactuals and International Relations* (Princeton: Princeton University Press, 2010), Ch. 2.

⑦⑥ Ibid, Ch. 1.

⑦⑦ 关于这一点，参见 Lebow, "A Data Set Named Desire: A Reply to William P. Thompson," *International Studies Quarterly*, 47 (2003), pp. 475–458 and *Constructing Cause in International Relations* (Cambridge: Cambridge University Press, 2014)。

⑦⑧ Max Weber, "Conceptual Exposition," *Economy and Society*, ed. Guenther Roth and Claus Wittich (Berkeley: University of California Press, 1978), p. 9; Richard Ned Lebow, *Wissenschaftliche Warheit*, "Max Weber and Knowledge," in Richard Ned Lebow, ed., *Max Weber and International Relations* (Cambridge: Cambridge University Press, 2017).

⑦⑨ Barbara Tuchman, *The Guns of August* (New York: Macmillan, 1961).

⑧⓪ Thomas G. Otte, *July Crisis: The World's Descent into War, Summer 1914* (Cambridge: Cambridge University Press, 2014), pp. 518–519. Hew Strachan, *The First World War* (London: Penguin, 2005); Holger Afflerbach, *Der Dreibund Europäische Grossmacht-und-Allianzpolitik vor dem Ersten Weltkrieg* (Vienna: Böhlau Verlag, 2002); Holger Afflerbach and David Stevenson, eds., *An Improbable War: The Outbreak of World War I and European Political Culture Before 1914* (New York: Berghahn Books, 2007); Margaret MacMillan, *The War That Ended Peace: How Europe Abandoned Peace for the First World War* (London: Profile, 2013); John C. Röhl, *The Kaiser and His Court: Wilhelm II and the Government of Germany* (Cambridge: Cambridge University Press, 1994); Annika Mombauer, *Helmuth von Moltke and the Origins of the First World War* (Cambridge: Cambridge University Press, 2001) and "Of War Plans and War Guilt: The Debacle Surrounding the Schlieffen Plan," *Journal of Strategic Studies*, 28, No. 5 (2005), pp. 857–885.

Christopher Clark, *The Sleepwalkers* (London: Allen Lane, 2013), 这是主要的例外, 因为他认为战争是无意造成的。关于奥地利, 参见 Holger H. Herwig, *The First World War: Germany and Austria-Hungary, 1914–1918* (London: Arnold, 1998); Lawrence Sondhaus, *Franz Conrad von Hötzendorf: Architect of the Apocalypse* (Boston: Humanities Press, 2000); Günther Kronenbitter, *Krieg im Frieden: die Führung der k.u.k. Armee und die Grossmachtpolitik Österreich-Ungarns 1906–1914* (Munich: Oldenbourg, 2003); Manfred Rauchensteiner, *Der erste Weltkrieg und das Ende der Habsburger-Monarchie* (Vienna: Böhlau Verlag, 2013); Wolfram Dornik, *Des Kaisers Falke: Wirken and Nach-Wirken von Franz Conrad von Hötzendorf* (Innsbruck: Studien Verlag, 2013); Geoffrey Wawro, *A Mad Catastrophe: The Outbreak of World War I and the Collapse of the Habsburg Empire* (New York: Basic Books, 2014)。关于评论, 参见 Richard Ned Lebow, "What Can International Relations Theory Learn from the Origins of World War I?" *International Relations*, 28, No. 4 (2014), pp. 387–411。

㉛ Evan Thomas, *Robert Kennedy* (Simon & Schuster, 2002), p. 211.

㉜ Graham Allison, "The Thucydides Trap: Are the U.S. and China Headed for War?" *Atlantic*, 24 September 2015.

㉝ Richard Ned Lebow and Daniel Tompkins, "The Thucydides Claptrap," *Washington Monthly*, June 2016, http://washingtonmonthly.com/thucydides-claptrap (accessed 7 October 2016).

㉞ Richard Ned Lebow, *A Cultural Theory of International Relations* (Cambridge: Cambridge University Press, 2008), *Forbidden Fruit, Why Nations Fight: The Past and Future of War* (Cambridge: Cambridge University Press, 2013), *Constructing Cause in International Relations*, and *National Identifications and International Relations* (Cambridge: Cambridge University Press, 2016).

# 第二章
# 代际学习与外交政策[*]

直至 1985 年 3 月,研究苏联的学者经常触及的一个主题是苏联领导人的高龄问题。在勃列日涅夫(Brezhnev)去世之前,政治局成员的平均年龄是 71 岁。在安德罗波夫(Andropov)和契尔年科(Chernenko)任内,苏联继续由"老人政府"管理,他们几乎在所有重要的政策领域都采取了传统和显然无效的方案。随着五十四岁的米哈伊尔·戈尔巴乔夫的上台,苏联领导层中更为年轻的一代走向前台,保守派的去世引起了人们对苏联国内政策和外交政策领域发生重大变化的普遍期待。

西方人也在考虑自身的情形。表面上,西方政治领导层看起来变化很大;新鲜血液,有时包括四五十岁的男性和女性,经常渗透进制定政策的精英核心圈子。在北大西洋公约组织成员国中,只有两位首相和国家元首的年龄过了七十岁,十五位领导人的平均年龄为六十岁。但是统治面孔变了的同时,面孔背后的理念和政策会如何呢?在相当大的程度上,20 世纪 40 年代后期和 50 年代早期形成的理念依旧主导着西方外交和安全政策,即使这些理念已经被证明

---

[*] Richard Ned Lebow, "Generational Learning and Conflict Management," *International Journal*, Vol. 40, No. 4 (1985), pp. 555−585. Copyright © 1985 SAGE Publications. Reprinted by permission of SAGE Publications.

有严重的缺陷。这些理念和政策为何能被持久坚持？这对未来的东西方关系意味着什么？如果可能，我们怎样才能使政策制定者冲破过时的冲突管理观念的束缚？

或许参考认知心理学的一些原理能更好地解释西方占主导地位的冲突管理概念的演变和延续。认知方法强调人们通过问题表征和信息处理中的粗略简化来扭曲决策的方式。一些心理学家已经指出，人类可能无法执行与理性制定政策有关的程序。①无论这种说法正确与否，越来越多的证据已经表明，人们通过一套心理规则（a set of mental rules）来处理与解释信息，这套心理规则同那些形式逻辑规则没有太大关联。罗伯特·埃布尔森（Robert Abelson）将这些尚不为人知的程序称为"心理逻辑"。②

"认知一致性"是心理逻辑的一个原则，已经得到了一些实证验证。许多实验表明，人们试图保持其信仰、感觉、行为和认知的一致性。因而，我们倾向于相信，我们喜欢的人的行为方式也是我们赞同的，有着与我们相似的价值观，同时，我们倾向于反对我们不喜欢的人和制度。我们预期我们不喜欢的人的行为令我们反感，有着与我们完全不一样的价值观，会支持我们讨厌的人和制度。③心理学家认为，认知一致性是一种有效的心理组织方案，因为它有助于信息的解释、保存和回忆。④如果情形如此的话，我们对于认知秩序的明显需求对决策也有着负面的影响，因为它可能造成一种系统的偏见，这种偏见倾向于吸收与我们已形成的印象和期待相一致的那些信息。

认知心理学家认为，如果不参考政策制定者对世界和其他行为体动机的信念，就不可能解释政策的决策。这些被组织成"形象"的信念影响着政策制定者对外部刺激的反应方式。罗伯特·杰维斯（Robert Jervis）把认知概念运用于外交事务研究，他指出，政策制定者关于国际关系的最重要形象来源是对于戏剧性历史事件的刻板解释，尤其是关于战争和革命的事件的解释。这些动荡事件对年轻人的思维有着特别重大的影响，而年轻人对世界的看法非常容易被影响。青少年和青年所形成的形象将在数年后、他们占据权力的要职时影响他们解决国际问题的方式。用杰维斯的话说，这或许解释了为何"将军们准备打最后一场战争，而外交家准备避免这场战争"。⑤

从历史中得到的教训会被政策制定者的第一手经验强化或修正。杰维斯发现那些亲身经历的事件成为形象的"强大决定因素"。这或许也是知觉扭曲之源，因为个人经历也许没有代表性或者是误导。同经验教训一样，成年人早期经历的事件对知觉倾向有不成比例的影响。⑥

杰维斯对他所说的"理性一致"和"非理性一致"做出了重要的区分。他认为，一致性原则有助于我们理解新信息，因为它利用了我们的累积经验，以期望和信念的形式表达出来，这也保证了我们行为的持续性。但是当一致性使我们思想封闭、无视新信息或者不同的观点时，追求一致性就会变得非理性。甚至非理性一致在短期内也可以发挥作用，因为当必须行动时，它有助于我们做出决策。然而，对新信息的持续拒绝将降低我们从环境中学习的能力。政策制定者一方面必须保持一致性和持续性，另一方面又必须具备开放性和灵活性。杰维斯收集了大量的证据表明，政策制定者更经常在坚持既定信念上犯错，更经常在捍卫这些失去效用很久之后的既定信念的形象上犯错。⑦

非理性一致性会在决策过程的每个阶段留下痕迹。它影响政策制定者对与决策有关的信息的接受度。一旦一种期望或信念建立起来，新信息就会被吸收进去。这意味着政策制定者对于支持现有信念的信息比对于挑战现有信念的信息的反应更灵敏。在面对关键信息时，为保持同现有信念的一致，他们往往误解、扭曲信息的含义，且曲解、否认或者干脆漠视新信息。

如果政策制定者对自己的预期充满信心，他还可能在收集或评估足够的信息之前就做出决定。杰维斯把这种现象称为"过早的认知封闭"，并视这种现象为制度惰性的主要原因。除了最确凿的证据之外的其他所有证据都被用来证实既定政策的智慧及其所依据的现实形象，政策制定者在意识到错误之前将沿着一条死胡同走很长的路。⑧

## 一、20 世纪 30 年代的教训

"非理性一致性"的概念似乎与战后西方的安全政策关联密切。直至近来，这些政策几乎全部是由那些在第二次世界大战爆发前已经成年的男性所制定的。那场巨变的起源为他们提供了有关那场冲突本质的"教训"，他们将这些教训应用于战后问题。即使源于这些教训的政策在很多情况下未能实现他们追求的目标，但这些教训依然主导着西方尤其是美国人对外交政策的思考。对这些政策最激烈的批评来自更年轻的战后一代的代表，他们对于世界事务的看法反映出一系列非常不同的经验教训。

在详述 20 世纪 30 年代的教训及其对于战后冲突管理的启示前，我们需要注意几点。第一，我们必须确认，对这些教训的任何描述都代表着某种理想化的过于连贯的描述，事实上描述了在国际关系上的更为笼统的、分散的且常常含糊不清的世代导向。⑨实际上，政策制定者很少阐明其关于世界的最基本的假设，他们也并不必然意识到这些基本假设。然而，这些假设对于理解政策的演变至关重要。詹姆斯·乔尔（James Joll）写道：

> 当政治领袖置身于自己无法理解的危机，无法预见后果，但又要进行决策时，他们往往依靠自己本能的反应、

传统和行为模式。他们每一位都有自己想当然的某种信念、规则或者目标；文献证据的一个局限是很少有人很费劲地将这些想当然的东西记录下来，尤其是在危急时刻。但是我们如果试图理解政策制定者的动机，就必须想法搞清楚这些可被称为"不言而喻"的东西。⑩

　　第二，需要注意的是，那代人的成员在多大程度上分享了其代际教训。我们将要描述的关于国际关系的教训，即冷战开始前就已主导了西方尤其是美国外交政策的教训，并非普遍被20世纪30年代后期和40年代早期步入成年时期的人所接受。当今年龄在50—75岁的那代人，对战争的起源、军事准备的必要性和显示决心的重要性等问题持非常不同的意见。与此同时，包括年长一些和年轻一些的许多人都认同那代人对于世界的看法。在为年轻一代制定和阐明经验教训方面，年长的成员往往特别重要。出生于1888年的约翰·福斯特·杜勒斯（John Foster Dulles）和出生于1893年的迪安·艾奇逊（Dean Acheson）对于我们讨论的这代人来说，正好扮演了这样重要的角色。生于1924年的汤普森（E. P. Thompson）曾为更年轻的和平运动积极分子提供过类似的服务，这些积极分子的观点（我们也将对其简要审视）同他们长辈的观点有很大冲突。

　　在第二次世界大战起源问题中总结的五个教训与我们理解战后的冲突管理方式特别相关。第一个教训涉及侵略和扩张性政权的起因；这个起因是严重的经济问题削弱了民主政府的力量与合法性。意大利、德国、西班牙和多数东欧国家的民主政府都相继陷落，经济动荡和衰退为法西斯主义和威权政府铺平了道路。

　　第二个教训涉及经济崩溃的根源，根源之一是国际经济秩序的崩溃。在缺乏贸易、货币汇率和国际债务的管理机制情况下，各国都从自身狭隘的利益出发来处理紧迫的经济问题。其结果是大家都遭殃。

第三个教训是美国相对孤立于欧洲之外，这成为欧洲大陆经济和政治崩溃的另一个根本原因。虽然美国已成为世界主导性的经济大国，但是美国没有发挥足够的经济领导作用，且在欧洲安全问题上置身事外。因此，这段时间里华盛顿对第一次世界大战战争债务的处理、对欧洲经济事务的最重要干预都只是加剧了1930年以来的欧洲经济危机。显而易见的教训是，美国应该在第一次世界大战结束后的欧洲事务中发挥更为积极和更负责任的作用。

第四个教训涉及外交政策的侵略性质。这是一种特定的国内政治结构的表现。侵略是独裁政权为了维持合法性而燃烧的燃料；如果不寻求对外扩张，它们在国内就无法生存下去。它们的征服欲望是无法被满足的。对极权国家不能姑息；让步只会鼓励更多的要求。希特勒的德国、墨索里尼的意大利、日本帝国全都证明了这个悲剧的事实。

第五个也是最后一个教训涉及为何这些独裁国家在征服邻国方面如此成功，至少在起初是如此。因为它们面对的是一个分裂的国际社会，这个分裂的国际社会没有形成反对它们的统一战线。每一个大国都常常以牺牲另一大国为代价，寻求与其中的一个或更多的侵略政权媾和来保护自己的安全。在整个20世纪30年代，美国、英国和法国都视而不见，在日本将矛头对准它们三国前，允许日本侵略中国的满洲里，随后是中国内陆，最后侵占整个印度支那。继而，民主国家的软弱无能使意大利有了在埃塞俄比亚的行动自由，并同希特勒结盟。德国的一连串故事同样众所周知：废除《凡尔赛条约》（Treaty of Versailles），接着重新占领莱茵兰，吞并奥地利、慕尼黑，以及之后肢解捷克斯洛伐克，入侵波兰。所有这些冒险要么没有遭到来自法国、英国或者苏联的反对，要么还被它们恩惠。

回头来看，如果英国和法国在早期就反对墨索里尼的话，他很可能会调整他的外交政策。一开始，希特勒也仅仅是在他认为不会受到惩罚时，才挑战现状。在他的第一次军事冒险即重新占领莱茵兰中，他向他的军官们下达了严厉的命令：只要一遇到法国抵抗，就立刻撤退。后来，在1938年5月，当有迹象显示出西方大国准备为保卫捷克斯洛伐克而开战时，他就放弃了对捷克斯洛伐克的挑战。A. J. P. 泰勒（A. J. P. Taylor）甚至辩说——在笔者看来是非常不正确的——希特勒在1939年不是想开战，而是误判了形势。据称，他确信英国和法国在波兰问题上也会像在慕尼黑问题上一样地让步。⑪ 20世纪30年代的政策教训是很明显的：一开始就必须反对侵略政权。未能如此的话，只会招致更多的挑战。⑫

如前文讨论所提示的，这些经验教训都形成了具体的政策要求。担心经济崩溃导致的政治后果促使美国承诺把被打败的轴心国改造为民主国家，并鼓励重振这些国家的经济，以为民主制度的生根开花提供肥沃的土壤。美国人尤其担心，如果不快速重建欧洲经济的话，意志有些消沉且缺乏信心的欧洲人可能受到共产主义的选举的蛊惑，甚至发生共产主义者领导的政变。由此而产生的众所周知的政策倡议包括德国西部占领区的一体化、《欧洲复兴法案》（the European Recovery Act）、通过欧洲煤钢共同体（the Coal and Steel Community）以及后来的欧洲共同市场将西欧经济体连接在一起的努力。美国通过注入资本振兴饱受战争蹂躏的欧洲和日本经济的努力非常成功。

第二个政策教训与第一个密切相关，就是有必要以某种制度框架将所有发达国家的经济捆绑在一起。这样做的目的是保护它们免受打破了20世纪20年代和30年代欧洲平衡的那种冲击。1944年的《布雷顿森林协定》是朝着这个方向迈出的第一步。随后的协议进一步促进了国际经济合作，就欧洲而言，它实现了高度的经济一体化。显然，这些政策取得了巨大的成功，即使这种成功伴随着与通货膨胀、高利率和美元升值相关的经济问题。

第三个政策教训是美国不能像第一次世界大战结束后那样退出欧洲事务。相反，华盛顿方面继续积极参与欧洲事务，赞助或支持旨在促进欧洲经济和政治复苏的众多计划。"马歇尔计划"（the Marshall Plan）向欧洲人提供了数十亿美元，这与美国在第一次世界大战结束后的政策非常不同，当时主要是为了收回第一次世界大战期间借给欧洲人的钱。美国也对西欧的安全做出了承诺，这种承诺通过1949年创立的北大西洋公约组织（NATO）而得到制度化的体现。

最后一个也是最具争议的政策教训是，有必要在一开始就反对侵略。1947年向苏联施压以使其撤出伊朗北部、要求对希腊和土耳其提供安全援助的"杜鲁门主义"（Truman Doctrine），都是这方面的实例。有充分的证据表明，20世纪30年代的事件影响了美国人参战朝鲜的决定。哈里·杜鲁门在其回忆录中提到，当他得到朝鲜战争爆发的消息时，他正在密苏里州独立城（Independence, Missouri）的家中。他即刻返回华盛顿：

> 我有时间在飞机上思考。我这代人已经不是第一次见证强者袭击弱者的事件。我回忆起更早的事例：中国满洲里、埃塞俄比亚、奥地利。我仍记得每一次民主国家的不作为是如何鼓励了侵略者的进一步侵略行为。在朝鲜的行动，……如果任其发展下去，将意味着第三次世界大战，就像第二次世界大战中发生的类似事件一样。⑬

早期阻止冒险行动的成功进一步鼓励了意义更为深远的举措。朝鲜为越南树立了榜样。1964年7月，在美国干涉越南前夕，林登·约翰逊把在东南亚的挑战描述为类似于美国早前在希腊、土耳其、柏林、朝鲜、黎巴嫩和古巴所遭遇到的挑战。他对一群富有同情心的大学生听众说："我们这代人最大的教训是，凡是我们稳稳站立的地方都是侵略最终被制止之处。"⑭

从这五个经验教训中得出的外交政策的总体记录好坏参半。20世纪 30 年代的这些经验教训有许多方式可以直接适用于战后的世界，并取得了巨大成功。这在经济领域最为突出，我们所讨论的基于经验教训的倡议促进了西欧和日本的经济复苏。西欧和日本的经济繁荣和政治稳定超出了 1945 年或者 1950 年时任何人可能合理抱有的最大期望。政治资产负债表不那么令人印象深刻了。自 1945 年以来，西方在世界的影响急剧下降，西方的资源，尤其是美国的资源，通常被浪费在对虚幻目标的追求上。民意调查显示，欧洲人和美国人都感到如今不如十年前或十五年前那么安全了。有许多复杂的原因能解释为何如此，而其中的一个原因无疑是，20 世纪 30 年代的经验教训几乎被条件反射式地运用于第二次世界大战后的问题。

冷战开始时，苏联取代纳粹德国成为敌人，有关希特勒及其政权的知识都被运用于斯大林和苏联。德国和意大利的情况似乎显示出极权主义政体总是不得不追求侵略的外交政策，因为国内的紧张气氛及其造成的牺牲对它们维持权力是必需的。它们也必须消灭民主国家，因为开放社会的存在对独裁政权的生存构成了潜在的威胁。冷战时期美国最重要的文件《国家安全委员会第 68 号文件》（National Security Council 68）撰写于 1950 年 4 月朝鲜战争爆发前夕。该文件就用上述词语描述苏联的外交政策："自由思想的存在持续威胁着奴隶社会的基础；因此，奴隶社会无法容忍自由在世界上持续长期存在。"⑮苏联在第二次世界大战期间和结束后向东欧的扩张与对这些国家的任何民主政府的镇压，都被视为这一事实的确证。

将来自 20 世纪 30 年代的第二个见解运用于苏联的外交政策时，苏联威胁就被进一步放大了：极权主义政体在何等程度上按照其公开宣布的意识形态行事。两次世界大战间政治家们所犯的悲剧性错误之一是他们没有读《我的奋斗》（Mein Kampf），或者他们即使读了，也没有认真对待。事实上，该书是对希特勒国内外政策目标的一种明确解读。事后意识到自身的失误后，西方领导人和外交政策分析家都不会再犯同样的错误。所以，他们开始严肃对待马克思、列宁和斯大林的著作，许多人确信，这些著作构成了苏联行动的蓝图。国防部长詹姆斯·福里斯特尔（James Forrestal）曾经想搞清楚斯大林是否有像《我的奋斗》那样的一本日记。[16]杜勒斯宣称，共产主义计划都被详细记载于斯大林的《共产主义问题》一书中："今日共产主义的圣经……（它）就像希特勒在《我的奋斗》中预告的一样。"[17]同希特勒打交道的经验导致西方令人遗憾地把意识形态作为苏联外交政策的主要决定因素。西方最极端的表现是把莫斯科的外交政策描绘成共产主义统治世界的总体计划的一部分。迟至1965年，参谋长联席会议成员在向国防部长和总统汇报时还用这些词语来描述越南。在他们看来，越南的问题是"共产主义把控制范围由中苏集团外围扩大到自由世界的岛屿和大陆的大战役的一个部分……事实上，它构成了共产主义统治世界日程表的一个计划阶段"。[18]即使较温和的意识形态版本也传达了或许比苏联政策所导致的现实更大的威胁感。他们对马列主义学说的强调使分析家们强调不同社会制度冲突的不可避免，强调苏联怀有通过战争和革命使社会主义战胜资本主义的期望。

苏联因此被视为一股革命力量，试图按照自己的形象改造世界，而不管这会给苏联人民带来怎样的代价。它所树立的这样的敌对形象使那些赞同这种观点的人忽视了苏联正当的安全关切。莫斯科所做的一切都被视为有着侵略动机。甚至莫斯科做出的和解姿态也被如此看待。当斯大林的继任者试图缓和东西方关系时，杜勒斯认定这是一个陷阱。他在1953年5月警告说："苏联共产党持续教唆并运用骗术、妥协之手段，目的只是为了引诱他人产生虚假的安全感，诱使他人成为其最终侵略的束手就擒的受害者。"[19]

因为纳粹的威胁主要是军事威胁，所以西方也主要从军事角度看苏联问题。西方对苏联侵略的假设主要基于两种条件的作用：有利的"相关力量"和行动的外部机会。苏联的常规和核军事力量越占优势，苏联冒险主义的可能性就越大。基于这种分析的《国家安全委员会第68号文件》论证说，在有获胜把握时，苏联就可能发动战争。最早可能在1954年发动战争，那时苏联可能有足够的原子弹能对美国发动一次毁灭性的突袭。《国家安全委员会第68号文件》呼吁，美国应采取紧急行动构建进攻和防御的军事能力。

距今更近些时候，里根政府中的一些成员提出了同样的观点，他们警告说存在一个"脆弱的窗口期"，即在接下来的几年里当苏联据称拥有战略优势的一段时期。里根和他的顾问们［其中之一是保罗·尼采（Paul Nitze），他是《国家安全委员会第68号文件》的主要撰写者］害怕苏联领导人会利用他们的军事优势采取更为侵略性的行动，或者对美国发动突袭。甚至有些对外政策分析家竟然把苏联对阿富汗的入侵解释为他们所谓的苏联对美国的战略优势的根据。⑳

军事力量同苏联侵略问题有关联的假设似乎很有误导性。这种方式天真地假定苏联持续追求冒险主义，且这种冒险主义只受到鼓励或者阻止它的外部条件的制约。就像被水冲击的大坝，只要有裂缝，大坝就会坍塌。只要政治—军事出现"口子"，苏联就会发动侵略。这种假设预期与我们所知道的关于侵略根源的大部分认识相矛盾：侵略行为通常是内外条件作用的结果，主要对自身弱势和自身力量的看法做出反应。㉑苏联政策或许并不是例外。值得提醒的是，迄今为止，苏联对美国利益构成最严重挑战的古巴导弹危机发生时，正是美国有着明显的核优势和在加勒比海的常规军事力量有着压倒性优势之时。在这场危机的多数分析家看来，莫斯科决定把导弹运进古巴主要还是出于对自身战略弱势的担忧，也可能是因为赫鲁晓夫想以此来克服他在国内的政治弱点，这种政治弱点是前期国内外政策失败的结果。㉒

如果需求与机会一样，甚至比机会更可能引起侵略的话，就需要相应地改变预防侵略的工作重点。在理论和实践上，人们可能过于关注评估军事平衡，而对试图理解什么促使对手采取侵略行动的关注不够。在冲突管理上更为现实主义的一种方式是将冲突的这两种诱因都考虑在内。限制对手的需求和采取侵略行动的机会有可能阻止侵略。这种做法的目的是永远不要让自己的状态被认为是如此的软弱或犹豫不决而招致挑战，但与此同时，要避免使对手陷入他感到如此虚弱或受到威胁，以至于他觉得有必要发动挑战的境地。

冷战政策的第三个失败也源自共产主义者主要受意识形态驱使的理念。这种理念促使许多西方领导人淡化了共产主义国家之间的国家利益和差异。相反，共产主义国家政府被视为铁板一块的整体结构，而莫斯科处在这整体结构的顶点。笔者在美国海军军事学院的一位海军同事将此观点有力地表达出来，他腿上的弹片伤口还没有完全愈合。他保留了一大块弹片，上面印有斯柯达（Skoda）的"S"字样，显然代表炮弹的产地。时不时地，一些碎弹片从他的伤腿中被取出来，他总是冲到笔者面前，向笔者展示这些东西，作为共产主义全球性威胁的证据。他会惊呼："看看这块钢片，这是在捷克斯洛伐克制造的。或许它用的是民主德国的铁和波兰的煤。然后苏联人买进它制成火箭，卖给了中国人，中国人转手把它给了北越人，北越人交给了越共，越共将它放入我的腿中。别告诉我共产主义不是铁板一块！"

持这种观点的人总体上忽视了中苏关系出现裂痕和苏联集团内部民族共产主义的出现。除了南斯拉夫外，美国人未能利用这些共产主义阵营内的分歧直至 20 世纪 70 年代后期向中国开放。罗纳德·里根一直坚持，在"如何最好地消灭我们问题上的分歧"是中苏分裂的"唯一争论起因"。㉓不过幸运的是，共产主义内部争斗的现实强行闯入了西方意识。今日,对意识形态的持续高估依然对美国在中部美洲的政策有着很大影响。

华盛顿一直对革命变革和左翼政权的出现持极端敌视的态度,认为革命变革或者左翼政权不可避免地受到苏联的影响,马克思主义意识形态而不是利己主义是左翼运动领导人的驱动力量,因此这些左翼领导人一定敌视西方。抛开他们的言论不谈,许多所谓的马克思主义的第三世界国家的行为不符合这一假设。它们常常想同美国建立友好的经济和政治关系。即使它们转向苏联寻求帮助,也通常是因为受到了美国和其他西方国家的敌视和反对。几内亚、安哥拉、尼加拉瓜——甚至古巴——都是实例。至少在一定程度上,西方的政策制定者对左翼政权的担忧自我应验了。

第四个政策失败与西方对第三世界的政策有关。多年来,美国对苏联的盘算使它对其他严重的安全威胁无动于衷,尤其是那些来自第三世界内部的威胁。其中许多国家的政治和经济基础根本不稳定,它们却拥有非常先进的军事武器,并对某些非常重要的经济和战略资源的控制在加强,这是一个很重要的冲突根源。包括石油禁运、伊朗革命和反复发生的中东战争在内的一系列冲击后,西方的政策制定者才意识到,来自第三世界的挑战或者第三世界内部的动荡对西方安全构成威胁的可能程度同莫斯科及其盟友的任何举措一样严峻。但是仅从苏美竞争情境下看待第三世界问题的趋势仍然很突出,尤其是在里根政府时期。这不利于西方对这些问题的理解,也削弱了西方有效解决这些问题的能力。

最后一个政策失败源于过度吸取了慕尼黑的经验教训。因担心重复英法在 20 世纪 30 年代犯过的错误,美国领导人积极努力避免显示出哪怕一丁点儿无所作为的迹象。他们认为有必要对所有能想到的"挑战"做出回应,以免被朋友或者敌人视为软弱。约翰·F.肯尼迪宣称:"如果美国动摇,整个世界……就不可避免地转向共产主义集团。"㉔美国对声誉的关注导致不加区分的全球主义政策。对区域动荡和争取民族解放斗争的结果的评估很少从美国的具体利益的角度出发，而是从这些动荡或者斗争怎样影响他国对美国决心的看法的角度出发。因为被动的后果通常被认为比干预的代价更严重，所以美国成了世界各地权力斗争的第三方。

美国对越南的承诺是这种逻辑最深远的体现。美国的政策制定者把越南南部的叛乱视为世界共产主义试图通过武力扩大统治的尝试。1965年4月，林登·约翰逊对美国公众解释："听凭越南由命运摆布将动摇……对美国的承诺和美国承诺的价值的信心。"一个月后，他告诉国会议员们："有100个其他的小国正在注视着在发生的事情……如果南越被吞掉的话，同样的事也会发生在它们身上。"㉕国务卿迪恩·腊斯克（Dean Rusk）尤为关注美国对南越承诺的象征价值。他担心共产主义在南越的成功对苏联和中国因素的未来影响，约翰逊的高级外交政策顾问们普遍存在这种担忧。1965年7月，他警告总统说，如果美国对越南的承诺靠不住的话，"共产主义世界所得出的结论将毁灭我们，而且几乎肯定会导致一场灾难性的战争"。㉖

虽然越战以灾难告终，但导致这一灾难的逻辑持续影响着美国的政策制定者。1974—1975年，这种逻辑致使福特政府向安哥拉内战中的两个对立派别提供秘密援助。当国会迫使政府结束这种援助时，暴怒的亨利·基辛格预言说，这"将导致苏联和古巴在错误假设下对美国施加更大的压力，因为它们会误认为美国失去了抗击冒险主义的意志或者帮助他人抗击冒险主义的意志"。㉗卡特政府在解释其保卫波斯湾的承诺时和最近里根总统为美国积极帮助中美洲政府抗击左翼军事挑战辩解时都用了类似的论据。

美国几十年维护信誉的积极努力却最大限度地令其信誉受损，事实上这不仅是一个小小的讽刺。公众对越南战争的反对结束了对征兵的讨论,使任何总统都不可能,至少目前不可能向第三世界派遣军队去作战。这也促使国会首次成功地限制了总统发动战争的权力。尼克松为保护自己的特权,许可了"水门事件"中的窃听和其他非法行为。"水门事件"的惨败进一步削弱了总统的权威,使随后的白宫主人在艰苦谈判达成的军备控制协议上,难以实施"联络"参议院或者获得参议院的批准。此前越南战争时的高昂国防开支引发了几乎全球范围的通货膨胀,这削弱了美国北约盟友履行防御承诺的意愿和能力。这一切不仅未能驱散尼克松和基辛格的噩梦,还起到了推波助澜的作用,这个噩梦就是,朋友和对手都把美国看作一个"可怜、无助的巨人"。

## 二、竞争的形象

刚刚描述的世界形象不是西方或者美国关于外交事务的唯一的那种形象或者那套教训。另一代人有了另一种形象和另一套教训。近些年,这种形象在欧美的和平运动和北欧的社会民主党与绿党的左翼中有了制度化的体现。这种形象通常反映了更年轻一代的看法。㉘

美国人的年龄中位数是三十岁,在西欧,除了有的国家不同外,其他国家也大致都是这样。这些国家中的大部分选民,甚至他们的领导人,对于那些重大事件没有任何个人记忆,而那些事件对长久以来主宰我们命运的人来说是非常重要的。这些国家中的大多数人根据最近发生的事件塑造了自己的关于这个世界的形象。过去的二十多年里,影响美国和西欧的年轻人观念的重大危机和动荡事件是古巴导弹危机、几次中东战争,尤其是越南战争。因为这些事件突显了当代世界的危险,而越南战争则相当于一场道德和政治灾难,许多年轻人更真切地感受到了老一辈的失败而不是他们的成功,这就并不令人惊讶了。年轻人已经从外交事务中吸取许多教训，这恰恰同他们父辈那一代的完全对立。有必要对年长一代与年轻一代的四种不同之处进行讨论。

第一个截然不同的假设涉及超级大国的影响。和平运动积极分子，尤其是在欧洲，开始认为超级大国对世界和平构成了同等的威胁。如果说苏联入侵阿富汗，反复动用武力来保持其在东欧的影响力，并持续镇压国内的持异见者，那么美国就是在印度支那打了一场漫长而残酷的战争，推翻了拉丁美洲的左翼但民主的政府，并支持目前世界各地众多的军事独裁政权。苏联人或许很令人讨厌，但至少他们还有可以被预测的美德，总的来说在行为上更为收敛。有些人愿意承认，美国人或许稍微温和些，但是他们也可能因为自己的冲动和偏执毁灭每一个人。欧洲和平运动中的许多人对他们国家将成为超级大国的核战场的前景感到不妙，认为出路在于抽身退出。这是英国的核裁军运动（Campaign for Nuclear Disarmament）、德国的绿党（Green party）和西欧其他地方的类似运动的主旨。虽然这些和平运动内部和彼此之间存在着不同意见，但是多数积极分子反对增加军事开支，反对北约的战术核现代化计划，总体来说，都希望各自的国家退出北约。

这种立场的倡导者很大程度上都接受了与他们的政策建议一致的苏联观点。他们认为莫斯科的外交政策更多出于防御而非进攻目的。比如，苏联对东欧的控制被描绘成对西方再次入侵的恐惧的反应，因而是可以被理解的。他们在同样的视角下看待苏联对阿富汗的侵略。和平运动积极分子也倾向于把苏联军备建设解释为一项主要的防御措施，是一种对西方发展的令人恐惧的核武库的反应。他们认为，北约而是不是华沙条约组织（Warsaw Pact）拥有巨大的核优势，这种优势可以解释苏联部署更现代化的战区和洲际武器的努力。他们指责美国的各种技术突破，认为这加剧了军备竞赛，导致目前双方都拥有摧毁人类的手段的局势。英国核裁军的领军学者 E. P. 汤普森（E. P. Thompson）曾大胆断言：

> 在我看来，就总的军事战略和外交战略来说，美国似乎更为危险且具有挑衅性，它在苏联周围部署了威胁性基地，对苏联施加了压力。对"战区"战争进行勾画发生在华盛顿，而不是莫斯科；正是在美国，超级杀戮的"炼金术士"以及制造"优势"和终极武器的聪明的技术专家在推动"未来的政治"。㉙

第二轮战略武器限制谈判（SALT Ⅱ）的失败、里根政府及其顾问关于有限核战争可行性的声明，尤其是近来美国政府承诺进行的星球大战，进一步助长了欧洲的反美情绪。

第二个不同之处是，如果说年长一代关注军事平衡的话，那么年轻一代，尤其是那些热衷和平运动的年轻人，更为关注武器本身。他们不大担心战争可能作为一种蓄意的侵略行为出现，但更担心战争作为一种错估的防御行为发生。在重大的危机中，双方的领导人都会认为对手正在准备发动攻击，这使他们对战争的恐惧以自我实现的方式进行回应。

一些和平运动积极分子，尤其是在欧洲，认为美国对冷战的紧张局势负有责任。一种更为普遍的观点认为，冷战是两个超级大国之间非理性的、不断升级的猜疑和敌对行为。国际关系理论家将这种螺旋式升级描述为"安全困境"。㉚根据这种观点，国际环境的无政府状态促使民族国家领导人扩大各自的权力和影响，即使这样做背离了他们的意愿和利益。各国以安全名义展开的竞争导致更大的不安全性。更明显的不安全因素是军事准备。国家进行武装是因为它们感受到了威胁。但是军备建设不可避免地引起它们准备反击的国家的恐惧与怀疑。当对手增加军火库储备时，在另一方看来，其贮备的武器超过了其进行合法防御的需要,这就证实了另一方对其侵略意图的怀疑。

军备建设最初为两国关系紧张的**结果**,最后反倒变成了关系紧张的**原因**。和平运动发言人坚持认为,这正是发生在两个超级大国之间的事情;两国都用世界上前所未见的最具杀伤力的武器武装到牙齿,但随着各自军火库储备的增长,彼此感到越来越受到威胁。德国和平运动写给美国人的一封公开信这样写道:

> 过去三十年来的军备竞赛只是让美国、欧洲和华沙条约组织成员国变得更不安全、受到的威胁更大了。进一步的军备建设只会增加而不是降低战争的可能性。东西方都推行的威慑战略已进入一个死胡同。庞大的军备计划越来越影响美国人和欧洲人的社会福利和生活质量,也妨碍了对第三世界的必要援助。我们因此需要一项新的安全政策和一项新的和平政策。㉛

和平运动希望通过停止部署更多的毁灭性武器来打破不断升级的不安全和军备的恶性循环。由于过去这种武器的引进大大加剧了双方的恐惧,因此,它们希望在这方面的克制能在未来缓解这些担忧。这种改善可能为实际裁减军备铺平道路,最终导致裁军。这也有望降低其他领域超级大国竞争的强度,进一步减少双方各自的敌意。对和平运动的许多积极分子来说,不安全的"悲剧"而非对手的"邪恶"是造成战争危险的原因。如果不安全感能得到缓解,那么和平将随之而来。

这两代人之间的第三个重要的不同之处涉及富裕的含义。1945年以后掌权的那代人都认为经济发展是稳定的关键,尽其所能实现经济发展。许多年轻人认为富裕是一种诅咒,因为经济的富裕摧毁环境、侵蚀重要的传统价值观,并鼓励腐败。在他们看来,经济富裕导致了官僚主义的欧洲，这样的欧洲漠视年轻人、老人和穷人的要求，但却非常关心那些用高速公路和核动力工厂摧毁土地的人的利益。"我们这一代人从小就在问我们的父母，他们在希特勒时代和战争中做了什么，"一个38岁的橱柜制造商、绿党积极分子安东·惠特纳（Anton Whittner）解释说，"他们告诉我们自己是无辜的，我们并不相信他们的话。当我的儿子长大后问我'当他们把德国变成水泥时，爸爸你在哪里？'时，我必须给一个答案。"㉜

这个论点是正确的。富裕往往是以环境和社会价值观为代价而获得的，而环境和社会价值观对生活质量来说不可或缺。财富并没有带来年轻人想要的幸福或想要看到的那种世界。然而，一些积极分子所青睐的无增长的政策并非问题的解决之道。在发展和生活质量之间必须有所取舍，尽管我们很难精确地讲如何取舍，实践起来也更为困难。

许多年轻人从自己与这个世界打交道中得到的第四个不同的教训是，老一辈把东西方问题置于首位是错误的。对他们来说，和平的真正威胁来自贫富差距的扩大，因而南北问题应该是最重要的问题。西方应该更多关注第三世界的减轻贫困问题，而不是反对苏联势力的扩大。那些加入和平运动的人，尤其是在欧洲，呼吁将情感、人力和经济方面的资源转移过来，以解决这一问题。

再一次，这种批判是对冷战中老一辈的战略重心的重要纠偏。

第三世界经济和政治的混乱可能比苏联的野心对我们的生活方式构成更大的威胁。许多专家认为，第一次核战争不会发生在苏联和西方之间，而是在两个欠发达国家之间，其中一个国家感受到巨大的威胁，运用核武器对付它的传统敌人。㉝为解决这个问题而提出的最常见的解决办法——提供更多的援助和对经济关系进行某种重组以使第三世界摆脱对西方的持续依赖——似乎过于简单了。显然，再向穷国提供三倍甚至四倍的援助也不可能促进发展，或使生活水平有任何真正的提高。多数援助都已被浪费掉，因为问题中的国家在结构上无法有效地吸收援助。即使对南北关系进行激进重组，或许在一时是有效的，对影响发展的政治不稳定和很多特殊的文化障碍也无能为力。这些国家现代化努力推进得太快的话也可能激化社会内部的现有裂痕，导致如我们在伊朗看到的对现代化的强烈抵制，这种现象在其他国家也日趋明显。

## 三、结　论

我们描述的国际关系的两种形象反映了不同的代际经验。这两种形象包含了以一系列截然不同的事件为基础的外交政策教训。这些形象和与之相关的教训对政策制定者有以下两方面的帮助：它们提供了理解和管理世界的概念工具，它们为处理由这些概念确定的一些问题提供了政策指导方针。战后对日本和德国的占领政策的成功证实了这些教训的规范性力量。

政策教训也可能具有误导性。适合于当时情境的教训可能会因为新形势从表面上看同旧的很像，而被错误地用于新形势。比如，一开始反对纳粹德国的失败导致了第二次世界大战的爆发，这一点是对的，但丝毫不意味着遏制是对苏联提出的问题的适当回应。然而，在冷战开始之初，美国政策就是基于这种类比。可悲的是，这种政策至少部分地也自我验证了。美国对古巴导弹危机的调查提供了这种现象如何奏效的生动例子，此次调查本身就是外交政策"教训"的一个主要来源。[34]

目前没有任何一项证据支持肯尼迪总统的观点，他认为，赫鲁晓夫的所作所为是为了向世界展示美国的软弱和优柔寡断。[35]如前文所述，苏联的所为更可能是出于莫斯科对自身战略弱点的担忧，以及那些导弹被投入古巴是为了"快速补救"苏联的可疑的威慑力。

不论怎样，肯尼迪对此事的看法影响了他身边的记者和学者，他们在描述这场危机时对他的看法进行了宣传。反复被确认的"勇气和承诺"理论成为冷战最根深蒂固的理论之一。美国的政策制定者们内心再次确认了20世纪30年代最持久的政策教训：受到质疑的决心招致挑战，其必然结论就是不受质疑的决心遏制挑战，这是公理。

我们对经验教训的批判同样适用于关于国际事务的相互竞争的形象。它也是建立在肤浅的历史学习之上的，它的政策处方也是单维度的。东西方关系再次为这一点提供了一个有用的例证。

一方面，冷战的形象强调苏联外交政策的侵略性质，完全忽视苏联合法的防御动机；另一方面，与之对立的形象是对苏联的防御要求过度敏感，否认或试图回避来自莫斯科的任何进攻目标。这两种解释都是对苏联和超级大国冲突的性质的片面的和简单化的看法。因此，它们的政策处方也往往是不现实的。

关于东西关系的相互竞争的形象的主要政策建议是用所谓的增信释疑代替威慑。这种形象的拥护者提倡恢复缓和与重启第二轮战略武器限制谈判，并实施新的军备控制措施。他们还呼吁一份"不首先使用"核武器和暂停部署核武器，甚至是单方面的公告，包括从欧洲撤出新近部署的潘兴Ⅱ型导弹和陆基巡航导弹。这些建议基于如下的希望与期待：西方缓和冷战紧张局势的倡议将引起苏联的相应反应。

支持这一竞争形象的人有一定道理，因为西方过去常常误读苏联的动机。西方领导人总是从他们所谓的侵略阴谋角度来解释苏联的行为，即使这种解释缺乏事实的根据。前面提到的杜勒斯把后斯大林时期苏联政策的解冻视为陷阱就是一个例子。然而，事实上，完全有理由认为苏联领导人同西方领导人一样目光短浅。他们对马歇尔计划的反应证明了此点。根据约翰·加迪斯（John Gaddis）的观点，斯大林和莫洛托夫（Molotov）把美国提议的战后重建援助看作美国为其预计的和平时期的过剩产能寻找市场。莫斯科认为接受贷款或赠款是在帮华盛顿的忙，故要求作为回报的政治让步。不用说，美国人把其提供援助视为无私的，因而把俄罗斯的反应看作敌意的表现。[36]

由于三十年的冷战紧张关系强化了双方对彼此的负面预期，假定莫斯科将以自己的对等姿态对单方面的克制措施做出反应是不现实的。似乎更有可能的是，苏联把美国的这种克制视为软弱而非善意的迹象，视为对大西洋两岸越来越高涨的和平运动的让步。如果是这样的话，克制与让步都可能引起与预期相反的反应。当然，这是西方“强硬派”争论的问题，也是他们反对此类倡议的原因。此处的悲剧在于，假如强硬派是对的，那么他们在一定程度上也要为此种状况负责。他们及其前任这么多年来对苏联采取的对抗政策已经在莫斯科塑造了美国的形象，这与美国自我克制或者主动让步相悖逆。

相互的认知僵化可能是缓解超级大国冲突的最严重阻碍。与军
60 备一样，最初对敌对意图的预期是冷战紧张的结果，但是如今已经成为紧张关系的主要原因。超级大国无论哪一方的领导人想要改善关系都必须认识到这个问题的严重性，并制定出解决这一问题的战略。因为任何举措，不管设计得多么周全，如果不被对方视为真诚的话，都对缓和紧张关系无济于事。

很明显，国际关系的这两种形象代表着代际钟摆的不同摆动。这一竞争形象首先是对20世纪60年代和70年代的冷战的国际关系形象的政策失败的反应。这种形象的政策处方同冷战形象产生的政策处方完全相反。反过来，冷战形象是对20世纪30年代外交政策失败的反应。这也呼吁冲突管理的战略，而这些战略正好与之前所实施的战略几乎截然相反。绥靖和20世纪30年代其他一些不成功

的战略就其自身而言，是对更具对抗性政策的一种反应，而这些政策应对第一次世界大战负有责任。

这一系列反应与回应的后果是不祥的。在每一实例中，冲突管理战略在设法避免重复近期以来犯过的错误这一点上的确成功了，但是因一套完全不同的理由，这些战略却又失败了。我们提及的对此的一种解释是：将一种情况下获得的政策教训运用于另一种情况的倾向。这些教训在另一种情况下完全不适用，并可能带来灾难性后果。另一种解释可能直接源于对避免过去错误的关注。

政策制定者可能对特定问题如此敏感，以至于对导致冲突的其他问题或者原因不敏感甚至可能视而不见。他们为解决这些困扰他们的问题或冲突原因而实施的政策，不管实施得成功与否，都会造成他们所忽视问题的恶化。比如，威慑是通过抬高成本来制止侵略的一种战略设想。威慑战略的倡导者通常对武器和威胁的方式不太敏感，其中，武器和威胁——威慑的通用方式——会通过它们所传达的侵略意图而加剧对手之间的敌意。反过来，那些关注军备竞赛破坏性后果的人通常忽视与武器无关的使超级大国对立的一系列问题。单方面在武器问题上的克制无助于这些问题的解决，可以想象，还可能使这些问题恶化。

前述讨论并不是要转移人们对下述事实的关注，即国际事务的两种形象都是基于关于冲突本质的重要事实，以及处理或预防冲突的可能方式。然而，同样清楚的是，任何一代人中都可能有的真知灼见仅仅反映了国家间关系复杂真相的一个小角落。政策制定者，无论是在东方还是西方，似乎都倾向于把这一代人的真知灼见误认为全部的智慧。在像学者和领导人一样能够摆脱这种幻想之前，他们似乎注定要再次上演一幕代际的过度反应和不恰当回应的连续性悲剧。

## 注　释

① 对实验文献所做的评论，参见 Paul Stone, Baruch Fischoff, and Sara Lichtenstein, "Behavioral Decision Theory," in Mark R. Rosenzweig and Lyman W. Porter, eds., *Annual Review of Psychology*, 28（Palo Alto：Annual Reviews, 1977）, pp. 1–34; Robert P. Abelson, "Social Psychology's Rational Man," in S. I. Benn and G. W. Mortimore, eds., *Rationality and the Social Sciences：Contributions to the Philosophy and Methodology of the Social Sciences*（Boston：Routledge & Kegan Paul, 1976）, pp. 59–89; Melvin Manis, "Cognitive Social Psychology and Attitude Change," *American Behavioral Scientist*, 21（May-June 1978）, pp. 675–690。

② Robert P. Abelson and Milton Rosenberg, "Symbolic Psycho-logic," *Behavioral Science*, 3（January 1958）, pp. 1–13; Robert P. Abelson, "Psychological Implication," in Abelson et al., *Theories of Cognitive Consistency：A Sourcebook*（Chicago：Rand-McNally, 1968）, pp. 112–139, and Abelson, "Social Psychology's Rational Man," pp. 59–89.

③ 关于认知一致性的文献很多，有关这方面的讨论，参见 Robert Zajonc, "Cognitive Theories in Social Psychology," in Gardner Lindzey and Elliot Aronson, eds., *The Handbook of Social Psychology*（2nd ed; Reading MA：Addison-Wesley, 1968）, pp. 1, 345–353; Abelson et al., *Theories of Cognitive Consistency*, Stevan Sherman and Robert Wolosin, "Cognitive Biases in a Recognition Task," *Journal of Personality*, 41（September 1973）, pp. 395–411; Jesse Delia and Walter Crockett, "Social Schemas, Cognitive Complexity, and the Learning of Social Structures," *Journal of Personality*, 41（September 1973）, pp. 412–429。

④ 对认知一致性的多种解释的讨论，参见 Norman Feather, "A Structural Balance Approach to the Analysis of Communication Effects," in Leonard Berkowitz, ed., *Advances in Experimental Social Psychology*（New York：Academic Press, 1967）, pp. 111, 99–165。

⑤ Robert Jervis, "Hypotheses on Misperception," *World Politics*, 20 (April 1968), pp. 454-479, and *Perception and Misperception in International Politics* (Princeton: Princeton University Press, 1976), pp. 117-124, 187, 262-270. 政治科学家对认知过程对于决策的含义的另一种分析,参见 Robert Axelrod, *Framework for a General Theory of Cognition and Choice* (Berkeley: Institute of International Studies, 1972); Robert Axelrod, ed., *Structure of Decision: The Cognitive Maps of Political Elites* (Princeton: Princeton University Press, 1976); Richard Ned Lebow, *Between Peace and War: The Nature of International Crisis* (Baltimore: Johns Hopkins University Press, 1981)。

⑥ Jervis, *Perception and Misperception*, pp. 239-248.

⑦ Ibid., pp. 17-42, et passim.

⑧ Ibid., pp. 187-191.

⑨ 关于一代人的概念及其政治意义,参见两部经典作品:戈塞特(José Ortega y Gosset)的系列短文集 *El tema de nuestro tempo* (Madrid 1923);卡尔·曼海姆(Karl Mannheim)的由两部分组成的文章,"Das Problem der Generationen," *Vierteljahrshefte fur Soziologie*, 8 (1928), pp. 157-185, 309-329,该文章重印于 Paul Kecskemeti, ed., *Essays on the Sociology of Knowledge* (New York: Oxford University Press, 1952)。近来对此概念的批判性评论,参见 A. Esler, *Generations in History* (1982)。

⑩ James Joll, *1914: The Unspoken Assumptions: An Inaugural Lecture Delivered 25 April 1968* (London: Weidenfeld & Nicolson, 1968), p. 6.

⑪ A. J. P. Taylor, *The Origins of the Second World War* (2nd ed; New York: Athe-neum, 1961).

⑫ Ernest R. May, *"Lessons" of the Past: The Use and Misuse of History in American Foreign Policy* (New York: Oxford University Press, 1973),该书试图把美国对越南的干涉解释为,部分原因在于美国政策制定者从20世纪30年代获得的教训。虽然该书的写作目的是影响关于越南战争的讨论,但是很具煽动性,因为它对政策受历史影响的方式进行了广泛的解读。

⑬ Harry S. Truman, *Memoirs* (2 vols; Garden City NY: Doubleday, 1955-1956), pp. 11, 332-333.

⑭ 一份新闻会声明, Lyndon B. Johnson, 28 July 1965, *Public Papers of the Presidents: Lyndon B. Johnson* (6 vols; Washington DC: Government Printing Office, 1965-1969), pp. 794-795。

⑮ NSC 68, in *Foreign Relations of the United States, 1950* (Washington DC: Government Printing Office, 1977), pp. 1, 245.

⑯ Gregg Herken, *The Winning Weapon: The Atomic Bomb in the Cold War, 1945-1950* (New York: Alfred Knopf, 1980), p. 202, 引自福里斯特尔的文章。

⑰ John Foster Dulles speech at the National War College, 10 June 1953, *Department of State Bulletin*, 28 (29 June 1953), p. 895.

⑱ Joint Chiefs of Staff, memorandum for the Secretary of Defense, 13 January 1962, *The Pentagon Papers: The Defense Department History of the United States Decisionmaking on Vietnam* (4 vols; The Senator Gravel edition; Boston: Beacon Press, 1971), pp. 11, 664.

⑲ John Foster Dulles' speech to New York State Republican Dinner, 7 May 1953. *Department of State Bulletin*, 28 (18 May 1953), p. 707. 有关艾森豪威尔执着于"世界共产主义铁板一块"和毫不妥协性质的看法, 参见 John Lewis Gaddis, *Strategies of Containment: A Critical Appraisal of Postwar American National Security Policy* (New York: Oxford University Press, 1982), pp. 140-142。

⑳ Edward N. Luttwak, "After Afghanistan, What?" *Commentary* (April 1980), pp. 40-49; Norman Podhoretz, "The Present Danger," *Commentary* (March 1980), pp. 27-40.

㉑ Richard Ned Lebow, *Between Peace and War*, passim, and "Windows of Opportunity: Do States Jump Through Them?" *International Security*, 9 (summer 1984), pp. 147-186.

㉒ 对此文献的评述, 参见 Richard Ned Lebow, "The Cuban Missile Crisis: Reading the Lessons Correctly," *Political Science Quarterly*, 98 (fall 1983), pp. 431-458。

㉓ 参见访谈 Robert Scheer, *With Enough Shovels: Reagan, Bush and Nuclear War* (New York: Random House, 1982), p. 242。

㉔ Remarks at the High School Memorial Stadium in Great Falls, Montana, 26 September 1963, *Public Papers of the Presidents of the United States: John F. Kennedy: 1963* (Washington DC: Government Printing Office, 1964).

㉕ Lyndon Johnson's Johns Hopkins address, 7 April 1965, and Johnson remarks to members of congressional committees, 4 May 1965, *Public Papers of the Presidents: Lyndon B. Johnson: 1965*, pp. 395, 491.

㉖ Rusk memorandum, 1 July 1965, *The Pentagon Papers*, pp. iv, 23.

㉗ Kissinger speech at Dallas, Texas, 22 March 1976, in Henry A. Kissinger, *American Foreign Policy* (3rd ed; New York: W. W. Norton, 1977), p. 360.

㉘ 对代际经验在外交政策上导致显著的差异的程度,人们存在意见分歧。Ole R. Holsti and James N. Rosenau, *American Leadership in World Affairs: Vietnam and the Breakdown of Consensus* (Boston: Allen and Unwin, 1984),它否认美国存在这种现象。强调代际差异在欧洲政治中的重要作用的研究包括: Harold Muller and Thomas Risse-Kappen, "Social Generational Change: The German Peace Movement and the Western Alliance"; Heinz-Ulrich Kohr and Hans Georg Rader, "West German youth and NATO," papers presented at the conference on Generational Learning and Foreign Policy: The Future of the Atlantic Alliance, 16–17 May 1983, at the Bologna Center of The Johns Hopkins University; Ronald Inglehart, "Generational Change and the Future of the Atlantic Alliance," *PS*, 17 (summer 1984), pp. 525–535。

㉙ E. P. Thompson, *Protest and Survive* (2nd ed; London: Campaign for Nuclear Disarmament, 1980), p. 25.

㉚ 对安全困境的第一次描述,参见 Herbert Butterfield, *History and Human Relations* (London: Collins, 1951), pp. 19–20,之后参见 John Herz, *Political Realism and Political Idealism* (Chicago: University of Chicago Press, 1959), p. 4。最近的研究参见 Jervis, *Perception and Misperception*, pp. 58–116。

㉛ "An Open Letter to Americans from the West German Peace Movement," *The Nation*, 12 January 1982, p. 721.

㉜ 引自 Roger Thurow and Diane Coutu, "Greening of Germany? Young Leftist Party Shakes Bonn Establishment by Urging Disarmament and Leaning Eastward," *Wall*

Street Journal, 22 December 1982, p. 36。

㉝ 参见 "Adelphi Poll," conducted by Warren Boroson with David P. Snyder, "The First Nuclear War," *Next Magazine*, 1 (September-October 1980), pp. 29-37.

㉞ 对古巴危机的政策"教训"的批判分析, 参见 James A. Nathan, "The Missile Crisis: His Finest Hour Now," *World Politics*, 27 (January 1975), pp. 265-281。

㉟ Lebow, "The Cuban Missile Crisis: Reading the Lessons Correctly," 该文谈及这个问题和肯尼迪关注的根源。

㊱ John Lewis Gaddis, *The United States and the Origins of the Cold War, 1942-1947* (New York: Columbia University Press, 1972), pp. 174-198.

# 第三章
# 威慑：政治和心理的批判<sup>*</sup>

战后美国的安全政策建立在威慑基础上。在冷战早期，美国领导人依赖核威慑阻止苏联或者中国对美国在西欧和远东的盟友的攻击。在这两个国家发展了自己的洲际核攻击手段后，美国靠威慑来防止自身遭受攻击。多年来，美国历届政府也尝试用威慑来调控对与美国或者盟友发生冲突的第三世界国家的政策。威慑论的拥护者声称，威慑维持了超级大国之间的和平，而且在管控较小的冲突方面很有用。本章对这两种观点进行了讨论。①

在讨论威慑时，对威慑理论和威慑战略进行区分是非常重要的。威慑理论涉及逻辑假设及其基础。简要说来，威慑是一种影响另一行为体对其利益的评估的意图。威慑试图通过说服行为的一方放弃实施不受欢迎的行为，使其考虑该行为的实施成本将大过任何可能的收益。威慑理论预设决策是根据某种理性的成本收益计算而做出的，这种计算可以从外部进行成功操控，最佳方式就是增加收支中的成本。不同的学者发展出了自己的威慑理论变体。但是，所有的这些变体都以上述假设为基础。

---

\* Richard Ned Lebow, "Deterrence: A Political and Psychological Critique," *Perspectives on Deterrence*, 1989, pp. 26-51. Copyright © 1989 Oxford University Press. Reprinted by permission of Oxford University Press.

威慑战略关注将威慑理论用于现实世界的冲突。它产生了自己的关于如何最好地实现这一目标的理论体系。在 20 世纪 50 年代和 60 年代，伯纳德·布罗迪（1959）、威廉·考夫曼（1954）、托马斯·谢林（1966）等学者发展了这一理论的第一波，几乎完全是演绎性质的。大部分著作都是强调确保承诺的可信性，并探讨了领导人为实现这一目标可以运用的各种机制。这一时期的文献通常被视为经典威慑理论（Jervis 1979）。

经典威慑理论招致了很多批评。就我们的目的而言，最令人感兴趣的是试图根据历史案例的经验证据评价威慑战略的研究。米尔本（Milburn, 1959）、拉西特（Russett, 1967）、斯奈德和戴幸（Snyder and Diesing, 1977）、乔治和斯莫克（George and Smoke, 1974）的著作是这一波理论的代表。这些学者尝试完善威慑理论，以使该理论更有利于被政治家使用。米尔本、拉西特、乔治和斯莫克都论辩说，如果在威胁惩罚的同时承诺对可接受的行为给予奖励的话，那么威慑可能会更有效。乔治和斯莫克与斯奈德和戴幸都试图将威慑同冷战背景相分离，使威慑植根于一个不那么政治化的入门理论。

关于威慑的经验分析影响了威慑理论的假设。在他们的案例研究基础上，乔治和斯莫克（1974）主张对理性选择进行更宽泛的解释。他们希望，这样做能够使威慑理论把影响外交政策行为的国内政治因素和其他因素都包括进来，这些是威慑理论此前没有考虑到的因素。

本章在吸纳和扩展以往批判因素的基础上，对威慑进行更进一步的批判。笔者所引用的学者认为，威慑的失败往往是因为实施不力或者被用于不适当的环境中。这些学者的批判以及乔治·奎斯特（George Quester）的书中的第三章的批评都主要针对威慑战略。在笔者看来，威慑就其本质而言是一种有严重缺陷的冲突管理战略和理论。笔者并不认为，对该理论的改善或者重新表述会在它的预期和可观察到的行为之间产生更好的契合。

贾尼丝·格罗斯·斯坦和笔者对威慑的批判（Lebow and Stein 1987a）包括了三个相互关联的组成部分：政治的、心理的和实践的。每一个组成部分都暴露了威慑理论和威慑战略的不同问题。事实上，这些问题往往是相互联系的；政治和实践的因素同心理的过程相互作用，成倍加大了成功预测国家行为和成功管理冲突的难度。

政治的组成部分审查了外交政策挑战背后的动机。威慑是一种毫不掩饰的"机会"理论。该理论断言，敌人会寻找机会，一旦找到，就猛扑过去，以获得收益。对实际冲突的案例研究表明了对诉诸武力的另一种解释，我们冠之以"需求"理论。证据表明，战略弱点和国内政治需求往往构成了使用武力的诱因。当领导人变得绝望时，他们可能会诉诸武力，即使此时军事平衡是不利的，并且没有理由怀疑对手的决心。在这种情况下，威慑很可能并不适用，而且也是危险的战略。因为假使领导人对损失的恐惧超过了对获利的考虑，威慑政策通过加大对挑战方的行动压力就反而会激发出原本要阻止的行为。

心理的组成部分也同威慑挑战背后的动机有关。在一定程度上，当政策制定者认为有必要挑战对手的承诺时，他们倾向于认为自己的目标可以实现。这种情形发生时，动机错误一目了然。这些错误可能采取扭曲威胁评估的形式，或者采取对领导人承诺执行的政策可能以灾难告终的警告无动于衷的形式。虽然有相反的证据，但政策制定者可能说服自己他们可以在不挑起战争的情形下挑战对手的重要承诺。因为他们知道自己会在多大程度上被迫让步，所以他们希望对手也会如此迁就自己。政策制定者也可能从这样的幻想中寻求安慰，即如果危机失控，战争爆发，他们的国家可能会以较小的代价取胜。这样一来，威慑就被一厢情愿的想法打败了。

批判的实践的组成部分描述了实施威慑战略的一些最重要的障

碍。这些障碍源于认知偏差和启发式策略的扭曲效用、政治的和文化的移情障碍以及威慑方和潜在的挑战方倾向于用来设定和解释信号的不同认知情境。这类问题不是威慑所独有的,它们内嵌于国际关系的结构之中。然而这些问题构成了极为严重的威慑障碍,因为威慑方需要了解潜在的那个挑战方的领导人眼中的世界,以便有效操控他们的成本—收益计算。如果威慑方不能正确地做到这一点的话,就将导致威慑政策的被禁行为对挑战方更具吸引力。

这一批判的前两部分挑战了威慑理论的核心假设。批判的第三部分直接对准威慑战略。但这一部分也影响着威慑理论。如果由于实施方面的实际困难,威慑战略往往不能成功的话,那么威慑理论就一定会被认为不利于指导行动。

在评价威慑理论时,评价者迫切需要区分实施军事挑战的动机与机会。威慑理论预设了一个有着高度敌意的对手,并假定,只要有机会,对手就将发起挑战。如果没有机会,即使敌意很强,挑战也不会发生。由于把侵略视为机会驱动的行为,威慑理论假定了防御的和可信的承诺是阻止军事挑战的最佳途径。

我们的案例材料证明了动机的重要性,敌意不能被视为一个常量。事实上,敌意是随着国内外具体形势变化而变化的因变量。再者,国家或领导人很少被纯粹的敌意所驱使。希特勒是个例外,而非常规。这不是在否认基于机会的挑战的存在。第二次世界大战后的事例有1971年印度对巴基斯坦的入侵、1980年伊拉克对伊朗的入侵和1982年以色列对黎巴嫩的入侵。

在大多数敌对关系中,领导人只有在极端特殊情况下才诉诸军事挑战。我们的案例表明,领导人只有在面临严峻的政治和战略弱势时才会发起军事挑战。在这些情况下,就算并不存在明显的机会,军事挑战也可能被实施。领导人往往在没有客观根据下,说服自己相信这种机会的存在。当领导人不受政治和战略需要的驱使时,即使他们认为有机会这样做,他们也不太可能实施挑战。

表 3.1 和表 3.2 的矩阵总结了经典威慑理论和我们关于军事挑战的研究结论之间的重要差异。我们对威慑的政治因素和心理因素的批判解释了这些差异。我们批判的第三部分因素,实施威慑的实际困难主要涉及作为战略的威慑。然而,在一定程度上,第三部分因素指出了运用威慑所面临的普遍存在的严重阻碍,从而表明了威慑理论不是一份制定战略的好指南。

**表 3.1　威慑矩阵**

| | 机会(以对手的脆弱承诺为形式) | |
|---|---|---|
| | 无 | 有 |
| 动机(视为常量的敌意) | 无挑战 | 挑战 |

**表 3.2　勒博-斯坦矩阵**

| | | 机会(以对手的脆弱承诺为形式) | |
|---|---|---|---|
| | | 无 | 有 |
| 动机(以战略和国内价值的需求为形式) | 需求低 | 无挑战 | 无挑战 |
| | 需求高 | 可能 | 非常可能 |

在现实世界,促使发起军事挑战的机会动机和需求动机之间不可能分得一清二楚。许多军事挑战,即使不是绝大多数,都包含了两者。在两伊战争事例中,许多分析家(Heller 1984;Tripp 1986)都论证说,伊拉克出于复杂的混合动机进攻了伊朗。伊拉克看到了伊朗内部动荡提供的机会——显然这是机会动机——但是伊拉克也可能担心,本国政权可能会因阿亚图拉·鲁霍拉·霍梅尼(Ayatollah Ruhollah Khomeini)输出革命而被推翻。然而我们研究的大多数事例都倾向于这两种动机中的一个极端。为便于分析,我们对这些事例做了相应分类。

## 一、数据与方法

这种分析所依据的大多数证据来自贾尼丝·斯坦和笔者在已经出版的《和平与战争之间》（Lebow 1981）、《心理学和威慑》（Jervis et al. 1985）及其他各种文章中的历史案例研究。这两本书都从双方角度分析了威慑的发生，并审视了挑战方以及潜在威慑方的估算、预期和行动。由于理解威慑成败的关键在于敌对双方的互动性质，这类案例研究比对仅涉及一方的想法和政策的分析更有助于说明威慑的情况。

这些历史案例中的大多数都是威慑失败的事例。我们俩选取失败的事例是因为这些案例更容易被识别，从而为构建一个有效的案例范围提供了方便。威慑成功的结果是无须行动。相反，失败则导致严重的危机，通常是走向战争。这类失败事例不仅显而易见，而且总是促使人们撰写回忆录、进行官方的调查以及其他的调查，而这些会为学术分析提供必要的数据。在复杂的国际关系中，威慑失败也比威慑成功更能说明问题。理解威慑为何失败不仅有助于我们对威慑可能成功或失败的状况以及为何成功或失败有更全面的了解，也有助于我们深入了解冲突的性质。然而，只限于威慑失败的案例的分析会有代价。对威慑失败原因的解释只能是尝试性的，因为用于解释失败的某些因素也可能在威慑成功时起作用。根据对威慑失败案例的控制比较而得出的假设，最终必须根据已查明的威慑成功事例加以验证。

何为威慑失败？威慑的目的是劝阻另一个行为者实施被禁止的行为。在国际关系中，威慑最重要的目标是防止使用武力。为了达到此目的，威慑理论规定威慑方必须仔细定义不可接受的行为，进行合理的尝试，以把惩罚犯规者的承诺传递出去（或者拒绝违规者想要达到的目标），拥有履行承诺的手段，展示实施其威胁的决心（Kaufmann 1954；Kissinger 1960；Brodie 1959；Kaplan 1958；Milburn 1959；Quester 1966；Schelling 1966：374）。②当这些条件得到满足而行为仍然发生时，我们可以说威慑失败了。③

特定情况下，研究者之间可以而且确实存在分歧，即在某一特定情况下，这些条件中的任何一个或所有条件在多大程度上得到了满足。他们的观点分歧通常与威胁的可信性有关，这被威慑理论家视为威慑战略成功的最根本条件。不幸的是，这也是最难以评估的。这可能是一个严重的问题，因为它妨碍了确认威慑失败是由于战略的缺陷，还是仅仅由于国家未能充分实施威慑战略。当威慑批评者为前者辩护时，威慑的倡导者则总是拿后者说事（Orme 1987；Lebow 1987b）。

关于威慑有效性的持续争论是由所有历史事件的解释的内在主观性引发的。解决这个问题的一种方式就是使用足够大的样本以尽量降低人们因不同案例而产生分歧的重要性。因此笔者的论点以 10 个威慑失败的事例为基础。④这些事例之所以引发笔者的兴趣，不仅是因为它们记录了威慑失败的模式，而且是因为它们展示了导致失败的各种不同的原因。笔者的论证也会对来自领导人使用其他的冲突管理战略的证据加以介绍，如果它是与论证相关的话。

根据案例研究提出论点还会产生进一步的困难。不同于实验或者调查研究，要简洁概括这类数据是不可能的。这样的概括也不可能确立发现的有效性，即使这可以显示数据库的性质和数据分析符合公认的研究实践。如笔者已评论的，我们必须使读者相信，我们对每一个别案例的解释是正确的。因此，重要的是要表现案例的特点和我们解释证据的基础。为此，笔者选择了在允许的范围内加入尽可能多的案例材料。对数据有兴趣的研究者可以参考对这些案例进行更全面阐述的《心理学和威慑》《和平与战争之间》两本著作，以及引用的几篇期刊文章。

## 二、政治失败

　　威慑理论预设了以领导人及其国家的政治和物质福利来定义的效用是很容易被测量的。但是政治利益和国家利益都是主观概念。不同的领导人有不同的看法，外人很难确定，更不用说衡量这些利益了。对那些情感的、无形的和不可量化的事务的关注进行衡量，如果不是不可能的话，也是更为困难的，历史一再表明这些难以衡量的东西的重要性，至少对包括美国人民在内的绝大多数国家的人民来说，这些难以衡量的东西不亚于狭隘的政治利益。比如，为何美国南方要挑战军事实力和潜力显然占优势的北方？为何南部邦联即使在领导人和士兵都意识到挑战注定要失败之后还要不惜人力和经济代价继续战斗？其他可引述的事例还有，人们在面对军事强国令人信服地发出了军事挑战或者持续抵抗的某种灾难性后果的警告后，即使几无取胜的可能也会开始战斗或者继续战斗。从犹太人反抗罗马人的统治，到爱尔兰复活节起义和1940年被围困的芬兰人的抵抗，历史上各民族在几无成功的可能时依然开始斗争或持续斗争的事例数不胜数。声誉、愤怒或民族自尊被证明是采取行动的更有说服力的动机，而不是以对物质损益的实际计算作为屈服或顺从的理由。

　　威慑理论与威慑战略都错误地将侵略行为的征候当作原因。明确说来，威慑忽视了政治和战略上的脆弱性，这些脆弱性能够与促使领导人选择武力的认知与激励过程相互作用。

　　在过去的研究中，笔者曾对实行边缘政策的这类严重的国际危机进行了分析，这类政策的主要特征是挑战方期待其对手会放弃优先诉诸武力的承诺（Lebow 1981）。笔者发现，边缘政策的挑战的发起往往没有充分的证据证明对手缺乏能力或者捍卫自己的承诺的决心；相反，多数情形下，当时掌握的证据指向了相反的结论。所涉及的承诺看起来符合威慑的四个必要条件：这些承诺有明确的定义，被反复宣传，是可靠的，且防御方充分表明了他们使用武力捍卫这些承诺的决心。毫不奇怪的是，这些挑战中大多数使发起方遭受挫折，他们或者被迫退出或者走向战争。

挑战方的误判通常可以归因于他们认为需要采取边缘政策的挑战以应对国内外的紧迫威胁。所涉及的政策制定者认为，只有通过成功地挑战对手的承诺才能克服这些威胁。边缘政策被视为是对危险的必要且有力的回应，是在有限的时间内保护国家战略或者国内政治利益的手段。他们对国内外制约因素的评估是否正确是另一个需要研究的问题。要紧的是，领导人感受到紧迫的国内压力或国际风险，或者两者兼有。

斯坦为《心理学和威慑》一书撰写的两篇文章（1985a，b）所讨论的主题也是，考虑对手挑战的政策制定者在多大程度上是内向驱动与聚焦自身的。她对1969—1973年埃及领导人曾认真考虑对以色列使用武力的五种情形进行了分析，她认为，五种情形下的决策都大大偏离了威慑理论的核心假设。这五种决策都显示出埃及领导人始终如一聚焦于关注自身的目标、政治需求和制约因素。在超级大国关系缓和到使埃及军事行动变得不可能之前，埃及领导人都是在以启示般的方式谈论埃及解放西奈半岛的必要性。他们一再谈及，只有以一次成功的军事战役消除1967年的羞辱才能遏制不断升级的国内危机。相反，以色列的利益及这些利益可能导致的以色列采取行动的必要性显然没有被埃及领导人重视。他们更多考虑的是日益上升的国内外制约因素，以及无法承受的不作为的代价。

在1969年消耗战中，埃及因未能考虑双方的相关利益而犯下了严重的错误。埃及没有错估以色列军事反应的可信性，而是错估了军事反应的范围。他们认为，以色列扩大战争，对埃及进行深度轰炸，将其战争目标升级至推翻纳赛尔政权的可能性很小。事实上，以色列对埃及的惩罚力度非常大，这是埃及所犯下的一个重大错误。

埃及一方未能明白，以色列领导人不仅把保卫西奈半岛视为以色列的战略纵深和争取预警时间的需要，而且视其为显示决心的需要，这是埃及在1969年犯错的唯一原因。埃及领导人高估了自己为消耗战制定基本规则的能力，与此同时低估了以色列的能力。他们也制定了最终越过运河的战争策略，这种策略有着致命的矛盾，即认为在消耗战中，埃及可能对以色列造成巨大伤亡，但是以色列为了减少伤亡，却避免使冲突升级。

1969年埃及的计划者面对战略困境所做出的是基于动机的反应，唯如此，这些错误评估和策略矛盾才能得到较好的解释。埃及既不能接受现状，也不能为夺回西奈半岛而保持持续的军事行动。相反，埃及展开了一次计划不周的有限军事行动。一厢情愿的想法和错误的预判成为一种助力，这使埃及领导人相信自己的战略会成功。以色列威慑失败，不是因为缺乏能力或者决心，而是因为埃及的估计错得如此离谱，以至于以色列的威慑失效。

埃及在1969年的决策提供了一个国际危机中最常见的严重误判原因的例子：领导人无法找到令人满意的办法来解决两种相互冲突的威胁。我们的案例表明，来自这种决策困境的心理压力问题常常通过采取防御回避作为应对策略解决。领导人往往承诺采取行动，回避显示他们的政策不会成功的信息（Janis and Mann 1977）。在埃及事例中，防御回避的决策困境是国内需要与国际现实不相容导致的结果。国内威胁、政治和经济的损失是埃及的政策制定者压倒一切的优先考虑。他们对自身弱点的估计导致了犯错和误判，而这些导致以色列威慑的失败。

1973年埃及使用武力的决定对威慑逻辑的破坏性甚至超过了1969年的动机错误。埃及领导人在1973年决定使用武力，不是因为他们误判了以色列的决心或者可能的反应,而是因为他们已经无法容忍自己的脆弱和被束缚。如果埃及领导人误判的话,威慑的倡导者可能会争辩说,人为的错误导致了威慑的失败。经济学家也有着类似的论点:战略没有错,错的是使用战略的人。埃及领导人决定挑战威慑,不是因为他们犯错,而是因为他们认为不作为的国内和国外成本都高得难以忍受。他们正确地估计到以色列会有大的军事反应,也预计到埃及将遭受重大伤亡和损失。然而,他们依旧计划采取有限的军事行动来打破现状,并希望在他们有限的收获被逆转之前,国际社会能够实施停火。1973 年,埃及领导人清楚自身的军事实力弱于以色列,但是依然决定动用武力,因为他们预计,持续的不作为将产生严重的国内和战略后果。

出于与迫使埃及领导人挑战以色列一样的国内考虑,埃及军事计划者就设计了一种弥补其军事弱点的战略。人类的聪明才智和精心组织成功地利用多用途常规武器的灵活性避免了军事弱势的许多制约。埃及军官在他们计划的有限战区内确保了防御上的优势(Stein 1985a)。

日本在 1941 年 12 月袭击美国的决策与 1973 年埃及袭击以色列的决策似乎类似。同埃及人一样,日本人完全了解对手在军事上的优势,尤其是美国强大的海军力量和经济基础。然而,日本人依旧对美国发动了袭击,因为他们妄想通过一场有限的胜利,促进解决他们与中国之间日益恶化且代价高昂的冲突。

正如三十多年后的埃及人所做的那样,日本军方设计了一个巧妙且大胆的策略来抵消对手的优势,他们通过空中打击和突袭来压制美国在太平洋的海军力量。他们也自欺欺人地认为,对手将接受最初的灾难性失败的政治后果,不会为了获得主动权而战斗。日本的策略是孤注一掷的行动。日本领导人是在被说服相信日本与敌手之间的军事平衡不会再像 1941 年这样有利的情况下才选择了战争;

时间对他们越来越不利。他们也使自己相信他们不可能通过外交手段达到自己的目标（Butow 1961；Borg and Okamoto 1973；Ienaga 1978；Ike 1967；Russett 1967；Hosoya 1968）。

日本的事例突出了不利的战略环境作为挑战诱因的重要性。当领导人预期相对均势将不利于自己时可能就会选择军事行动。比如，萨达特（Sadat）总统预计，他越拖延开战，以色列就会越强大。这一假设在开罗促成了绝望情绪，因此萨达特多次清洗埃及军事指挥部，直到他发现了有信心绕过以色列空军和装甲能力的指挥官。

埃及和日本的事例表明，挑战方在发动战争时，防御方的能力和决心只是他们考虑的因素中的一部分。挑战方还受到国内政治压力的影响，国内政治压力促使他们采取行动，并影响他们对于军事平衡未来走向的判断。对以和平手段实现重要目标的可能性的悲观估计也可能造成挫败感，进而形成人们采取行动的动机。1973 年的埃及和 1941 年的日本都正是如此。这两个事例表明，在面对不利的国内和战略环境时的挫败、悲观和软弱如何胜过了对军事劣势的考虑。

## 三、威慑怎么会事与愿违？

当挑战方身处劣势或者感觉身处劣势时，威慑方使重要承诺更有说服力和可信的努力将会带来不确定的和无法预期的后果。充其量，威慑是良性的；它根本不会产生任何效果。但是威慑也可能是恶性的，因为其恰恰加剧了那些迫使领导人选择武力的压力。日本提供了这样的事例。

美国和其他西方大国为使日本改变政策，先是冻结了日本的资产，接着在 1941 年 7—8 月对日本实行了石油禁运。这些行动事实上促使日本走向了战争。日本领导人害怕，禁运将剥夺他们继续对华战争的手段，最终会让他们听任对手摆布。相应地，禁运也在东京培育了一种绝望的情绪，这是日本随后偷袭珍珠港的基本前提。

在为《心理学和威慑》一书撰写的文章中，杰克·斯奈德（1985：153-179）探讨了各类安全困境及其在1914年战争爆发中所起的作用。安全困境的突出特征在于，被对手视为具有威胁性和侵略性的行为实际上是对不友好的战略环境的一种防御反应。斯奈德论辩说，当战略因素与心理因素相互作用，战略评估被认知偏差夸大或扭曲时，认知的安全困境就出现了。事实上，领导人夸大了进攻的优势、权力转移的幅度和对手的敌意。

在1914年，欧陆大国都面临着安全困境。在19世纪80年代法国加强防御工事时，德国的安全要仰赖在波兰的俄国军队的脆弱：如果俄国军队并不脆弱，德国总参谋部就会担心，俄国和法国可能动员全部力量对德国发动联合攻击。然而，俄国的安全要求正好排除了这个弱点：俄国不可能容忍德国在短期战争中的决定性优势，因此俄国计划到1917年时把常备军力量增加40%。在法国财政援助下，俄国还修筑了新的铁路，以便更迅速地将军队运往俄国西部边界。俄国所做的防御准备对德国构成了一种进攻性威胁，反之，德国的防御战略似乎要求对法国和俄国发动进攻。进攻与防御实际上变得难以区分开来。

斯奈德（1985：170）指出，尽管战略环境确实恶劣危险，德国的军事领导人还是过分夸大了这种危险性，并进行了充分的论证。他们夸大了对手的敌意，因而假定了两线作战的不可避免性。一旦如此，预防性作战战略的吸引力就变得势不可挡；德国军事领导人把预防性战略视为摆脱自身脆弱性的唯一办法。的确，自1890年以来，总参谋部没有认真考虑对俄国和法国采取防御战略的可能。直到1914年，德国军方并没有高估自身的进攻能力并选择武力；相反，他们以心理学理论预期的方式夸大了对手的敌意，然后论证进攻是最令人满意的选择。因为这种选择，德国的邻居们面临着真正的安全困境。

在这种战略环境下，威慑德国的企图是适得其反的。俄国和法国的威胁报复和展示武力都只能加剧德国的担忧，而使本已不稳定的环境更加动荡。比如，旨在威慑德国的俄国的军事动员却令早已准备发动先发制人战略的德国军事领导人更为恐惧。1914年，德国领导人决定动用武力，他们这样做的原因不是他们认为有取胜的"机会"，而是他们认为不行动将带来灾难性的战略后果。在战略评估被过分的恐惧和脆弱感所笼罩的环境下，威慑只会挑起使用武力，而这是它原本要防止的。

## 四、心理的问题

这种批判的心理部分也同威慑挑战背后的动机有关。在政策制定者认为有必要挑战对手的承诺时，他们倾向于认为自己的目标可以实现。以歪曲威胁评估为形式的动机错误可能导致不现实的期望，即认为对手在面对挑战时会退缩，或者投入挑战方所计划的那种战争中。一旦决定实施挑战，那么政策制定者可能也会变得对他们选择的行动可能导致灾难的警告麻木不仁。在这些情形下，不管威慑实施得多么完美，都可能被挑战方的一厢情愿打败。

### （一）有缺陷的评估

笔者在上文已经讲了埃及1969年和1973年的评估存在缺陷。1969年，埃及人自以为是地认为，以色列将在运河沿岸同埃及进行一场代价高昂的消耗战，尽管众所周知的事实是，以色列的战略一直以避免这类冲突为前提。1973年，埃及人假定以色列会接受在苏伊士运河东岸失去的阵地为既成事实，尽管出于同样的原因，埃及人无法造成既成事实的状态。这两个期望都与显而易见的政治现实背道而驰，都导致了代价高昂的战争，几乎以政治灾难而告终。两次使用武力都是出于埃及领导人在国内外重申其实力的需要，这一需要导致埃及人对以色列可能应对挑战的估计严重扭曲。

日本袭击珍珠港是基于一厢情愿的战略决策的又一个事例。日本军方决定进行有限的战争策略，因为鉴于后者有着更强的经济和军事实力，他们知道这是他们可能战胜美国的唯一路径。日本人确信，针对美国在太平洋军事基地的成功反击将迫使美国撤出西太平洋，从而日本可以在这一地区为所欲为。当然，美国的反应正好与之大相径庭。美国舆论因日本"偷袭"而震怒，意欲用战争教训日本。罗斯福总统（President Roosevelt）和美国参谋长联席会议主席乔治·C. 马歇尔（Chairman of the Joint Chiefs of Staff George C. Marshall）在第二次世界大战中费尽周折，才将美国的主要军事力量指向他们认为的对美国更严重的威胁——德国，而且他们是对的，但是当时美国舆论对惩罚日本更感兴趣。

第一次世界大战的起源提供了第三个事例，说明威慑战略是如何被一厢情愿打败的。七月危机中的德国政策是基于关于俄、法、英可能的对塞尔维亚被奥匈帝国占领的反应的一系列错误假设。德国领导人总体上自信有能力将奥匈—塞尔维亚战争局部化，尽管所有迹象都与他们的想法相反；虽然德国首相有过短暂犹豫，但在整个危机期间，德国领导人都敦促维也纳漠视所有要求克制的呼吁。

德国的战略非常短视。即使该战略所基于的不现实的假设被证明是正确的，这种战略还是会弄巧成拙。塞尔维亚的被灭只会加剧俄德之间的敌意，使俄罗斯更靠向法国和英国，从而为两个集团之间爆发新的、更激烈的冲突创造条件。撇开这种结果不谈，德国政策的所有假设都被证明毫无根据；奥地利对塞尔维亚宣战引发了一系列反应，这些反应使德国卷入了一场同俄罗斯、法国、比利时和英国的战争。

德国战略只有在被理解为应对国家战略需求和战略现实之间的矛盾的反应时才有意义。前者需要获得其主要盟友奥地利的支持,这种支持可以增强德国的自信并维持其极重要的同盟。后者要求谨慎,因为德国政治家要避免卷入一场欧洲大战,因为德国的将军不确定是否能赢得一场欧洲大战。这些矛盾在以幻觉为前提的战略下得到了缓解。这种幻觉是:德国支持下的奥地利可以在不引发其他欧洲大国参战的情况下在巴尔干进行一场有限战。德国领导人在一切都已来不及改变的情况下才从幻觉中醒来(Lebow 1981: 26-29, 119-124; 1984)。

### (二) 挑战方漠视警告

动机错误在阻断对信号的接受能力方面起着重要作用。一旦领导人决定实施挑战,防御方为使其承诺可信所做的努力最多只会对对手的行为产生微弱的影响。即使是最精心设计的展示力量和决心的努力也可能证明不足以阻止一个坚信必须使用武力来维护战略和政治利益的挑战方。

在对决策的分析中,欧文·贾尼斯(Irving Janis)和利昂·曼(Leon Mann)在1977年论证说,考虑采取行动的政策制定者在认识到其行动会有重大风险时,将会经受心理压力。他们会不安并开始专注于寻找一种风险较小的选择。如果经过一番寻找后,他们发现希望找到较好的选择是不现实的,他们就会停止寻找,即使他们依然不满意现有的选择。其结果就是一种"防御性回避"模式,这种模式特征表现为努力避免、排斥和拒绝增加焦虑和恐惧的警告。

贾尼斯和曼(1977:57-58,107-133)指出了三种防御性回避的形式,强化是其中之一。它指的是一套心理策略,政策制定者可能在要进行决策时运用,也可能在使已经做出的决策更能被接受时加以运用。当政策制定者对找到一个完全令人满意的政策选择失去希望或无法推迟决策或将责任转移给他人时,强化策略就会出现。结果,他们承诺采用最不令人反感的替代办法,并着手"推广替代的办法",即夸大积极后果或者使成本最小化。他们也可能否认自己的厌恶感觉,不谈决策的近期后果,或者尽量减少决策中的个人担责。政策制定者继续思考同样的问题,但是通过选择性关注和其他歪曲的信息处理形式来回避焦虑。

强化可以起到有益的作用。强化有助于必须行动的政策制定者通过一个次佳方案更自信地走向决策和采取行动,以阻止残余冲突的进一步发展。强化既可能发生于决策前,也可能发生于决策后。如果强化发生于决策前,它将阻碍领导人仔细寻找替代方案。它接着诱导领导人相信他们已经做出了好的决策,但事实上,为了逃避随之而来的冲突,他们并没有对可能的替代方案进行小心认真的评估。如果领导人是在决策后运用强化策略,那么领导人往往将无视对其所采取的行动发出的不令人满意甚或导致灾难的警告。

贾尼斯和曼(1977:74-79)把对警告的漠视视为防御性回避的标志。一旦漠视警告成为主要的应对方式,"行动者就极力避免接触可能暴露已选择的行动方针的缺点的信息"。如果实际情况要求必须面对这些令人不安的信息,领导人也会通过一厢情愿的方式改变这些信息的含义;他们对严重损失的前景进行合理化并加以否认。为克服这种抗辩,可能需要无可辩驳的负面反馈的极端情形存在。

政策制定者对关键信息的选择性关注、否认或者几乎其他所有的心理策略都可能被制度化。政策制定者只要让人知道他们的期望或喜好,就是在鼓励下属报告或强调支持这些期望和喜好的信息。政策制定者也可以有意操纵他们的信息网络或者管理机构来达到同样的效果。随着时间的推移,被证实和再证实的观点对不一致的信息就会越来越有抵抗力,也更难遭到反驳。

在一项较早的研究中，笔者（1981：101-228）详细描述了1914年的德国、1950年对中国参加朝鲜战争可能性进行评估的美国和1962年中印边界争议中的印度上述心理的发生过程。在这三个事例中，出于所认为的国内和战略需要，政策制定者都不顾其他国家阻止军事行动的威慑努力，采取了危险的军事政策。他们采取防御性回避，以避免这些警告触发的压力。他们随后允许或鼓励各自的政治—军事官僚机构只报告支持领导层所奉行政策的信息。通过这种方式的制度化，防御性回避成功地使政策制定者对即将发生的灾难的反复警告视而不见。

动机偏差是对个人需要或外部压力的反应。上述事例的证据表明，动机偏差的一个干扰条件是政策制定者对他们认识到会造成重大损失的行动方案的选择。一旦挑战方决定采取行动，即使威慑一方尽最大的努力表明自己行动的承诺并展示出可信性都不可能有效果。动机偏差、误判对手的决心、过度自信，以及对警告无动于衷，甚至会使明确的、执行良好的威慑被击败。

## 五、运用威慑的问题

威慑也受到一系列实际问题的困扰。其中之一是在向潜在的挑战方传递自己的能力和决心时遇到的困难。一般而言，威慑战略总是假定，人人都理解所谓的吠叫的看门狗、铁丝网和"禁止擅入"信号的含义。但实际情形往往并非如此。信号只有在被解释的语境下才有意义。如果信号发出者和接收者运用不同的语境对信号进行界定、交流或者解释，误读和误判的概率就成倍增加。这是国际关系中普遍存在的问题，并不限于威慑（Jervis 1979：305-310；Lebow 1985：204-211）。

第二个问题是重构另一行为体的成本效益计算的困难，这个问题是威慑战略所特有的。威慑要求旨在阻止挑战的一方操纵潜在的挑战方的成本效益演算，从而使挑战方认为挑战的预期成本高于其预期效益。如果可信的惩罚威胁总是增加成本的话——这是被威慑理论视为理所当然的事情——那么威慑方就没有必要理解目标国家的价值等级和结果偏好了。这种信手拈来的预设在实践上毫无用处。领导人的动机可能主要不是"机遇"，而是"脆弱性"。如果是这样的话，军事行动成本的增加并不会对他们不愿意忍受不作为的高昂代价产生任何影响。

在上述情形下，威慑威胁也可能激发旨在阻止的行为。与威慑方的预期相反的是，威慑常常增加了挑战方采取行动的压力。不幸的是，威胁如何影响对手的成本效益计算的这类考量通常是难以预见的，或者说难以从外部弄清楚。

古巴导弹危机就是这种现象的一个突出事例。学者就苏联为何在1962年9月和10月在古巴部署导弹提出了若干假设。迄今人们最广泛认可的是，苏联需要解决战略平衡的问题。部署导弹是对1961年秋美国宣布其战略优势的一种反应（Horelick and Rush 1966：141；Hilsman 1967：200-202；Tatu 1968；Abel 1966；Allison 1971：52-56）。彼时，苏联只有一支很小的远程轰炸机舰队、数量可观的中程弹道导弹（MRBMs）和中远程弹道导弹（IRBMs），以及少量洲际弹道导弹（ICBMs）。所有这些武器都以苏联本土为基地，在对美国实施报复性打击中的作用有限。轰炸机很慢且易被发现，不能指望用轰炸机来打破美国的空中防御。中远程弹道导弹是优良的武器，但打不到美国本土，苏联曾寄予很大希望的第一代洲际弹道导弹还不可靠，太脆弱，无法作为实用武器，因此苏联仅部署了少数几枚。

1960年5月美国U-2侦察机中止了飞越苏联领空后，美国对苏联导弹部队的规模和实力的估计主要靠猜测。这种情形在1961年夏末引入卫星侦测后得到了纠正，卫星侦测使美国对于苏联的导弹数量的估计更为准确了。正是那时，美国做出了一个有着深远意义的政治决定，即告诉莫斯科，华盛顿知道了它的弱点所在。

肯尼迪总统未能充分认识到这个政治行动中的内在风险，他仅担心苏联人会加速他们的洲际弹道导弹计划。在赫鲁晓夫发出几次柏林最后通牒后，美国总统及其顾问都急于压制赫鲁晓夫的好战，希望通过让苏联人了解美国的战略优势来实现此目的。1961年10月，美国国防部副部长罗斯韦尔·吉尔帕特里克（Roswell Gilpatric）在一次讲话中首先发出了此信息，随后不同的渠道证实了这一信息。

对苏联领导人来说，这一信息的政治含义是很惊人的。几乎一夜之间，克里姆林宫就意识到，其核武库并非有效的威慑力量。用罗杰·希尔斯曼（Roger Hilsman, 1967: 164）的话说：

> 这不是指美国拥有军事优势的事实——这对苏联人来说不是新闻。令苏联人惊恐的是，美国人清楚自身具备的军事优势。苏联人很快意识到，美国人在情报上获得了突破性进展，并设法找到了苏联导弹的部署地点，而且在算出苏联的导弹数量后得出美国军事上占优势的结论。发射技术有些烦琐的软式洲际弹道导弹系统在第一次打击中对双方来说都是有效的武器……而第二次报复打击只有在发射台位置可以保密的情况下才能进行。然而，如果敌人掌握所有发射台位置的地图，那么这个弹道导弹系统会在第一次打击时有些作用，但是在第二次打击中就无效了。苏联整个的洲际弹道导弹系统突然间就过时了。

苏联人陷入了困境。两国间的这种导弹差距可以通过发展更为有效的第二代洲际弹道导弹及可能的潜水发射系统的应急计划来弥补。但是这种应急计划的耗资太大，可能在苏联统治集团内遇到强烈的反对。更为重要的是，应急计划对眼下可能被美国利用的几近瘫痪的苏联战略弱点毫无帮助。在古巴部署导弹可以被视为一项尝试解决这种困境的大胆举动。如果这种解释是对的，那么美国的警告刺激了本在遏制的行为的发生，反而产生了自相矛盾的影响。

二十五年来，所有对苏联在导弹危机中的动机与政策的解释都是臆测性的。现有的苏联评论谬误太多，难以成为可信的来源，其中包括赫鲁晓夫的回忆录（1970，1974）和阿纳托利·葛罗米柯（Anatoly Gromyko）对危机的研究（1971）。1987 年 10 月，在马萨诸塞州剑桥市召开了一次别开生面的会议。一小群学者——包括笔者本人在内——和前肯尼迪政府官员同三位苏联官员一起讨论古巴导弹危机的起源及其中的政治问题。苏联代表是苏联共产党中央委员会委员格奥尔基·沙赫纳扎罗夫（Georgi Shakhnazarov）、赫鲁晓夫的前演讲稿撰写人菲德·波拉斯基（Fedor Burlatsky）和谢尔盖·米高扬（Sergei Mikoyan），谢尔盖·米高扬是苏联外交部官员，其父是苏联前副总理阿纳斯塔斯·I. 米高扬（Anastas I. Mikoyan）。

这三个苏联人对我们的帮助很大。他们不仅同我们分享了他们的个人回忆和各自对于危机的感受，而且也分享了他们在危机当时和随后与其他时任苏联官员交谈中获得的信息。他们在危机的重大事项上的意见并不一致，他们对事实与观点、他们所见与仅是听说的第二手信息进行了仔细区分。美国方面的参会者——包括雷蒙德·L. 加特霍夫（Raymond L. Garthoff）和罗伯特·麦克纳马拉（Robert McNamara）等人此前有过同苏联官员打交道的经验——在会议结束后都认为：苏联人告诉了我们他们所理解的真相。

苏联人对古巴的导弹部署提供了三种解释：阻止美国可能入侵古巴的需要、克服苏联的战略弱势，以及在政治心理上实现同美国的平等。他们三人在这些目标对于赫鲁晓夫和其他高层领导人的相对重要性问题上意见不一。

谢尔盖·米高扬（1987：20，40，45-47）认为，"只有两个目标：保卫古巴和弥补［战略核］差距"。他说："我们的'国防部'认为战略平衡非常重要，需要争取对等。"时任苏联国防部长罗季恩·马利诺夫斯基元帅（Marshall Rodion Malinovsky）坚持认为，需要获得可信的第二次打击能力。米高扬还说："赫鲁晓夫也很担心美国可能发动的袭击，他担忧美国有人会认为一个17∶1的战略优势使得第一次打击成为可能。"然而，米高扬依然认为，赫鲁晓夫的首要目标是阻止美国袭击古巴，这是被苏联领导人视为迫在眉睫的目标。

菲德·波拉斯基和格奥尔基·沙赫纳扎罗夫同意赫鲁晓夫想保护卡斯特罗的说法，但是认为，赫鲁晓夫更关注解决战略不平衡问题。他们两位给出了赫鲁晓夫为何如此的几点理由。

格奥尔基·沙赫纳扎罗夫（1987：17-18，58，75-76）强调了美国军事优势所带来的军事后果。如他所言："部署导弹主要是为了公开实现对等。"这很关键，"因为美国有些人认为美国可能同苏联开战，且美国能够打赢"。古巴导弹部署对赫鲁晓夫具有吸引力，因为它以很小的成本解决了迫在眉睫的战略弱势问题。"这是赫鲁晓夫试图通过无须花费我们并不具备的资源而取得战略对等的一种尝试。"

波拉斯基（1987a：17-18，30-31，115-116；b：22）认同关于苏联领导人长期以来有一种核自卑感的说法，尤其在这个时候。他写道：许多苏联官员的确担忧美国的第一次核打击。但是赫鲁晓夫并非如此。他反而担忧美国试图从政治上利用其核优势。赫鲁晓夫尤其对肯尼迪政府在土耳其部署导弹感到担忧，因为这些导弹易受到苏联的空中打击，只能用于第一次打击或者政治恐吓。"为何美国有权用核导弹基地包围我们，"他曾向波拉斯基抱怨说，"难道我们没有那种权利吗？"波拉斯基相信，美国在土耳其部署的"朱庇特"（Jupiter）导弹促使赫鲁晓夫决定在古巴部署导弹。"这些导弹不是为了威慑，"他解释说，"我们的 300 枚导弹已经足以摧毁美国——足够了。这是在玩儿心理。在我看来，这是战略对等的第一步。"

剑桥市会议上的前肯尼迪政府官员们在回忆中承认，"朱庇特"导弹的部署具有挑衅性，且不理智。美国国务院和国防部内部都认为导弹过时了，部署导弹具有挑衅性，但肯尼迪不顾来自国务院和国防部的反对坚持部署。他这么做是因为，他担心如果他撤销部署导弹的话，就会被赫鲁晓夫误读为他示弱、缺乏决心，从而会更加大胆地在柏林和其他地方挑战西方利益（Lebow，即将出版）。

古巴危机期间的美国国防部长罗伯特·麦克纳马拉对赫鲁晓夫担心美国入侵古巴感到非常惊讶。麦克纳马拉（1987：59）向苏联人保证说："我们根本没有打击古巴的计划，如果那种计划提出来，将会招致我的强烈反对。"但是他承认，他能理解为何苏联人会得出美国入侵古巴迫在眉睫的看法。他对下述说法表示赞同：美国政府针对卡斯特罗政权的秘密行动传达了关于美国意图的错误印象。这些秘密行动"很愚蠢，但是我们的意图不是入侵古巴"。在事件过去二十五年后看整个危机，麦克纳马拉对于局势的讽刺感到震惊。"我们认为那些秘密行动都非常无效，"他反思说，"但你们却认为这些行动是进一步行动的迹象。"

麦克纳马拉和前国家安全顾问麦克乔治·邦迪（McGeorge Bundy）对于苏联人曾担心美国的第一次对苏打击也感到震惊。他们知道，美国政府从来没有这种打算！麦克纳马拉（1987：76）曾问沙赫纳扎罗夫："难道你们的领导人真的相信，我们中有人认为发起第一次打击对美国有利吗？"沙赫纳扎罗夫回答说："的确如此。在我看来，这是赫鲁晓夫决定在古巴部署导弹的原因。"（1987：76）苏联人进一步解释说，肯尼迪政府的战略集结、部署于土耳其的第一次打击武器，以及美国国防和军事部门领导人声称他们能在反打击中不失去美国25%人口的情形下摧毁苏联，这些引起了他们对美国发起第一次打击的担忧。

虽然苏联人并没有提到吉尔帕特里克的讲话，但是他们三人都强调了，美国的军事准备、美国关于自己战略优势的说法加剧了苏联的战略不安全感，并促使赫鲁晓夫采取了更加对抗的政策。由此看来，吉尔帕特里克的讲话和美国试图操纵苏联领导人的成本计算的有关企图适得其反。肯尼迪政府增加苏联挑战成本的尝试反而使挑战对苏联领导人更具吸引力，这与美国政府最初的期望大相径庭。

导弹危机表明，两个超级大国实施的威慑是挑衅的而非预防的。赫鲁晓夫和其他苏联领导人都将古巴导弹视为遏阻美国对古巴和苏联进行军事和政治威胁的手段。刺激赫鲁晓夫的美国行动反过来被肯尼迪总统视为针对苏联威胁的谨慎的预防措施。两国领导人都试图约束对手的行为，最终却导致了他们双方极力避免的那种对抗。

## 六、唯我独尊

威慑旨在描述承诺的防御方和潜在的挑战方之间的互动过程。防御方预期会明确并公布其承诺，并尽力使其承诺在对手看来是可信的。潜在的挑战方预期会准确评估防御方的能力和决心。测试和挑战的循环周期预计将使双方对彼此利益、承担风险的倾向、挑衅的门槛和外交政策行为风格的了解加深。

笔者对敌对关系的分析表明，威慑对威慑方和挑战方的期望同现实毫无关联。挑战方常常聚焦于自身的需要，并不考虑敌对方的需要、利益和能力，或者即使考虑也会曲解。再有，他们行动的出发点不是威慑理论所期待的"机会",而是"脆弱"和自身认为的弱点。相应地,威慑方很少考虑挑战方的竞争期望,在解释挑战方动机或者目标时往往出于一厢情愿。双方也可能忽视对方的信号。在这些条件下,威慑很可能失败。甚至动辄就发出威慑的插曲可能加剧更大的误解。再有,经验实际上会阻碍学习,导致误导或不当教训行为重复发生。

## 七、对威慑理论的影响

一些经验主义者(Achen and Snidal 1988;Tetlock 1987;Huth and Russett 1984)认为,斯坦和笔者都误解了社会科学理论的目的。他们争辩说,社会科学理论是要预测人类的行为,不必对行为发生的原因进行解释。就威慑而言,他们说,我们的案例仅仅基于威慑失败的事例,这使我们的研究结果走偏。如果我们对威慑成功的案例加以研究的话,我们就会发现,采用威慑比不采用威慑更成功。这就会证实威慑理论作为预测国家行为指标的有效性。

这些批评在方法和概念上都是错误的。尚没有或者永远都不会有分析家成功地确认案例的相关范围。本书的导言部分已经对一些原因进行了说明(也参见 Lebow and Stein 1987b)。说明主要谈到了确认威慑成功所存在的困难。威慑越成功,留下的行为痕迹就越少。威慑理论是优于平均水平的国家行为预测理论指标的说法并没有被证实。试图证实这种说法的若干实证研究没有解决这一点和其他方法论上的障碍。

由于相关威慑案例的范围无法确定,因此所审视的案例的重要性就非常关键。但是综合数据分析无须从重要性方面对选取的案例进行衡量。它们平等看待每一个案例。相反,使用案例研究方法的分析家要费尽心思找出关键案例,并给出选择的理由。关于威慑失败的案例研究文献现在已经发现了大量重要的威慑失败案例。这些导致重大危机和战争的案例对无论是作为一种理论的威慑还是作为实践战略的威慑都构成了强有力的挑战。

这些威慑失败的案例揭示出重要的共同特征。威慑发起者在信息收集、评估、归因和决策上的差错通常导致误判,从而导致威慑失败。这些至关重要的过程无法通过综合数据分析加以捕捉。这需要对威慑失败和成功的每一个案例进行深入分析。如法国人的一句老话所言:上帝就在细节中。

批评我们的这些经验主义者认可我们关于国内政治和战略弱点在推动国家走向军事挑战的重要性方面的观点。但是他们——甚至某些威慑批评者(George and Smoke 1974)——认为威慑理论可以将这些考虑纳入其中。为此,他们建议拓展威慑理论以把更大范围的政治因素考虑在内。效用工具概算可以将国内政治、战略弱点和其他因素考虑在内,而不仅仅基于狭隘的,诚然也是误导的相对军事平衡的计算。这说起来容易做起来难。

纳入新变量要求有一整套全新的命题来指导对新变量的衡量。比如,相比领导人的国内政治兴趣、意识形态目标或者连带义务,到底应该给予国家声誉多大的权重?威慑理论未能对这些变量加以区分以建构一个权重的模型。因此,勒博和斯坦对威慑的批评击中了该理论的要害,这不仅仅是针对威慑作为现实世界的战略的。

即使能够解决这个问题,威慑理论仍然面临着另一个无法克服的障碍。额外的更多的政治变量的纳入无助于威慑理论把握领导人在进行重大外交决策时完全偏离理性选择过程的证据。正是这种偏离很大程度上导致了威慑的失败。因此,基于理性选择的模型无法以令人印象深刻的成功概率预测战略决策。有志于提高其模型预测能力的分析家必须放弃理性选择,或者至少将非理性选择中的重要因素纳入其模型。他们无法在做到这一点的同时还能保留威慑理论的核心。

## 注　释

本章基于笔者和贾尼丝·格罗斯·斯坦合写的《超越威慑》("Beyond Deterrence")的第一部分写成，该文发表于 1987 年冬季刊的《社会问题》(*Journal of Social Issues*, 43, No. 4：5-71)。该文的研究与写作获得了来自纽约卡内基公司（Carnegie Corporation of New York）对理查德·内德·勒博的资助、加拿大和平与安全研究所（Canadian Institute of Peace and Security）对贾尼丝·格罗斯·斯坦的资助。

① 关于更充分地看待超级大国核威慑的有害影响，参见 Lebow（1987a）。
② 对充分的沟通和明显的决心的定义是很难的。传统上，威慑理论的学者是从潜在挑战方的领导人是如何看待问题的承诺方面，对威慑的可信性进行评估。这种评估存在一个严重的问题，它可能导致需要对可信性进行反复确认。如果一个承诺被挑战，那么它就被视为失去了可信性。这就忽视了下面这种可能性：承诺被视为可信，不是源于防御方的军事能力或者决心方面的任何原因。由此，检验可信性的适当标准必须是公正的第三方判断，而非潜在挑战方的判断。如笔者将要展示的，挑战方对沟通的接受度及其对承诺可信度的判断会被动机偏差削弱。所以，在第三方看来可信的威慑威胁可能并不被意在发起挑战的领导人视为威胁。
③ 乔治和斯莫克（1974：519-520）论证说，威慑造成的后果也可能好坏参半。在他们看来，威慑可能阻止了一国领导人采取非常冒险的举措，但不能防止他们采取风险性较低的举动以发起对现状的挑战。这种情形无疑会发生，但是他们所运用的案例未能说服笔者。
④ 这些案例是：法绍达事件（Fashoda, 1898）、朝鲜（1903—1904）、阿加迪尔（Agadir, 1911）、1914 年 7 月、中国参加朝鲜战争（1950）、古巴（1962）、1962 年中印危机，以及 1967 年、1969 年和 1973 年的阿以战争。

# 参考文献

Abel, E. 1966. *The Missile Crisis*, 28. Philadelphia: Lippincott.

Achen, C. H., and D. Snidal. 1988. Rational Deterrence Theory and Comparative Case Studies. *World Politics*, fall.

Allison, G. 1971. *Essence of Decision: Explaining the Cuban Missile Crisis*, 52-56, 237-244. Boston: Little, Brown.

Borg, D., and S. Okamoto (eds.). 1973. *Pearl Harbor as History: Japanese-American Relations, 1931-1941*. New York: Columbia University Press.

Brodie, B. 1959. The Anatomy of Deterrence. *World Politics* 11: 173-192.

Burlatsky, F. 1987a. *Proceedings of the Cambridge Conference on the Cuban Missile Crisis*. Cambridge, Mass, 11-12 October 1987, mimeograph.

Burlatsky, F. 1987b. The Caribbean Crisis and Its Lessons. *Literaturnaya Gazeta*, 11 November 1987: 14.

Butow, R. 1961. *Tojo and the Coming of the War*. Stanford: Stanford University Press.

George, A. L., and R. Smoke. 1974. *Deterrence in American Foreign Policy: Theory and Practice*. New York: Columbia University Press.

Gromyko, A. A. 1971. The Caribbean Crisis, 2 Parts. *Voprosy Istorii* Nos. 4 & 8, English translation in Ronald R. Pope, *Soviet Views on the Cuban Crisis: Myth and Reality in Foreign Policy Analysis*, 161-226. Lanham, Md: University Press of America, 1982.

Heller, M. A. 1984. *The Iran-Iraq War: Implications for Third Parties*. JCSS Paper, No. 23. Tel Aviv and Cambridge: Jaffee Center for Strategic Studies and Harvard University Center for International Affairs.

Hilsman, R. 1967. *To Move a Nation*, 164: 200-220. Garden City, NY: Doubleday.

Horelick, A., and M. Rush. 1966. *Strategic Power and Soviet Foreign Policy*, 141. Chicago: University of Chicago Press.

Hosoya, C. 1968. Miscalculation in Deterrence Policy: Japanese-U.S. Relations, 1938-

1941. *Journal of Peace Research* 2: 79-115.

Huth, P., and B. Russett. 1984. What Makes Deterrence Work? Cases from 1900 to 1980. *World Politics* 36 (4): 496-526.

Ienaga, S. 1978. *The Pacific War, 1931-1945*. New York: Pantheon.

Ike, N. 1967. *Japan's Decision for War, Records of 1941: Policy Conferences*. Stanford: Stanford University Press.

Janis, I., and L. Mann. 1977. *Decision Making: A Psychological Analysis of Conflict, Choice, and Commitment*. New York: Free Press.

Jervis, R. 1979. Deterrence Theory Revisited. *World Politics* 31: 289-324.

Jervis, R., R. N. Lebow., and J. G. Stein. 1985. *Psychology and Deterrence*. Baltimore: Johns Hopkins University Press.

Kaplan, M. A. 1958. The Calculus of Deterrence. *World Politics* 11: 20-44.

Kaufmann, W. W. 1954. *The Requirements of Deterrence*. Princeton, NJ: Center of International Studies.

Kissinger, H. A. 1960. *The Necessity of Choice*, 40-41. New York: Harper.

Khrushchev, N. S. 1970, 1974. *Khrushchev Remembers*. 2 vols, trans. ed. Strobe Talbott, 488-505, 509-514. Boston: Little, Brown.

Lebow, R. N. 1981. *Between Peace and War: The Nature of International Crisis*, 26-29, 48-51, 101-228. Baltimore: Johns Hopkins University Press.

Lebow, R. N. 1984. Windows of Opportunity: Do States Jump Through Them? *International Security* 9: 147-186.

Lebow, R. N. 1985. Conclusions. *Psychology and Deterrence*, 204-211. Baltimore: Johns Hopkins University Press.

Lebow, R. N. 1987a. Conventional and Nuclear Deterrence: Are the Lessons Transferable. *Journal of Social Issues* 43 (4): 171-191.

Lebow, R. N. 1987b. Deterrence Failure Revisited. *International Security* 12: 197-213.

Lebow, R. N. Forthcoming. The Turkish Missile Deployment and the Origins of the Cuban Missile Crisis.

Lebow, R. N., and J. G. Stein. 1987a. Beyond Deterrence. *Journal of Social Issues* 43 (4): 5-71.

Lebow, R. N., and J. G. Stein. 1987b. Beyond Deterrence: Building Better Theory. *Journal of Social Issues* 43 (4): 155-169.

McNamara, R. 1987. *Proceedings of the Cambridge Conference on the Cuban Missile Crisis*. Cambridge, Mass, 11-12 October 1987, mimeograph.

Mikoyan, S. 1987. *Proceedings of the Cambridge Conference on the Cuban Missile Crisis*. Cambridge, Mass, 11-12 October 1987, mimeograph.

Milburn, T. W. 1959. What Constitutes Effective Deterrence? *Journal of Conflict Resolution* 3: 138-146.

Orme, J. 1987. Deterrence Failures: A Second Look. *International Security*: 16-124.

Quester, G. 1966. *Deterrence Before Hiroshima: The Airpower Background to Modern Strategy*. New York: Wiley.

Russett, B. 1967. Pearl Harbor: Deterrence Theory and Decision Theory. *Journal of Peace Research* 4 (2): 89-105.

Schelling, T. 1966. *Arms and Influence*, 374. New Haven, CT: Yale University Press.

Shaknazarov, G. 1987. *Proceedings of the Cambridge Conference on the Cuban Missile Crisis*. Cambridge, Mass, 11-12 October 1987, mimeograph.

Snyder, G. H., and P. Diesing. 1977. *Conflict Among Nations: Bargaining, Decision Making and System Structure in International Crisis*. Princeton, NJ: Princeton University Press.

Snyder, J. 1985. Perceptions of the Security Dilemma in 1914. In *Psychology and Deterrence*, eds. R. Jervis, R. N. Lebow, and J. G. Stein, 153-179. Baltimore: Johns Hopkins University Press.

Stein, J. G. 1985a. Calculation, Miscalculation, and Conventional Deterrence I: The View from Cairo. In *Psychology and Deterrence*, ed. R. Jervis, R. N. Lebow, and J. G. Stein, 34-59. Baltimore: Johns Hopkins University Press.

Stein, J. G. 1985b. Calculation, Miscalculation, and Conventional Deterrence II: The View from Jerusalem. In *Psychology and Deterrence*, ed. R. Jervis, R. N. Lebow, and J. G. Stein, 60-88. Baltimore: Johns Hopkins University Press.

Tatu, M. 1968. Power in the Kremlin: From Khrushchev's Decline to Collective Leadership, trans. ed. H. Katel. London: Collins.

Tetlock, P. E. 1987. Testing Deterrence Theory: Some Conceptual and Methodological Issues. *Journal of Social Issues* 43 (4): 85-92.

Tripp, C. 1986. Iraq—Ambitions Checked. Survival 28 (November-December): 495-508.

# 第四章
# 第一次世界大战的教训[*]

第一次世界大战是国际关系理论的催化剂,国际关系理论产生于第一次世界大战后,并在第二次世界大战后走向成熟。[①]许多国际关系理论家希望通过获知以前的战争原因来阻止未来战争的爆发。一个世纪以来,总体上,我们发展了关于战争起源和国际关系的各种各样的理论和主张。当今的乐观分子——主要是自由派和建构主义者——认为,理论家和政策制定者从1914年至1939年的这段历史中学到了许多东西。他们指出,1945年后北大西洋共同体和欧盟的成功,已经使得在越来越多的国家间爆发战争变得不可能了。当今的悲观分子——大多数是现实主义者——认为,世界变化不大,自修昔底德(Thucydides)、马基雅维利(Machiavelli)和霍布斯(Hobbes)以来,国际关系并未发生太多变化。

笔者相信,我们可以向过去学习,但前提是我们必须有着开放的心态,要运用多种相互竞争的视角和相关历史证据,承认人的能动性和情境的重要性,避免将过去和现在进行简单的对比。这种开放的思维不会因为新信息和劝告而实现,但是读史能将其激发出来。

---

[*] Richard Ned Lebow, "What Can International Relations Theory Learn from the Origins of World War I?" *International Relations*, Vol. 28, No. 4 (2014), pp. 387–410. Copyright © 2014 SAGE Publications. Reprinted by permission of SAGE Publications. 这篇文章的在线版可以在这个网址找到:http://journals.sagepub.com/doi/abs/10.1177/0047117814556157。

理论所依据或旨在解释的事件的表意叙述会将遗漏、紧张关系和其他问题突显出来。有鉴于此，笔者将对有关第一次世界大战起源的较新的历史文献进行一番评述。

两次世界大战是研究战争与和平问题的国际关系理论的核心。这两次大战促进了对自由主义和现实主义范式的阐述及两种范式对预防战争的意义的发展。这两次大战加强了人们寻找战争根源的倾向，同时也引起了人们对危机管理的新的关注。这两次大战不仅激发了基于理性领导人预设的战略谈判模式，而且也提高了人们对意外爆发的战争的非理性和可能性的认识。对这两次大战起源的解释是下述理论的核心所在：大国均势理论、威慑理论、权力转移理论、强调信息重要性的理性主义方式、马克思主义的帝国主义论、对战争的组织化和官僚化的解释论、强调区域与国际社会的特点和活力的建构主义论。

接连几代历史学家对两次世界大战的起源，尤其是第一次世界大战的起源争论不休。一些关于战争及其预防的理论建立在对第一次世界大战起源的特定解释的基础上，但是历史学者越来越一致地认为，第一次世界大战的爆发没有单一的，甚至主导的原因。相反，这场战争是一系列原因互动与强化的结果，但是关于其中哪种因素是最重要的，人们还没有达成共识。第一次世界大战爆发一百周年激发了人们在新的重要文献基础上的研究，这些新的研究主要是对战争起源的再思考。这种再思考源于研究方向的一种集体转向：从追问哪一个国家对战争负有责任，转向追问这场灾难是如何发生的。历史研究的重点逐渐向国际关系学者关注的问题靠拢，我们的领域恰好能从这种新的研究中学习到一些东西。

新文献提供了与大国均势理论、权力转移理论和威慑理论有关的证据和论据。新文献指出了战争的直接原因的重要性，直接原因可能与深层次原因没有关联，不能被视为当然；还突出了人的能动性的作用，以及基于对其他行为体的错误理解和威胁评估，会因特殊的或者似乎不恰当的目标驱动的制定政策的方式，导致未能预见的，有时甚至是行为体无法想象的后果。在更基本的层面上，新文献还提出了理性行为体假设方法存在的问题，这些方法在根本上是可互换的，且受对制约因素和机会的相对客观评估的驱动。最为重要的是，新的研究使我们可以质疑，任何简化的战争理论能够在多大程度上解释任何一场战争或者从总体上解释战争现象。

## 一、历史学者与第一次世界大战

研究第一次世界大战的历史学者最初关注大国的相对责任，但后来他们想搞清楚这场大战究竟是如何爆发的。在一战后早期，战争罪行问题因《凡尔赛条约》的第 231 条受到特别的关注，该条款证实了德国根据战争责任要对比利时、法国和英国进行赔偿。大多数国家的外交部，尤其是德国，都公布了经过大量编辑的文件，来证明自己国家无责任的主张。所有大国的前政府官员都出版了回忆录，多数回忆录显然都是在为自己辩护。我们现在知道了，关于欧洲政治的四十卷本德语文献——《欧洲各国政府重大政策文件集》（ *Die Große Politik der Europäischen Kabinette*，1871—1914）——选择性很强，凡暗示了德国侵略角色的文件都被排除在外。② 毫不奇怪的是，大多数英国和法国学者都认为，德国和奥地利对战争的爆发负有责任。而德国学者和一些美国修正主义历史学者则将德国描述为战争的受害者，或者认为大国都有责任。③ 在战争起源问题上的争论同在《凡尔赛条约》和赔偿问题上的争论是一样的。④ 在战争责任问题上的分歧促生了大量对德国的研究，相反，对其他大国的研究很少。

1942 年，路易吉·阿尔贝蒂尼（Luigi Albertini）的关于第一次世界大战起源研究的权威三卷本出版——十年后才有了英译本，这代表了对第一次世界大战研究的转折点。⑤此著作以完整和冷静的方式记述了德奥对战争的主要责任，以及这两国领导人的决定是如何形成于长达十年的大国斗争的，正是这样的大国斗争营造出了冒险和进攻性军事学说主导的氛围。在接下来的几十年中，许多学者认为此著作接近定论。

在德国，直至20世纪60年代，人们的看法并没有太大改变。在曾为一战老兵的格哈德·里特（Gerhard Ritter）领导下的德国历史学者的旧学派依然否认德国曾寻求或者策划战争。这个学派的学者受到了弗里茨·费舍尔（Fritz Fischer）的挑战，他在1961年出版了《争雄世界》（*Griff nach der Weltmacht*）一书，该书为论证德国在1914年发动战争并追求霸权目标的观点提供了大量的文献。⑥该书的言外之意是，希特勒和第二次世界大战并非保守的历史学者所言的德国历史的"偶然事件"（Betriebsunfall），而是德意志帝国外交政策的延伸。费舍尔被历史学者协会（Zunft）拒之门外，该学会的一些成员指责他"叛国"、触犯了国家禁忌。《争雄世界》出版时正值艾希曼审判、修建柏林墙和事关柏林地位的重大冷战危机爆发之际。此著作引发了一场全国性的争议，并蔓延到大众媒体，最终导致原定的资助费舍尔美国巡回演讲的官方资金被迫取消。⑦

在20世纪20年代编辑出版的关于第一次世界大战的四十卷本德语文献中，国家委员会排除了所有不利于德国无罪主张的内容，人们对这一点的揭露当时在一定程度上支持了费舍尔的观点。费舍尔的著作也是在对德国年轻的一代讲历史，年轻的一代人试图借助学术活动、纪念活动、回忆录和学校课程来面对过去。⑧通过这些方式，年轻的一代同前代人保持了距离，同时对自己作为德国人感觉更为舒服，也赢得了来自其他欧洲人的尊重。最终，费舍尔的观点成为德国传统智慧的一部分。回头来看，费舍尔显然夸大了1912年

12 月的帝国战争委员会会议（the Imperial War Council Meeting of December 1912），他认为这次会议做出了进行一场预防性战争的决定。费舍尔的观点也基于一个成问题的主张，该主张认为，所谓的"9 月计划"（September Program）——1914 年 9 月，德国工业家所准备的一份战争目标清单——证明了德国进行侵略战争的动机。此清单是在德国军队入侵了法国并且胜利指日可待时，工业家应德国外交部的要求而准备的。这份清单是对预计胜利的一个回应，而不是一份战争计划。《争雄世界》带来的遗产是积极的，因为此著作将历史讨论的重点放在文件上，且把德国历史学从自我强加的而且相当残酷的政治正统中解放了出来。与此同时，此著作使战争责任问题继续受到关注，因为在理解和防止大国战争上，这个问题在当时已不是政治关心的问题，也不再受到学术界的关注。⑨

在随后的几十年里，有关战争起源的大多数论述的党派色彩弱化，且远离了当代争议。虽然战争责任问题（Kriegschuldfrage）不再是关注的焦点，但是它永远不会消失。肖恩·麦克米金（Sean McMeekin）和马克斯·黑斯廷斯（Max Hastings）最近的作品再次引发了这样的争论。⑩麦克米金谴责俄国发动了战争，认为俄国领导人为控制君士坦丁堡和土耳其海峡而挑起了战争。历史学家一直对他的说法持批评态度，认为他高度选择性地使用证据，以支持俄罗斯对战争负有责任的夸大和不能令人信服的说法。⑪黑斯廷斯坚持认为，德国对战争负有责任，其他批评者认为他的观点主要是为了报复麦克米金。⑫休·斯特拉坎（Hew Strachan）在很大程度上赞成费舍尔关于德国预防性战争的观点，且谴责奥地利和塞尔维亚。⑬托马斯·奥特（Thomas Otte）则认为，德国领导人所犯下的错误导致了战争。⑭玛格丽特·麦克米伦（Margaret MacMillan）把战争责任几乎均摊给了德国、奥地利和塞尔维亚。⑮

克里斯托弗·克拉克（Christopher Clark）的《梦游者》（The

*Sleepwalkers*）受到了学者和大众读者的极大关注。他指出了引发战争的多种结构性原因，并强调了缺乏洞见和判断力的领导人的作用，虽然领导人的作用受到了制约。这些制约因素包括权力中心分散、缺乏透明度和表明意图的困难。同麦克米伦和斯特拉坎一样，他也提出要从整个欧洲大陆的视角来分析事件，他的分析得益于他所掌握的决策理论知识。有人称赞说，他的书是对阿尔贝蒂尼的有益继承。[16]克拉克对理清责任问题不像其他多数历史学者那般兴致盎然，尽管他更同情德国和奥匈帝国，对协约国持更多批评的态度。[17]对修正主义论而言，这种观点是非常平衡的。克拉克所用的挑衅性标题表明，欧洲领导人无意中卷入了所有人都准备参加的一场战争，一场某些人打算冒险而无人希望发动的战争。从媒体的评论看，这是该书在德国畅销的主要原因。总体而言，相比其他国家的历史学者，德国历史学者倾向于认为，德国对第一次世界大战负有主要的责任，包括工作与生活在英国或美国的德国历史学者，如约翰·罗尔（John Röhl）、安妮卡·蒙鲍尔（Annika Mombauer）和沃尔克·伯格哈恩（Volker Berghahn）。

通过查阅西方学者原本接触不到的留在民主德国和苏联的档案，最近的研究者获益良多。对在七月危机中的俄国作用的研究，对德皇威廉二世、莫尔特克（Moltke）和法尔肯海恩（Falkenhayn）的传记研究，对有争议的一本书和新的文件的研究，以及关于施里芬计划（Schlieffen Plan）的讨论，使人们对这些行为体的动机有了更为全面的了解。[18]有关奥匈政策及其领导人、塞尔维亚政治和奥地利与塞尔维亚关系的出版物也促进了研究的深入。[19]

在过去的十年里，研究的重点从关注国家责任转向关注欧洲政治、经济和文化环境的共有特征，以及伴随这种研究转向尝试去理解当时的领导人和各民族的"情绪"和"精神状态"。杰伊·温特（Jay Winter）在为《剑桥第一次世界大战史》（*The Cambridge History of the First World War*）写的导论中指出，对第一次世界大战的"悲观解释"逐渐占据主导。克拉克、麦克米伦和沃洛（Wawro）就是其中突出的例子。在有关战争行为方面也有大量的新研究和出版物（战争后方、战争后果和对于战争的纪念及其表现的文献）。[20]

所有这些研究都不是基于国际关系研究，多数谈及的问题似乎同国际关系理论关注的问题相距甚远，这些研究几乎对所有的事情都进行了详细探讨，超过了那些对日常知识感兴趣的人认为的必要程度。然而，对第一次世界大战历史的最新研究比以往的研究更具冒险精神。多数对战争爆发进行总体描述的研究探讨了所有大国的决策，因而，与过去相比，新的研究更加突出了塞尔维亚的作用。

新的历史研究对国际关系理论有着重要的启示。这些研究对主要政策制定者的动机、恐惧和期望提供了更全面的分析，探讨了战争的深层次原因和直接原因的关系，强调了动因和偶然性的重要性。[21]

## 二、代表性

对于多数现实主义理论来说，两次世界大战是两个最重要的案例。现实主义者认为，这两场战争总体上具有典型性，或者至少是发生于大国之间的典型性战争。历史学者强调每一场战争的差异，甚至独特性，以及所处的不同时代。这种差异反映了历史学和社会科学的不同目标。理念上，二者对一般性和特殊性都感兴趣。要发现并描述特殊性需要了解一般性，要概括一般性也需对特殊性知识有所了解。多数国际关系理论所依据的案例比较研究假定了案例有某些重要的共同特征，基于这样的假设，我们这项战略研究才有意义。那么我们是如何获取这些案例的？我们如何知道哪些特征至关重要？

为了找到这些问题的有说服力的答案,国际关系学者必须读史,要对感兴趣的事件的具体发生情境有深入的了解。第一次世界大战爆发在政治制度和运行正遭受巨大压力的欧洲,压力来自经济的快速发展、新阶级的崛起、包括民族主义在内的新思想的传播。最近对第一次世界大战起源的研究把这些新的发展视为战争爆发的根本原因,因为这些新的发展因素加剧了欧洲大国领导人的不安全感,使得他们更具侵略性,也更倾向于采取更可能导致战争的冒险政策,如果不是直接诉诸战争的话。[22]奥地利、俄国、德国、法国和英国对暗杀及其随后事件的反应很大程度上都取决于情境。这种一致性并不排除对案例的概括,但是也意味着,国际关系学者必须小心设计命题及其数据集,以将这种具体情境及其某些重要特征考虑在内。情境及其特征会使比较变得复杂,并规定何种比较才是恰当的,还会排除某些比较,或者要求对某些特征加以控制之后再进行比较。

对第一次世界大战的累积分析产生了第二个相关的问题。历史学者已经指出了导致战争的政治、军事、社会和观念缘由。这些缘由包括民族主义、结盟体系、维护荣誉的承诺和社会达尔文主义。最近对第一次世界大战起源的研究在这些方面同以往的研究几乎一样。无人提出一个前人没有讨论过的"原因",他们只是重新评估了原本被视为最重要的深层次原因的重要性。历史学者往往不会对深层次因素进行排序,他们总是认为那些深层次因素是相互作用的。一些根本原因只有在其他原因存在的情况下才会起作用,或者起更大的作用。这种关系往往因国家而异。在德国,社会达尔文主义、对国内变化的恐惧、战略上的不安全感和对国家地位的关注相互作用,但这种相互作用在英国似乎根本不存在。这些因素促使德国领导人更倾向于冒险。而在英国,这些因素并不存在,或者不是那么显著,这有助于解释为何英国领导人是规避风险的。

深层次因素同基因很相似，因为基因都必须被激活才能发挥作用，而这往往取决于是否存在其他基因和化学因素，甚至环境因素。许多所谓的深层次因素要发挥作用也是如此。其作用的发挥取决于其他深层次因素或者外在条件，多种因素的相互作用将放大效果。因此，简单确定理论上的一个或多个深层次因素的存在或不存在，仅仅是找到这些因素所产生的后果并找出这场战争与其他战争的相似点的第一步。实际上，我们需要建立一个因果关系图进行比较。㉓

现有国际关系理论就是上面所说的那样从深层次因素的角度对战争进行解释。许多理论都不会对直接或突发原因加以质疑：认为只要条件成熟，战争便一触即发。对第一次世界大战的较新的研究的一个突出特征是对能动性的强调，笔者在下一节将讨论这一概念。此刻，我们先来考虑能动性对我们比较分析战争的起源或者战争行为的一个重要影响。如果领导人不同，战争可能在1914年爆发，或者在其他情形下，战争就根本不可能爆发。萨拉热窝暗杀事件将弗朗茨·斐迪南大公（Archduke Franz Ferdinand）排除在外。据说，大公是有着和平倾向的人，他认为，奥匈帝国与俄国的开战将敲响两个帝国的丧钟。他所致力于的国内改革也要求维持和平的环境。如果他还活着并作为主要的参与者，其他发动战争的借口就可能不会被利用。

没有了合适的借口和希望利用借口的领导人，战争可能就不会爆发。如果情形如此，战争理论和用来测试战争的数据集在未对战争触发因素进行抽象和解释时，即使不是误导人们，也是不完善的。某些冲突的发生的确需要具备特定的借口和催化剂，第一次世界大战就是这样的冲突。萨拉热窝暗杀事件正好满足了奥地利人向塞尔维亚人开战的六个条件，没有这六个条件，得不到德国人的支持，奥地利人是不会开战的。暗杀清除了弗朗茨·斐迪南，使得好战的奥地利总参谋长康拉德·冯·赫岑多夫（Conrad von Hotzendorf）掌握了权力；也使得德皇及其首相贝特曼-霍尔维格（Bethmann-Hollweg）认为，如果俄国人介入，危机升级的话，德国就不必承担战争责任；且使贝特曼-霍尔维格冒险开战，因为俄国人看似将承担责任，也能获得德国社会主义者的支持。[24]

## 三、偶然性

多数战争理论认为第一次世界大战是不可避免的，认为当时的欧洲处在一点即燃的干柴上。第二次世界大战的研究理论则认为，第二次世界大战的爆发是非常偶然的。威慑论者认为，如果法国、英国和苏联军事更强大，或者更及时地回应复仇者希特勒领导的德国对和平的威胁的话，在20世纪30年代的欧洲，战争是可以避免的。[25]历史学者认为，希特勒和日本领导人都想开战，利用并制造了开战的借口。

战争理论大多数并非基于决定论，但与此同时忽略了偶然性。对多数政治生活的随机性，尤其是某些战争爆发的随机性的承认会威胁到任何理论的普适性。与此同时，如上文所提到的，国际关系学者对战争的偶然性的评估各不相同，而且他们之间常常意见不一。那些重视威慑理论的学者需要对偶然性做出解释。国际关系学者并不追问为何系统性的战争必定发生，而其后的战争却可能是偶然性导致的结果这样的问题。他们也未探究这些观点的不同对理论建构的含义。

在对第一次世界大战的看法上，历史学者的观点已经发生了重要的变化，他们开始逐渐摆脱第一次世界大战不可避免论，而倾向于认为此次大战的爆发也是偶然性使然。[26]克里斯托弗·克拉克将七月危机描述为一个充满能动性的故事。战争是一系列决策的结果，每一个决策都可能会带来不同的结果。因此"很容易想象到"导致的其他结果。㉗在玛格丽特·麦克米伦看来,"说第一次世界大战不可避免不难,但这是危险的思维"。㉘她坚持认为,欧洲在1914年不必走向战争。战争的爆发是在政治真空中进行军事计划的结果,是七月危机前和危机过程中的文官—军事领导沟通不畅的结果,尤其是1914年7月的政治与军事领导工作严重不足导致的结果。㉙阿弗勒巴赫(Afflerbach)、阿弗勒巴赫和史蒂文森(Stevenson)、基斯林(Kiessling)、斯特拉坎、克拉克、贝克和克伦姆奇(Becker and Krumeich)、马利根(Mulligan)、马特尔(Martel)、奥特都持第一次世界大战爆发纯属偶然的观点,但他们在评估第一次世界大战的爆发概率上,彼此有些不同。㉚

前几代历史学者几乎完全集中在那些似乎对战争负有责任的发展变化和事件上,大肆渲染宣战后的所有参与方的首都爆发的所谓热情。近来的研究对促进与期待和平的发展变化与事件有了更多的关注。这些研究者挑战了战争获得普遍支持的神话,并记录了人们的反战程度。㉛在柏林,约10万人为争取和平而上街游行,比支持战争的人数要多。㉜

最近的研究指出,战争出乎多数欧洲领导人的意料。他们没有想到,又一次的巴尔干危机会威胁到全面和平。巴尔干危机和其他危机一再引起大国的关注;这些大国一贯采取集体行动来限制这些危机的影响。许多领导人在萨拉热窝暗杀事件后依然去休假或继续自己的假日,因为一开始各国首都并未出现紧急状态的迹象。多数领导人是在收到最新情况和7月24日奥地利给塞尔维亚的最后通牒后才回到各自首都的。㉝即便如此,英国外交大臣格雷(Grey)依旧认为,危机处理的常见情境应该是:紧张局势加剧,召开一次欧洲会议,最后达成外交解决的途径,因为所有大国都想维持和平。只有当奥地利最后通牒的细节被公布后,警报才响起。㉞

我们不能将意外等同于偶然性。死亡来临时,多数人都会感到意外，但是死亡是不可避免的。我们必须质疑这种支持偶然性的论点。那些涉及能动性的因素才是最重要的。学者普遍认为，决策的质量普遍低下，部分原因在于一些领导人经验不足，但更多源于领导人知识与心理的缺陷。笔者将在后文谈论理性主义模型时详细讨论此问题。现在，笔者要先接受这些主张，并简要讨论这些因素对于偶然性的含义。令人吃惊的普遍低劣的领导素质表明，这或许是一种结构性特征。军事组织几乎完全掌控在贵族手里，这些贵族是凭借其社会关系而不是个人能力获得职位的。在德国，领导素质的低下还有其他原因；将军们不是出于安全的原因支持战争，也没有思考其战争计划的军事含义，并拒绝而不是直面困难的选择。㉟外交官和政治官员在对局势的严重性认识上反应迟钝，对自身行动给其他行为体带来的后果基本无动于衷，除英国外交大臣爱德华·格雷爵士外，都不愿意为维护和平而冒任何风险。

是否有理由怀疑，不同的外交官和政治领导人能有不同的结果？为了这个目的，若干历史学家提供了反设事实。最常见的一个涉及弗朗茨·斐迪南，对他的暗杀是容易被阻止的。㊱他坚定地致力于同俄国和平共处，反对康拉德这类煽动与塞尔维亚开战的人，因为同塞尔维亚的战争很可能升级为更大的战争。康拉德分别于1906年、1908年至1909年、1912年至1913年1月和1914年1月，25次提议向塞尔维亚开战。弗朗茨·斐迪南曾打算在他从萨拉热窝返回后撤掉康拉德的总参谋长职务。如果斐迪南还活着，康拉德被迫退休，那么维也纳的大国均势将被大大改变，鹰派的借口就无从表达出来。玛格丽特·麦克米伦提出，如果1910年至1912年任外交大臣的阿尔弗雷德·冯·基德伦-韦希特尔（Alfred von Kiderlen-Wähter）仍然在任，相比于贝特曼-霍尔维格，他就可能站出来反对威廉皇帝和莫尔特克。㊲然而，要为延长基德伦在外交部的任职找到理由则更难。

另一个共同的反设事实涉及奥地利向塞尔维亚下最后通牒的时

间问题。德国人认为在暗杀事件以及人们普遍认为塞尔维亚在某种程度上是同谋后，奥地利行动得越早越容易获得欧洲广泛的同情。然而，缺乏令人信服的理由来说明为何俄国人会更为克制；较早前，外交大臣利奥波德·贝希托尔德（Leopold Berchtold）委托的对奥地利外交政策的一项评估得出的结论是，如果塞尔维亚受到攻击的话，俄国人不会袖手旁观。㊳我们也没有理由认为，在最初匈牙利反对战争和需要得到德国的支持下，奥地利会贸然行动。康拉德还因为奥地利军事准备的结果和缓慢步伐而推迟了战争。

近年来，还没有历史学者思考过如果萨拉热窝悲剧得以避免的话会发生什么。可以肯定，七月危机不会发生，1914 年 8 月也不会爆发战争。结构理论认为，其他战争催化事件仍然会出现。第二次反设事实推论或多或少会使历史回到正轨。笔者不认为在没有萨拉热窝事件的情况下，战争会爆发，正如上文已指出的，萨拉热窝本身就是一个起因。如果这六个条件不存在，奥地利不大可能攻打塞尔维亚，或者说德国不大可能冒着同俄国开战的风险支持奥地利。很难想象还有任何其他国家会发动战争或者实施引发战争的举措。笔者还要论证的是，到了 1917 年，维也纳、柏林和圣彼得堡的领导人会出于不同的原因越来越规避风险。战争的可能性很小，因而它需要某种非常特殊的催化剂。㊴

在结束这部分时，笔者要回到致力于和平的力量上。在此之前的十年里，法国和德国已经解决了它们在摩洛哥问题上的分歧。英国和德国就波斯和巴格达铁路问题达成了协议，开始了海军军备竞赛，也就葡萄牙在非洲的殖民地的可能分配问题开始了谈判。此前的危机导致了局势的紧张，但都得到和平的解决。近来对七月危机的研究注意到当时存在着大规模的和平运动与反对战争的工会。各国政府都非常诧异，战争动员竟然没有招致全面的罢工或者干预。㊵

经济发展是促进和平的另一支强大力量。人们普遍认为，战争会威胁欧洲文明，因为战争造成的灾难将破坏每一国的经济。无论平民还是士兵都持这样的看法，多数人期待——或者至少是希望——打一场短期战争。否则，市场和贷款就会枯竭，投资就会停止，这将引发经济螺旋式下滑。银行家、商人和政治家都认为资助一场大规模的战争是不可能的。他们未能吸取美国内战和日俄战争的经济教训，就像将军们对军事教训视而不见一样。㊶威廉皇帝咨询过的所有德国工业家和银行家都敦促和平；伦敦金融城同样也盼望和平。再过几年，这些和平力量将变得越来越强大，或许，德国领导人对自己的观点会更为开诚布公。没有人会想象到凡尔登（Verdun）战役或索姆河（Somme）战役[1]的出现，或德国会尝试用潜艇战来绞杀英国。让人赞叹的是，老莫尔特克认识到，在一个拥有数百万军队的时代，短期的小规模战争是不可能的，他在1891年去世。正是由于这个原因，他热爱和平，设计了以他的名字命名的战争计划，是为了赢得一场战役而不是一场战争。㊷只有英国人在计划一场长期的经济战，并封锁对手。㊸德国人认为，在舰队交战时，英国会遵守战争规则。㊹

这些误判对国际关系理论来说是重要的教训。各地的将军、政治家、银行家和商人都基于错误的前提与错误的期望做出决策。将军们认为进攻将获胜，政治家和外交官认为时间对自己的国家越来越不利，银行家和商人则认为战争可能导致经济崩溃。大国均势、威慑和理性主义的理论都假定，领导人对他们所工作的环境有着合理的理解，在1914年这是毫无根据的预设。第一次世界大战可能是由于这些幻觉而发生的。如果政治和军事领导人能对政治、军事和经济环境有更好的理解，他们肯定会更为谨慎。

第一次世界大战在这方面并非独一无二。自1648年到现在，在

---

[1] 凡尔登战役和索姆河战役是第一次世界大战中破坏性最大、时间最长的两次战役。——译者注

双方至少有一个大国或者崛起的大国参战的战争中，战争发动者获胜的概率不到一半。从 1945 年至今，战争发动者打了 31 场战争，实现其政治目标的仅占 7% 或 26%，取得军事胜利的仅占 10% 或者 32%。[45]鉴于在绝大多数情况下，战争或和平的选择、战争时机的选择取决于战争发动者，上述结果一点也不令人印象深刻。外交政策中的均势理论和其他现实主义与理性主义理论都认为，领导人在认为会赢或者至少不会输的情形下才会发动战争。这种期望与经验证据背道而驰，因为领导人通常会为了声誉或者报复而不是安全或者物质利益发动战争。[46]领导人也不一定会事先仔细分析成本和风险。要理解第一次世界大战——以及其他的许多冲突——我们需要追问，政策制定者为何忽略关键和易获得的信息，陶醉在安慰的幻觉中。

## 四、大国均势

大国均势一直是现实主义国际关系理论的核心机制。在一个多极化的世界中，均势理论家认为，均势通常涉及结盟，这反过来要求尽早认识到威胁和有效的外交。均势暗含着积极的威慑实践，虽然均势理论家在这个问题上基本保持沉默。此理论认为，潜在的侵略者会对联盟的凝聚力和军力平衡进行合理的估算，如果均势对自己不利的话，他们就通常在行动上保持克制。

1914 年，均势未能阻止战争的爆发。均势理论家认为，平衡并不是很难评估，但是联盟的凝聚力这个评估中的重要因素很可能出现问题。在战争前夕，各国之间及各国内部对于眼前的和未来可能的军力平衡的看法大相径庭。[47]对均势的评估有着很强的动机。德国军事领导人对于自己在两条战线上作战并取胜的能力根本没有信心。莫尔特克和法尔肯海恩都很悲观，但是莫尔特克在说服威廉皇帝和首相进行战争冒险时更有信心。[48]

康拉德·冯·赫岑多夫承诺攻打塞尔维亚，但是对于奥地利军队击溃塞尔维亚并抵御俄国在加利西亚（Galicia）的进攻问题不敢打包票。战争打响时，俄国有 50 多个师，还有更多的预备师，塞尔维亚有 11 个师。面对这样的军力，奥匈帝国军队能够调动的仅有 48 个师，而且铁路系统低劣落后。⁴⁹要取得胜利，奥匈必须用康拉德指定的 14 个师速胜塞尔维亚，同时抵挡住俄国人在加利西亚的碾压。然而，军事推演显示，塞尔维亚能够有效地抵挡住奥地利人的进攻，事实也的确如此。在战争爆发前夕，康拉德自欺欺人地认为，他的军队能够赢得"一场快速和勇敢的进攻"的胜利。他"视而不见的行为令人震惊"。⁵⁰值得称道的是，弗朗茨·约瑟夫（Franz Josef）对于两线作战非常悲观。在俄国，如果有什么不同的话，就是在考虑自身是否能同时对两个对手发动攻击方面，相比其德国和奥地利的同道，俄国军事和政治官员更脱离实际。在维也纳和柏林，对未来力量均势的预期在许多方面都起着决定作用。奥地利官员担忧，塞尔维亚将变得强大起来，罗马尼亚会变成敌对国家，俄国在巴尔干的影响增强。这些预期或许是有根据的，但是我们必须注意到，奥地利的所作所为正使得这些预期至少部分地自我实现了。⁵¹

在 1914 年，德国军事和政治领导人都认为，到 1917 年时，俄国的铁路建设将使得施里芬计划无法实施。他们也担忧可能失去奥地利这个可靠的盟友。为此，莫尔特克和埃里希·冯·法尔肯海恩将军倾向于一场预防性战争，竭尽全力使原本有着和平倾向的总理承担起战争的风险。⁵²即使不是完全没有理由的话，德国对俄国的担忧也被大大夸大了，因为东部的开局之战很快就显示出俄国军队还不具备对德国发动一次成功进攻的能力。七月危机表明，大国均势是一种很主观的判断，会受到领导人的目标与心理状态的影响；奥地利、德国和俄国领导人都看到了他们想看的东西，看到了他们害怕看到的东西。这种均势的重要性也可能低于行为体对均势可能方向和变化速度的预期。因此，理论家运用自己对均势的评估是没有意义的，但理论家常常这样判断。评估必须通过相关行为体的视角加以重建。㊳

由于奥地利、俄国和德国领导人的不同动机，均势在1914年也是成问题的。康拉德、贝希托尔德、奥约斯（Hoyos）和外交部内的其他鹰派人士热衷于维护帝国的荣耀，认为对萨拉热窝暗杀事件的任何温和反应都会有损帝国的地位。㊴康拉德曾向情妇吐露说，俄国和塞尔维亚将成为奥匈帝国的"棺材钉"，但是战争是必要的，因为"这样一个古老的君主国家，这样一支古老的军队不能不光彩地消亡"（原文如此）。㊵莫尔特克和威廉皇帝同样被荣耀的考虑所打动，威廉皇帝在同塞尔维亚的决斗中甚至把自己的角色定义为奥地利皇帝的"副手"。㊶均势在这种情形下并不能起到威慑的作用，因为领导人不会把战败看得比不参战更糟糕，不参战被视为一种耻辱；并且他们自欺欺人地认为有可能取胜。在战争前夕，康拉德向其情妇吐露："这是一场没有希望的斗争，但是必须进行下去，因为如此古老的君主制和如此光荣的军队，不能不光彩地倒下。"㊷外交部常务部长亚历山大·奥约斯公爵感叹道："我们依然有决心！我们不想或者不应该像一个病夫。慢死不如快死来得痛快。"㊸

均势未能阻止战争，但遏制了德国的霸权。在德国入侵比利时后，英国对德宣战，美国在1917年4月介入一战。欧洲国家体系的历史所提供的更多证据表明，均势总是遏制了霸权，但不能阻止战争的爆发。

与多数均势理论不同，权力转移理论强调对均势变化的洞察。其倡导者把系统性的战争归于崛起大国与主导大国之间的冲突。崛起大国在认为自身有足够的实力获胜并能重组国际体系以利于自身时，就开始攻击占主导地位的大国。㊹另外，占主导地位的大国可能为了防止这种结果的出现而对崛起大国发动预防性战争。㊺权力转移理论通常用第一次世界大战来支持该理论的一种或另一种变体。

1914年的战争是一场预防性战争吗？德国历史学界许多人都认为，费舍尔的观点极端，但是又普遍认为，1914年的战争具备了预防性战争的特征。[61]当然，莫尔特克从一开始就敦促采取军事行动。[62]玛格丽特·麦克米伦对贝特曼-霍尔维格做出了较为谨慎的判断——他

> 不大可能有意发动第一次世界大战……无论如何，他将这场战争的爆发视为理所当然，甚至像他所向往的某种事情，他给奥匈帝国开了空头支票，并坚持了一个使得战争不可避免的战争计划，依据这个计划德国需要两线作战，而德国领导人允许它发生了。[63]

用权力转移理论来解释德国的政策仍然太牵强。依据1914年的任何标准，占主导地位的大国都是美国，而美国并不在德国考虑之内。在欧洲大陆，德国是主导力量，一年强过一年。这就是威廉皇帝所咨询的每一位银行家、工业家和船运大亨都敦促他奉行和平外交政策的原因。俄国也发展迅速，但仍是一个落后的国家；俄国虽然能调动起令人印象深刻的人力，但是人力的效用有待良好的培训、装备和领导，这是俄国所欠缺的。莫尔特克关注俄国及其铁路改革，这主要还是因为他自己的偏执与妄想。[64]莫尔特克和威廉皇帝担心亚洲族群凌驾于德国之上，并结束西方文明。莫尔特克和将军们也想尽早挑起战争，因为他们致力于进攻战略，且在施里芬计划中表现出了这种愿望。[65]莫尔特克从军事推演中知道，德国在两线上打防御战并不难，但是他最终放弃了防御战略。如果权力转移是一种动机的话，德国肯定就应该在西线发动一场防御战，在东线对被视为崛起大国的俄国发动进攻战。

## 五、威　慑

威慑是一种战略，旨在通过承诺惩罚不受欢迎行为的实施者来防止该行为的出现。它假定行为体仔细评估其举措的预期收益、成本和风险，而且可以从外部影响这种成本演算。威慑试图提高与特定行为相关的成本，通过某种可信的威胁手段使得成本高于任何可能的收益。威慑理论假定，潜在的威慑方必须明确其承诺，将承诺传递给潜在的挑战方，拥有捍卫承诺的军事实力，或者说，惩罚犯规者的军事能力，并增加其威胁的可信性。[66]

威慑在常规冲突中的运用有着悠久的历史，但是在核武器使得战争的前景越来越具有灾难性的冷战期间，威慑才被广泛理论化。[67]威慑倡导者尝试通过对两次世界大战的反设事实论证来为这个战略进行辩护。他们把第一次世界大战视为威慑失败的事例，理由是英国未能及时向德国传递其决心，即如果德国入侵比利时，英国将参战，并支持法国。第二次世界大战也因为绥靖政策被视为威慑失败。人们普遍认为，通过有效的威慑可以阻止希特勒对莱茵兰的重新占领，或者通过及时的报复可以阻止希特勒对奥地利的入侵。对冷战中几次危机的追溯解释，也是为了验证威慑战略。亚历山大·乔治（Alexander George）和理查德·斯莫克（Richard Smoke）以及其他一些学者把几次柏林危机归类为威慑成功的事例。[68]古巴导弹危机被广泛视为威慑失败的事例。然而，过错不在于战略，而在于肯尼迪未能有效实施该战略。随着冷战的结束，从苏联方面获得的足够证据彻底推翻了这些解释。柏林危机不能被视为威慑成功，因为无论斯大林还是赫鲁晓夫都未想占领西柏林。赫鲁晓夫从未怀疑肯尼迪的决心，但是认为他鲁莽无礼，并拒绝在古巴公开部署导弹，这原本是卡斯特罗兄弟所希望的，因为赫鲁晓夫认为，肯尼迪将会派出

海军来阻止或者弄沉苏联的船只。⁶⁹在整个冷战时期，苏联领导人从未怀疑过美国的决心，只是担忧美国人鲁莽且好战。⁷⁰

现实主义者和威慑论支持者论证说，1914年威慑的失败不是因为该理论有缺陷，而是因为威慑没有得到有效实施。⁷¹如果英国领导人对德国发出有效的警告，他们将介入战争并支持法国，德国领导人很可能会克制而不是鼓励奥地利。历史学者断然否定了这种观点。他们认为，有充分的证据表明，如果德国入侵比利时，英国会帮助法国，且无论是威廉皇帝还是外交部的贝特曼-霍尔维格、亚戈（Jagow）和齐默尔曼（Zimmermann）都清楚知道这一点。⁷²谈到德国历史学者的共识时，沃尔克·伯格哈恩认为，莫尔特克同康拉德一样，想进行一场预防性战争，莫尔特克长期以来就忽视英国介入的军事重要性。因此，在1914年及时展示威胁的可信性不是问题所在。⁷³

威慑论批评者长期以来都认为，威慑更可能引发而不是阻止战争，这是在第二次世界大战期间修正主义历史学者提出的一种观点。休·斯特拉坎就是近来对1914年威慑的负面作用进行描述的一位历史学者。⁷⁴法国总统普安卡雷（Poincaré）相信，法国同俄国和英国结成的强大同盟将制约德国。然而，唯有"德国认为自己被威慑"时，德国才会被威慑住，但是德国并无这种顾虑。德国和奥地利反而认为，自身的联盟将遏阻俄国，或者即使俄国未被遏阻，也会遏阻法国对俄国进行援助。事实上，两大联盟关系的形成加剧了冲突，并鼓励了对最坏情形的分析和先发制人，先发制人是在几乎所有人都信奉进攻和追求速度的奥匈同盟这一方采取的举措。斯特拉坎认为，结盟主要出于地位和安全的考虑，在面对可信的威慑威胁时，这也将刺激被威慑一方采取行动。俄国必须支持塞尔维亚，因为它在1909年时未能对塞尔维亚进行支持；德国必须支持奥匈帝国，因为它在1913年时曾反对奥匈帝国的冒险主义；法国不得不履行其对俄国的承诺，因为它曾在1909年食言。"1914年的政治家们是一群侏儒。"⑦只有英国对于自己的军事承诺非常谨慎，外交大臣格雷准备为争取和平而冒险。

笔者和斯坦认为，威慑的失败往往是由于另外两组原因。⑩在面对被认为只有采取进攻性外交政策才能解决的国内外并存的威胁时，领导人往往对于不作为的威胁比作为的威胁更为敏感。一旦打算挑战对手的承诺，领导人就很容易屈从于动机偏差，就可能漠视、排斥、歪曲和搪塞那些威胁他们行动成功的信息，这包括防御方坚持其承诺和捍卫其决心的信息。威慑常常表现为具有威胁意味的言辞、军备建设和前沿部署，以及容易被解释为目标行为体的恐吓行动和令潜在的威慑方看似侵略者的行动。在冷战中，威慑导致了一系列危机的升级，最终导致古巴导弹危机，这场危机差点触发了一场两个超级大国极力想避免的战争。

有令人信服的证据表明，第一次世界大战爆发之前也遵循着一个类似的进程。威慑的形式表现为结盟，在武器、军队和舰队方面的军事建设，以及鼓励对最坏情形的分析和使这些分析自我实现的行为。在最近的历史学者看来，最令人吃惊的是，领导人对于潜在的对手的威胁更为敏感，但对于自身举措给对方领导人造成的影响往往不敏感。⑰这在德国尤为明显，德国领导人认为自己被包围了，但是对于德国自身行为方式所造成的这种局势却视而不见。陆军元帅阿尔弗雷德·冯·瓦德西（Alfred von Waldersee）和作为总参谋长继任者的莫尔特克都在谈论，德国要为人民的第三生存空间而战。⑱托马斯·奥特在1914年情势中解释了勒博和斯坦的论点。"在某种程度上，"他写道，

> 除英国外的所有大国，都被一种软弱的感觉驱使，这使得它们在战争爆发前悬崖勒马很困难。外交失败的确定性及其短期内可预见的不利后果，成为更强有力的刺激因

素，使得它们在妥协与因较遥远而难以估量的军事冲突的选择面前，更倾向于后者。⁷⁹

## 六、危机管理

冷战提供了一种新视角来重新审视第一次世界大战及其起源。这方面关键的一份文本是芭芭拉·塔奇曼1962年出版的《八月炮火》。⁸⁰它解释了战争的偶然性源于僵化的战争动员和政治领导人对动员计划的无知，因为领导人不理解动员就意味着战争——历史学者证明这种观点是不正确的。肯尼迪总统被这本书吸引住了，且后来承认说，这就是在古巴导弹危机发生时他心里的想法。国际关系学者很大程度上受柏林危机和古巴导弹危机的启发，也开始探讨危机意外升级的问题，这两场危机在很大程度上显示了战争的偶然性。

危机管理的聚焦引起了有趣的争论，其中主要是学者对于决策过程的重视。亚历山大·乔治和欧文·贾尼斯都认为好的决策将导致更好的危机管理结果，他们开始尝试研发推动这一好的结果的程序，包括在决策审议中使用魔鬼代言人。⁸¹包括笔者在内的对这一观点持批评态度的人反驳说，至关重要的是领导人所持的假设。如果这些假设公开的话，不大可能得到认可，更不用说被加以讨论了。错误的或不适当的假设将导致无效的，甚至起反作用的政策，不管决策程序的质量好坏。决策程序的反对者和批评者为论证各自的观点发起了对七月危机及近期一些危机的讨论，最终引发了一场关于是否可以大幅减少情报失误的一般性讨论。⁸²

毫无疑问，在1914年，由于多重原因，每一个国家的决策都存在严重缺陷。领导人、外交官和将军们的糟糕表现为争论的双方提供了支持。在塞尔维亚，权威是分散的。以"神牛"（Apis）著称的总参谋部的情报官德拉古廷·迪米特里耶维奇（Dragutin Dimitrijevic）在获知弗朗茨·斐迪南将要访问萨拉热窝之后,派了秘密组织黑手党(Black Hand)的三位成员去刺杀他。更高层级的塞尔维亚官员太胆小或者没有足够的权力来阻止他,或者向维也纳发出有效的警告。㉝在所有的大国中,政治与军事领导人之间缺乏相互咨询。在仅有的设有鼓励咨询的议会委员会的法国和英国也几乎没有交换意见。在奥匈帝国,政治领导人都知道康拉德意欲动用 15 个师攻打塞尔维亚,减少用于加利西亚防范俄国进攻的部队。大多数都未试图劝说康拉德不要这么做。㉞

直到危机来临,没有多少人意识到危机的严重性。斐迪南对萨拉热窝的访问就是故意挑衅,因为访问日正值"圣维图斯日"(St Vitus),这是纪念 1389 年 6 月 28 日塞尔维亚大败于奥斯曼的日子。当地的奥地利当局对大公安全的关注程度比不上他们对葡萄酒的挑选和考虑大公是否喜欢在午餐时听音乐的问题。个体动机通常取代或者等同于公共动机。康拉德想要开战,因为他希望胜利将使他能绕过习俗,娶他已婚的情妇吉娜(Gina)。㉟暗杀事件在整个欧洲引起了强烈的反响,尤其是对于弗朗茨·约瑟夫和威廉二世来说,二人都倾向于战争。

德国领导人自欺欺人地认为,他们的"空头支票"将不会引发一场欧洲大战;他们希望俄国袖手旁观,尤其是奥地利能够速战速决的话。法尔肯海恩和贝特曼-霍尔维格都怀疑奥地利是否会执行其对塞尔维亚的最后通牒。贝特曼-霍尔维格对最后通牒的内容一无所知。康拉德也未告诉他的德国盟友对塞尔维亚采取行动需要多长时间。威廉二世未能对德国政策提供全面的指导,并保证其连续性。在危机最严重的时候,他在波茨坦处于 24 小时的解离症状态,与世隔绝,且无人能联系上他。㊱在柏林,莫尔特克和贝特曼-霍尔维格向奥地利政治和军事领导人发出了相反的信号。㊲所有德国领导人都认为,他们可以赢得一场速战,因为他们怀疑自己是否能打或者赢得持久战。⑧

欧洲各国的政治和军事领导人都一再强调自身所受到的制约，忽视其他国家领导人所面临的制约。他们坚信自身的申诉是公正的，却未能将他国的利益和同样的感受考虑在内。他们"在厄运面前屈服于一种危险的无助感"，而不是像面临古巴导弹危机时的约翰·肯尼迪和尼基塔·S. 赫鲁晓夫那样，甘冒战略与政治风险以维护和平。⑨在整个危机期间，贝特曼-霍尔维格因妻子在5月的去世而沉浸于沮丧与悲观中。⑩他说服自己相信"欧洲和德国人民被人类无法驾驭的命运所笼罩"。⑪他支持奥地利准备向塞尔维亚摊牌的想法，尽管他认识到，这有可能引发带来灾难性后果的欧洲大战，他在写给莫尔特克的信中曾谈及这点。"在未来的几十年里，欧洲几乎所有的文化将被摧毁。"⑫威廉皇帝同样也在推卸个人的责任，他坚持认为，各国事务现在"已由上帝掌控"。⑬克里斯托弗·克拉克指出，所有这些自私的描述"使得决策者能够掩盖自身行动的责任。如果未来已经规划好了，那么政治就不再意味着在诸多选项中选择，其中每一种选择都意味着不同的未来"。⑭

几乎所有人都在错误假设的基础上行动。历史上的巴尔干危机和欧洲危机都得以解决，原因在于巴尔干外的其他大国也介入了危机的解决，没有国家想开战。七月危机升级直至失控是因为，奥地利只想打一场局部战争，而德国领导人并不反对一场全面战争。德国外交部想限制但不是阻止战争。然而，德国军方却在思考并计划一场两线作战的欧洲战争。贝特曼-霍尔维格对这样一种前景并不反感，因为他对于战争的憧憬是萨多瓦战役或色当战役，而不是凡尔登或索姆河战役。德国没有为一场持久战做准备，持久战是莫尔特克所担忧的。他和法尔肯海恩都认为，德国不可能打一场持久战，更不会赢得一场持久战，德国只是迫切盼望这是一场速决战。⑮在入侵比利时前夕，总参谋部试图在荷兰订购粮食，但是没有得到财政部的批准。在维也纳，奥地利鹰派论辩说，他们可以同塞尔维亚打一场局部战，如果有德国的支持，俄国会像其在 1909 年时一样再次让步。威廉皇帝和贝特曼-霍尔维格也希望俄国会保持沉默，尽管莫尔特克似乎认为俄国人不会再次让步。莫尔特克急切想向法国开战，却对取胜毫无信心。⁸⁶法国人错判了俄国参战对法国的意义，错误地认为俄国人的攻击只是针对德国，不是针对奥匈。直至危机后期，英国外交大臣格雷都认为，德国会约束而不是鼓励奥地利。⁸⁷

20 世纪 80 年代，理性主义模式在国际关系理论中日益流行，这种模式的主要关注点是战争的发动。⁸⁸此种模式将结构性特征同战争发动者的行为结合起来，且认为战争是信息不全导致的结果：对立的双方无法找到彼此都愿意接受的协议，或者未能预测它们之间的战争将导致的结果。在后一种情形下，一方或者双方可能认为战争比不能令人满意的解决办法更可取。1914 年，战争结果的不确定性很高，但是没有证据表明，主要国家的领导人进行过理性主义模式所期待的那种成本估算。奥地利、德国和俄罗斯的领导人没有试图收集新信息、仔细分析已有的信息来减少不确定性，而是在幻想中寻求安慰。路易吉·阿尔贝蒂尼等历史学者认为，在奥匈帝国、柏林和圣彼得堡，1914 年的战争动员和战争过程的最显著特点是缺乏思考、考虑不周，且情绪化。

## 七、为何协约国获胜？

如前文讨论所述，国际关系研究的关注点是第一次世界大战的起因，而不是战争的过程或者结局。还有一些理论研究不同政体类型的表现，战争为何拖延或者结束的原因，以及希望防止系统战争重演的战后政体类型的建立。⁸⁹这类研究大多是重点比较和定量比较研究。关于战争结束和战后管理的研究主要依赖案例研究。

## 第四章 第一次世界大战的教训

斯塔姆（Stam）和赖特（Reiter）以及其他一些学者认为，民主国家在打赢战争上占优势，因为这些国家合法性更强，更有能力进行人力和物力的动员，更可能让有能力者当领导。[100]这些学者都引用两次世界大战的事例来证明自己的观点。在《剑桥第一次世界大战史》一书中撰写关于胜利一章的历史学者克里斯托弗·米克（Christopher Mick）直截了当地给出了他的答案。[101]他认为，所谓民主制国家成功的观点是一种意识形态的主张，这种主张缺乏事实根据。他说，没有俄罗斯的话，协约国就可能战败。德国如果不两线作战，就能在一开始用所有的军队对付比利时和法国。德国军队就很可能战胜英国远征军，赢得1914年的法兰西战役。他认为，德国和奥匈帝国不是因政府形式而是因国内的政治体制结构才陷于不利地位。这两个国家都是联邦性质的，各州或地区保留了相当大的权力。相比英国或法国，这种政治体制结构无论在国家层面还是地方层面征税都更困难。

在领导方面，民主国家有优势。康拉德是个无能的参谋长。鲁登道夫（Ludendorff）是个好的战术家，但却是一个"无能短视的政治家"。德国将军都非常优秀，德国人创立的新战术在1918年春季攻势中非常有效。在此次代价高昂的攻势失败前，德国人一直保持着高涨的士气。两大集团的最大差异在于经济。中央集权国家（同盟国）的国内生产总值只有协约国的65%。英国和法国能够调动海外和殖民地的巨大人力和原材料储备。而且，海上实力发挥了关键的作用，这是属于英国地缘和历史的一个因素，不是民主的原因。美国的确也改变了平衡的态势，从一开始就向协约国提供贷款和食品，这起到了重要的作用。1917年秋季，美国军队抵达法国，这极大鼓舞了盟军的士气和决心。[102]

用现在的标准衡量，1914年的德国并不是一个专制的政权。当时德国有自由的媒体、男性普选产生的议会和一个独立的司法机构。

但战争很快使德国被独裁统治。与英国和法国不同的是，军事和外交政策依旧是德皇的私人领地，德国议会在这方面的权力只体现在资金的使用上。只要社会主义者在战争发动之初决定停止国内的政治争斗，他们就被边缘化了。这为军事独裁做好了准备，在贝希曼-霍尔维格于 1917 年因反对德皇批准的无限制潜艇战辞职之后，军事独裁成为事实。如果我们考虑一下相反的情况，即德国社会主义者不在国内休战，对政策有更多的发言权，没有理由认为这会影响最终结果。德国本不该投入战争，即使参战，德国应该在两线进行防御，在首次西部攻势失败后，应该在战前状态的基础上寻求通过谈判实现和平。没有证据表明，一个更民主的德国可能会这么做。

## 八、结　论

理论在不涉及经验证据或者以自私自利和选择性方式呈现证据时就没有了价值。卡尔·多伊奇（Karl Deutsch）指出，对内外反馈的偏好是社会和政治制度失败的主要原因。[103]这种行为鼓励领导人及其人民避免不舒服的冲突的事实，避免在面临权衡取舍时做出困难的选择，且避免改变他们的信仰与习惯来适应不断变化的需求。本章指出，某些国际关系理论家也面临同样的问题。他们高度抽象的表述基本上是自我参照的，他们所选用的证据都是支持其理论的，或者表面上是支持其理论的。

对第一次世界大战的新研究对国际关系理论提出了其他的问题。历史学者提出了令人信服的证据说明重要性在于细节。1914 年的具体情境就是一切。领导人的价值观和思想决定了在多大程度上他们视战争为机遇、必需品还是灾难。情境影响了他们对均势及其重要性的理解，影响了他们对于自己的可能选择及对手的可能选择，以及他们在何种情形下应该用战争取代外交的抉择。

情境包括能动性，历史学者认为能动性是第一次世界大战的决定性因素。决策的质量令人遗憾，几乎所有的历史学者都用反设事实来支持其战争不是不可避免的观点。如果斐迪南不死，如果他解除了康拉德的职务，或者柏林有一位像基德伦这样的领导人，或者圣彼得堡有一位不同的外交或者军政大臣，都可能会使历史朝着不同的方向发展。⑭ 用托马斯·奥特的话说："'均势'或者'结盟体系'并不会导致欧洲走向战争……对内外刺激和可察觉的机遇与威胁的反应，构成了1914年7月事件发展的核心。"⑮

情境也包括聚合效应。笔者已解释了第一次世界大战是1914年三个独立和高度偶然的因果链汇合在一起的结果，这三个因果链促使维也纳、柏林和圣彼得堡的领导人更倾向于采取冒险政策。如果是在1917年，这些领导人或者继任者更可能因不同的原因而倾向于规避风险。如果没有萨拉热窝事件，欧洲很可能和平进入1917年，此后，欧洲大陆在接下来的几年里爆发冲突的可能性大大降低。⑯

这说明结构理论和理性主义从定义上就排除了思想、能动性、路径依赖、聚合效应及对这些因素的分析，因而只能作为必须将一般与特殊情况相结合的因果分析的起点。马克斯·韦伯对此非常警觉。他把"有目的"的理性行动视为一种理想模式，且称之为"正确理性"（Richtigskeitstypus）。正确理性很少在实践中体现，但是这为理解独特事件中偏离标准的情况和原因提供了一个有用的标准。韦伯同样明白，理性也是情境依赖的。不同的动机与目标可能引发不同的理性评判标准。⑰ 国际关系学者必须认识到这个事实，放弃简约和预测的理论目标。

关于第一次世界大战历史研究的最重要教训不是对特定范式或者理论的启示，而是我们如何看待理论及其效用。人们对其他战争、危机和媾和的文献的广泛研究，进一步证实了韦伯对许多（如果不是大多数）我们感兴趣的事态发展性质的单一描述。解释或预测是涉及两个步骤的一种过程。我们利用理论或者其他抽象方式按类别对这些事件排序,以搞清理性行为体如何不受不完整信息、国内政治与压力以及所面临的其他政策选择问题的约束而展开行动。当然这些理论必须提供理性概念的实质内容。韦伯将此定义为目的—手段关系,且认为目的是行为体选择的,不能由分析者或理论家从外部强加或者假定。[109]我们必须尝试重组行为体的目标或者收集预测目标的信息,然后把我们的理论作为创建叙述的第一步,这种叙述要把行为体和情境都考虑在内。重复这样的分析经验有助于我们重构我们的理论,使之成为解释与预测的更有用的起点,这才是社会科学理论的目标。

## 资　助

本项研究没有得到任何公共、商业或者非营利机构的专门资助。

## 注　释

① 笔者要感谢肯·布思（Ken Booth）和匿名评审者的有益评论。
② Germany, Foreign Ministry, *Die Große Politik der Europäischen Kabinette*, *1871-1914*, 40 vols, eds. Johannes Lepsius and Albrecht Mendelssohn Bartholdy（Berlin：Deutsche Verlagsgesellschaft, 1922-1927）; Holger H. Herwig, "Clio Deceived：Patriotic Self-Censorship in Germany after the Great War," *International Security*, 12, 2（1987）, pp. 5-44.
③ Sidney Fay, *The Origins of the World War*, 2nd ed., rev. 2 vols（New York：Macmillan, 1938 [1928]）.
④ John Maynard Keynes, *The Economic Consequences of the Peace*（London：Macmillan, 1919）; Etienne Mantoux, *The Carthaginian Peace：Or, the Consequences of Mr. Keynes*（Oxford：Oxford University Press, 1946）, written in English.
⑤ Luigi Albertini, *The Origins of the War of 1914*, 3 vols, trans. by Isabella M. Mas-

sey (Oxford: Oxford University Press, 1952).

⑥ Fritz Fischer, *Griff nach der Weltmacht: Die Kriegszielpolitik des kaiserlichen Deutschland 1914-1918* (Düsseldorf: Droste, 1962). English translation, *Germany's Aims in the First World War*, published by Norton in 1967. 费舍尔随后将第二卷 *Krieg der Illusionen: Die deutsche Politik von 1911-1914* 译为英文 (Berlin: Droste, 1969)。

⑦ Hartmut Pogge von Strandtmann, "The Political and Historical Significance of the Fischer Controversy," *Journal of Contemporary History*, 48, 2 (2014), pp. 251-270; Annika Mombauer, "The Fischer Controversy, Documents and the 'Truth' about the Origins of the First World War," *Journal of Contemporary History*, 48, 2 (2014), pp. 290-314.

⑧ Wulf Kansteiner, *In Pursuit of German Memory: History, Television, and Politics after Auschwitz* (Athens, OH: University of Ohio Press, 2006).

⑨ Jonathan Steinberg, "Old Knowledge and New Research: A Summary of the Conference on the Fischer Controversy 50 Years On," *Journal of Contemporary History*, 48, 2 (2014), pp. 241-250.

⑩ 一个明显的例外是 Sean McMeekin, *The Russian Origins of the First World War* (Cambridge, MA: Harvard University Press, 2011) and Max Hastings, *Catastrophe 1914: Europe Goes to War* (London: Collins, 2013)。两位作者都因专注于罪责而受到严厉批评。麦克米金因其论点的实质也受到严厉批评。

⑪ *BBC News*, "World War One: Ten Interpretations of Who Started WWI," 12 February 2014, available at: http://www.bbc.co.uk/news/magazine-26048324; 更可靠的描述参见 Marina Soroka, *Britain, Russia, and the Road to the First World War: The Fateful Embassy of Count Alexander Benckendorff* (Farnham: Ashgate, 2011)。

⑫ William Mulligan, "The Trial Continues: New Directives in the Study of the Origins of the First World War," *English Historical Review*, 129, 538 (2014), pp. 639-666; Richard J. Evans, "The Road to Slaughter," *New Republic*, 5 December 2011, available at: http://www.newrepublic.com/book/review/the-road-slaughter (accessed 8 August 2014); Lucian J. Frary, *H-Russia*, February 2012, available at:

http://www.h-net.org/reviews/showrev.php?id=34716（accessed 10 August 2014）.

⑬ Hew Strachan, *The First World War: To Arms* (Oxford: Oxford University Press, 2013).

⑭ Thomas G. Otte, *July Crisis: The World's Descent into War, Summer 1914* (Cambridge: Cambridge University Press, 2014), pp. 518-519.

⑮ Margaret MacMillan, *The War that Ended Peace: How Europe Abandoned Peace for the First World War* (London: Profile Books, 2013).

⑯ Christopher Clark, *The Sleepwalkers* (London: Allen Lane, 2013).

⑰ 关于法国和俄罗斯，克拉克非常倚重 Stefan Schmidt, *Frankreichs Außnpolitik in der Julikrise 1914* (Munich: Oldenbourg, 2009)，这本书令人信服地论证了：在七月危机中，法国不是被动的参与者，而是支持了俄国采取冒险行动。

⑱ McMeekin, *Russian Origins*; John C. Röhl, *The Kaiser and His Court: Wilhelm II and the Government of Germany* (Cambridge: Cambridge University Press, 1994); Annika Mombauer, *Helmuth von Moltke and the Origins of the First World War* (Cambridge: Cambridge University Press, 2001) and Annika Mombauer, "Of War Plans and War Guilt: The Debacle Surrounding the Schlieffen Plan," *Journal of Strategic Studies*, 28, 5 (2005), pp. 857-855; Holger Afflerbach, *Falkenhayn: Politisches Denken und Handeln in Kaiserreich* (Munich: Oldenbourg, 1994); Terence Zuber, *Inventing the Schlieffen Plan: German War Planning, 1871-1914* (Oxford: Oxford University Press, 2002) and Terence Zuber, *The Real German War Plan, 1904-1914* (London: History Press, 2011).

⑲ Holger H. Herwig, *The First World War: Germany and Austria-Hungary, 1914-1918* (London: Arnold, 1998); Lawrence Sondhaus, *Franz Conrad von Hötzendorf: Architect of the Apocalypse* (Boston: Humanities Press, 2000); Günther Kronenbitter, *Krieg im Frieden: die Führung der k.u.k. Armee und die Grossmachtpolitik Österreich-Ungarns 1906-1914* (Munich: Oldenbourg, 2003); Clark, *Sleepwalkers*; Manfred Rauchensteiner, *Der erste Weltkrieg und das Ende der Habsburger-Monarchie* (Vienna: Böhlau Verlag, 2013); Wolfram Domik, *Des Kaisers Falke: Wirken*

第四章　第一次世界大战的教训　133

*and Nach-Wirken von Franz Conrad von Hötzendorf*（Innsbruck：Studien Verlag，2013）；Geoffrey Wawro，*A Mad Catastrophe：The Outbreak of World War I and the Collapse of the Habsburg Empire*（New York：Basic Books，2014）.

⑳ Jay Winter（ed.），*The Cambridge History of the First World War：Global War*，Vol. I（Cambridge：Cambridge University Press，2014）；Hew Strachan，*The First World War*（London：Penguin Books，2005）；Holger Afflerbach，*Der Dreibund：Europäische Grossmacht-und-Allianzpolitik vor dem Ersten Weltkrieg*（Vienna：Böhlau Verlag，2002）；Holger Afflerbach and David Stevenson（eds.），*An Improbable War：The Outbreak of World War I and European Political Culture before 1914*（New York：Berghahn Books，2007）；Rauchensteiner，*Der erste Weltkrieg und das Ende*；Dornik，*Des Kaisers Falke*；Wawro，*A Mad Catastrophe*；David Reynolds，*The Long Shadow：The Great War and the Twentieth Century*（London：Simon & Schuster，2013）.

㉑ Strachan，*The First World War*；Clark，*Sleepwalkers*；Hastings，*Catastrophe 1914*；Wawro，*A Mad Catastrophe*；MacMillan，*The War that Ended Peace.*

㉒ Strachan，*The First World War*；Clark，*Sleepwalkers*；Wawro，*A Mad Catastrophe*；Rauchensteiner，*Der erste Weltkrieg und das Ende*；Macmillan，*The War that Ended Peace*；Gerd Krumeich，*Juli 1914：Eine Bilanz*（Paderborn：Ferdinand Schöningh，2014）.

㉓ Richard Ned Lebow，*Constructing Cause in International Relations*（Cambridge：Cambridge University Press，2014），for an elaboration of this process.

㉔ Richard Ned Lebow，*A Cultural Theory of International Relations*（Cambridge：Cambridge University Press，2010），Ch. 7.

㉕ 比如 Robert E. Osgood and Robert W. Tucker，*Force, Order, and Justice*（Baltimore, MD：Johns Hopkins University Press，1967）。

㉖ Wawro，*A Mad Catastrophe*，p. 98，这是一个重要的例外。

㉗ Clark，*Sleepwalkers*，pp. 361–366.

㉘ MacMillan，*The War that Ended Peace*，p. xxviii.

㉙ Ibid，p. xxv.

㉚ Karl Wilsberg, *Terrible Ami-amiable enemies: Kooperation und Konflikt in dem deutsch-französischen Beziehungen, 1911-1914* (Bonn: Bouvier, 1998); Afflerbach, *Der Dreibund*; Afflerbach and Stevenson, *An Improbable War*; Friedrich Kiessling, *Gegen den grossen Krieg? Entspannung in den internationalen Beziehungen, 1911-1914* (Munich: Oldenbourg, 2002); Strachan, *The First World War*; Clark, *Sleepwalkers*, pp. 361-366; Jean-Jacques Becker and Gerd Krumeich, "1914: Outbreak," in Jay Winter (ed.), *The Cambridge History of the First World War*, I (Cambridge: Cambridge University Press, 2014), pp. 39-64; William Mulligan, *The Origins of the First World War* (Cambridge: Cambridge University Press, 2010); Gordon Martel, *The Month That Changed the World, July 1914* (Oxford: Oxford University Press, 2014); Otte, *July Crisis*.

㉛ 特别参见 Afflerbach and Stevenson, *An Improbable War*。

㉜ Macmillan, *The War that Ended Peace*, p. 570, citing Konrad Jarausch, *The Enigmatic Chancellor: Bethmann Hollweg and the Hubris of Imperial Germany* (New Haven, CT: Yale University Press, 1973), pp. 151-152, 164.

㉝ Otte, *July Crisis*, 它就最后通牒在多大程度上被视为分水岭, 给出了充分的证据。

㉞ MacMillan, *The War that Ended Peace*, pp. 511-512.

㉟ Albertini, *The Origins of the War*, Vol. Ⅲ, Chs. 1 and 5; Jack Snyder, *Ideology of the Offensive: Military Decision Making and the Disaster of 1914* (Ithaca, NY: Cornell University Press, 1984); Mombauer, *Helmuth von Moltke*; Strachan, *The First World War*; Dornik, *Des Kaisers Falke*; Sondhaus, *Franz Conrad von Hötzendorf*; Kronenbitter, *Krieg im Frieden*; Wawro, *A Mad Catastrophe*.

㊱ Samuel R. Williamson, Jr., "Influence, Power, and the Policy Process: The Case of Franz Ferdinand," *The Historical Journal*, 17 (1974), pp. 417-434; Clark, *Sleepwalkers*, pp. 116-117; Jean-Paul Bild, *François Ferdinand d'Autriche* (Paris: Editions Tallandier, 2002), pp. 293-297; Richard Ned Lebow, *Archduke Franz Ferdinand Lives: A World without World War I* (New York: Palgrave Macmillan, 2014), Ch. 3.

㊲ MacMillan, *The War that Ended Peace*, p. 545.

㊳ Wawro, *A Mad Catastrophe*, p. 95.

㊴ Richard Ned Lebow, *Forbidden Fruit: Counterfactuals and International Relations* (Princeton, NJ: Princeton University Press, 2010), Ch. 3.

㊵ Strachan, *The First World War*, pp. 143-144, 162-163.

㊶ Olivier Cosson, *Préparer la Grande Guerre L'Armée françoise et la guerre russo-japonaise (1899-1914)* (Paris: Les Indes Savantes, 2013) 指出，法国评论家只知道什么能支持他们对本国军事实力的理解。

㊷ David Stevenson, *Anticipating Total War, 1870-1914* (Cambridge: Cambridge University Press, 2006).

㊸ 英国海军确实事先计划过封锁。Matthew Seligmann, *The Royal Navy and the German Threat, 1901-1914* (Oxford: Oxford University Press, 1012); Stephen Cobb, *Preparing for Blockade: Naval Contingency for Economic Warfare, 1885-1914* (Farnham: Ashgate, 2013); Nicholas A. Lambert, *Planning Armageddon: British Economic Warfare and the First World War* (Cambridge, MA: Harvard University Press, 2012)。

㊹ Dirk Bönker, *Militarism in a Global Age: Naval Ambitions in Germany and the United States* (Ithaca, NY: Cornell University Press, 2012), pp. 27-36, 101-104, 146.

㊺ Richard Ned Lebow, *Why Nations Fight: Past and Future Motives for War* (Cambridge: Cambridge University Press, 2010), Chs. 2 and 4.

㊻ Lebow, *Why Nations Fight*; Lebow, *A Cultural Theory of International*, Chs. 4-9 for documentation.

㊼ William H. Wohlforth, "The Perception of Power: Russian in the Pre-1914 Balance," *World Politics*, 38 (1987), pp. 353-381.

㊽ Mombauer, *Helmuth von Moltke*, pp. 188-189, 201-202; Afflerbach, *Falkenhayn*, pp. 147-171.

㊾ Wawro, *A Mad Catastrophe*, p. 101.

㊿ Ibid, pp. 102, 117.

(51) Herwig, *The First World War*, pp. 6–17; Dornik, *Des Kaisers Falke*, pp. 126–134; Clark, *Sleepwalkers*, pp. 451–452.

(52) Mombauer, *Helmuth von Moltke*, pp. 180–181; Dieter Hoffmann, *Der Sprung ins Dunkle oder wie er 1. Weltkrieg entfesselt wurde* (Leipzig: Militzke, 2010), pp. 325–330.

(53) David Stevenson, *Armaments and the Coming of War: Europe, 1900–1914* (New York: Oxford University Press, 1996); David Hermann, *The Arming of Europe and the Making of the First World War* (Princeton: Princeton University Press, 1996). 这两本著作在重建参与方对军事平衡及其变革方向的理解上值得称道。

125 (54) Herwig, *The First World War*, p. 11; Becker and Krumeich, "1914: Outbreak"; Lebow, *A Cultural Theory of International*, pp. 208, 349–365; Clark, *Sleepwalkers*, pp. 391–404.

(55) Wawro, *A Mad Catastrophe*, p. 121.

(56) Avner Offer, "Going to War in 1914: A Matter of Honour?" *Politics & Society*, 23 (1995), pp. 213–241; Sondhaus, *Franz Conrad von Hönzendorf*, pp. 139–141.

(57) Sondhaus, *Franz Conrad von Hötzendorf*, p. 140.

(58) Alexander Musilin, *Das Haus am Ballplatz. Erinnerungen eines Östereich-Ungarischen Diplomaten* (Munich: Verlag für Kulturpolitik, 1924), p. 226.

(59) A. F. K. Organski and Jacek Kugler, *The War Ledger* (Chicago, IL: University of Chicago Press, 1980).

(60) Robert Gilpin, *War and Change in International Relation* (Cambridge: Cambridge University Press, 1981); Dale Copeland, *The Origins of Major War* (Ithaca, NY: Cornell University Press, 2000).

(61) Steinberg, "Old Knowledge and New Research"; Mombauer, "The Fischer Controversy."

(62) Mombauer, *Helmuth von Moltke*, pp. 188–189; Hoffmann, *Der Sprung ins Dunkle*, pp. 325–330.

(63) MacMillan, *The War that Ended Peace*, p. 527.

(64) Mombauer, *Helmuth von Moltke*, pp. 145, 211, 281; MacMillan, *The War that En-*

*ded Peace*, p. 526.

(65) Mombauer, *Helmuth von Moltke*, pp. 188–189, 210.

(66) Richard Ned Lebow, *Between Peace and War: The Nature of International Crisis* (Baltimore, MD: Johns Hopkins University Press, 1981), pp. 82–97.

(67) 例如 Thomas Schelling, *Arms and Influence* (New Haven, CT: Yale University Press, 1966)。

(68) Alexander L. George and Richard Smoke, *Deterrence in American Foreign Policy: Theory and Practice* (New York: Columbia University Press, 1974).

(69) Richard Ned Lebow and Janice Gross Stein, *We All Lost the Cold War* (Princeton, NJ: Princeton University Press, 1994), pp. 73–77.

(70) Ted Hopf, *Peripheral Visions: Deterrence Theory and American Foreign Policy in the Third World, 1965–1990* (Ann Arbor, MI: University of Michigan Press, 1994).

(71) Sean M. Lynn-Jones, "Détente and Deterrence: Anglo-German Relations, 1911–1914," *International Security*, 11 (1986), pp. 121–150; Scott D. Sagan, "1914 Revisited: Allies, Offense an Instability," *International Security*, 11 (1986), pp. 51–75.

(72) Keith Wilson, "Britain," in F. H. Hinsley and Keith Wilson (eds.), *Decisions for* 126
*War, 1914* (London: St Martin's Press, 1995), pp. 175–208; Kumeich, *Juli 1914*; Becker and Krumeich, "1914: Outbreak"; Berghahn, "Origins," in Jay Winter (ed.), *The Cambridge History of the First World War* (Cambridge: Cambridge University Press, 2014), pp. 16–38; Strachan, *The First World War*, pp. 124–125.

(73) Berghahn, "Origins"; Otte, *July Crisis*, pp. 520–521.

(74) Ibid, pp. 124–125.

(75) Ibid, pp. 126–128. See also Clark, *Sleepwalkers*, pp. 356–368.

(76) Lebow, *Between Peace and War*, Ch. 5; Robert Jervis, Richard Ned Lebow and Janice Stein, *Psychology and Deterrence* (Baltimore, MD: John Hopkins University Press, 1984); Lebow and Stein, *We All Lost*, Chs. 4, 7 and 13.

(77) Strachan, *The First World War*; Clark, *Sleepwalker*; MacMillan, *The War that Ended Peace*; Becker and Krumeich, "1914: Outbreak."

⑱ Steinberg, "Old Knowledge and New Research"; MacMillan, *The War that Ended Peace*, p. 523.

⑲ Otte, *July Crisis*, p. 508.

⑳ Barbara Tuchman, *The Guns of August* (New York: Macmillan, 1962).

㉑ Alexander L. George, *Presidential Decisionmaking in Foreign Policy: The Effective Use of Information and Advice* (Boulder, CO: Westview Press, 1980); Irving L. Janis, *Victims of Group Think* (Boston, MA: Houghton, Mifflin, 1972).

㉒ Richard K. Betts and Thomas G. Mahnken, *Paradoxes of Strategic Intelligence* (Portland, OR: Frank Cass, 2003).

㉓ Clark, *Sleepwalkers*, pp. 47-64.

㉔ Herwig, *The First World War*, pp. 6-18; Samuel R. Williamson, Jr., *Austria-Hungary and the Coming of the First World War* (London: Macmillan, 1990), pp. 212-263.

㉕ Dornik, *Des Kaisers Falke*, pp. 75-79.

㉖ Lebow, *Between Peace and War*, pp. 115-118, 139-145, 283-285.

㉗ Mombauer, *Helmuth von Moltke*, pp. 208-216.

㉘ 关于短期战争的"神话",参见 Stig Förster, "Der deutsche Generalstab und die Illusionen des kurzen Krieges, 1871-1914: Metakritik eines Mythos," *Militärgeschichtliche Mitteilungen*, 1995, pp. 61-95。

㉙ MacMillan, *The War that Ended Peace*, p. 565.

㉚ Kurt Riezler, *Kurt Riezler. Tagebücher, Aufsätze, Dokumente*, ed. Karl Dietrich Erdman (Göttingen: Vandenhock & Ruprecht, 1972), Diary Entry, 7-8 July 1914.

㉛ Riezler, *Kurt Riezler*; Diary Entry, 27 July 1914.

㉜ Mombauer, *Helmuth von Moltke*, pp. 106-107.

㉝ John A. Moses, "The British and German Churches and the Perception of War, 1908-1914," *War & Society*, 5 (1987), pp. 23-44.

㉞ Clark, *Sleepwalkers*, p. 350.

㉟ Herwig, *The First World War*, pp. 36, 49; Mombauer, *Helmuth von Moltke*, p. 211.

㊱ Mombauer, *Helmuth von Moltke*, pp. 28, 145, 211.

㉗ MacMillan, *The War that Ended Peace*, pp. 556-558.
㉘ Bruce Bueno de Mesquita, *The War Trap* (New Haven, CT: Yale University Press, 1986); Bruce Bueno de Mesquita and David Lalman, "Reason and War," *American Political Science Review*, 80 (1986), pp. 1113-1130; James D. Fearon, "Rationalist Explanations for War," *International Organization*, 49 (1995), pp. 379-414.
㉙ Allan C. Stam and Dan Reiter, *Democracies at War* (Princeton, NJ: Princeton University Press, 2002); Hein Goemans, *War and Punishment: The Causes of War Termination and the First World War* (Princeton, NJ: Princeton University Press, 2000).
⑩ Goemans, *War and Punishment*; Michael E. Brown, Owen R. Coté, Sean M. Lynn-Jones and Steven E. Miller (eds.), *Do Democracies Win Their Wars?* (Cambridge, MA: The MIT Press, 2011).
⑪ Christopher Mick, "1918: Endgame," in Jay Winter (ed.), *The Cambridge History of the First World War* (Cambridge: Cambridge University Press, 2014), pp. 133-137.
⑫ Mick, "1918: Endgame."
⑬ Karl W. Deutsch, *Nerves of Government* (New York: Free Press, 1964), pp. 214-227.
⑭ Lebow, *Archduke Franz Ferdinand Lives*, pp. 19-20; Clark, *Sleepwalkers*, p. 395; MacMillan, *The War that Ended Peace*, p. 545.
⑮ Otte, *July Crisis*, p. 506.
⑯ Lebow, *Forbidden Fruit*, Ch. 3.
⑰ Max Weber, "*Objektivität*," and "*Kritische Studien*" in *Gesammelte Aufsätze zur Wissens-chaftslehre*, ed. Johannes Winckelmann, 3rd ed. [Tübingen: J. C. B. Mohr (Paul Siebeck), 1968], pp. 170-172, 276-280. English translations in Hans Henrik Brunn and Sam Whimster (eds.), *Max Weber: Collected Methodological Writings* (London: Routledge, 2012).
⑱ Weber, "*Objektivität*."

# 第五章
# 冷战的教训[*]

## 一、核威胁与核武器

核武器在苏美关系中的作用引起了激烈的争论。政治家、将军和大多数学者认为在整个冷战期间,美国的核武库对苏联起到了约束的作用。批评者认为,核武器正是超级大国冲突的根源,是对和平的威胁。围绕威慑所需武器的数量和种类、战略平衡的政治含义与核威慑在加速苏联帝国崩溃方面的作用也存在争议。

这些争论有着显著的神学特征。某一论点的倡导者总是在缺乏相关证据的情况下为自己的立场辩护。有些人主张符合他们所支持的军事态势的战略理论。空军援引"实战"原则来证明像洲际弹道(MX)导弹这样的破坏性武器。[①]军控人员支持相互确保摧毁(Mutual Assured Destruction, MAD)战略以反对部署任何特定的武器系统。

较谨慎的分析人士对在缺乏有关苏联和中国的目标和估算的可靠有效信息情况下对威慑战略做出明确判断所面临的困难持谨慎态度。麦克乔治·邦迪在他的巨作《危险与幸存》(*Danger and Survival*)一书中,讲述了一个领导人渴望获得核武器的警示性故事,他们为政治目的利用这些武器的企图基本都是徒劳的,最终他们还要通过

---

[*] 本文摘自 Richard Ned Lebow and Janice Gross Stein, *We All Lost The Cold War*。Copyright © 1994 by Princeton University Press. Reprinted by permission。

军控来限制武器对武器拥有者构成的威胁,因此也限制了武器对所要打击目标的威胁。邦迪强调了领导人对于威慑动态的不确定性和他们对于危机升级风险的关切。[②]

在另一项堪称典范的研究中,理查德·K.贝茨(Richard K. Betts)说明了评估核威胁的效力有多难。[③]他发现,美国领导人的记忆和历史记录之间有巨大的差异。美国总统声称的一些成功的核威胁从来没有实现过。[④]其他一些核威胁非常不明显,很难将其归类为威胁。可以理解的是,在缺乏关于目标国家内部审议资料的情况下,贝茨不愿意承认任何核威胁的成功。当这些目标国家的行为符合对手的要求时,人们往往不清楚威胁是成功的还是不相关的。领导人的屈从可能因为他们被遏阻了,或者被吓住了,他们也可能受到与威胁无关的其他因素的影响,或者他们原本就打算这么做。

新解密的文件和我们对苏联与美国官员的大量访谈允许我们重建在过去三十年间的两次最严重的核危机之前、之中和之后的两个超级大国领导人的商议过程。这一证据使人们对核争论的一些核心争议做了新的解释。无须说明的是,明确的判断要等待档案的开放,在其他危机中有关苏联与美国领导人想法的较完整的资料,以及其他核大国的相关资料。

## 二、四个问题

我们的分析围绕四个问题展开。每一个问题都涉及关于核威慑及其后果的一个重大争议。第一也是最关键的一个问题是核威慑对于防止第三次世界大战的贡献问题。传统观念认为威慑是超级大国保持战后和平的主要支柱。批评者反驳说,威慑无关和平,或者说威慑是对和平的威胁。约翰·米勒(John Mueller)对核武器不相关论进行了最有力的论证,他认为超级大国的克制来自他们对第二世界大战的记忆和他们关于即使一场常规战争也可能造成比第二次世界大战更具破坏性的认识。⑤

更直言不讳的威慑批评者驳斥说，威慑大大加剧了超级大国的紧张关系。部署更先进的摧毁性武器使每一个超级大国都认为对方有敌意，有时甚至会激起威慑旨在防止的那种侵略行为。不管是否有威慑，战后都维持了和平状态。⑥

第二个问题，对那些相信威慑起作用的人来说，就是威慑为何以及如何发挥作用。威慑倡导者坚持认为，威慑阻止了苏联的侵略；如果威慑不存在的话，莫斯科将袭击西欧，很可能把军队派往中东。⑦相对有所保留的威慑倡导者认为，威慑的存在缓和了两个超级大国的外交政策。他们认为，核武器的破坏性鼓励谨慎与克制，从而大大促进了莫斯科和华盛顿为解决周期性的危机而做出必要的让步。⑧

第三个问题涉及威慑的军事要求。20世纪60年代，美国国防部长罗伯特·S.麦克纳马拉（Robert S. McNamara）把相互确保摧毁作为美国的官方战略原则，他认为，苏联会被美国在报复性打击中摧毁其50%的人口和工业的能力所吓阻。双方都有可靠的报复能力将促进稳定，因而他对苏联发展类似的能力表示欢迎。⑨

许多军事和文职战略家都反对相互确保摧毁论，因为对莫斯科来说，这一战略不可信。为了威慑苏联，美国需要确保在任何一级的冲突中占据上风。这需要更大的核武库和高度精确的导弹，以找到并摧毁苏联藏在地下的导弹以及苏联政治和军事精英在任何冲突中用于避难的地下掩体。在吉米·卡特（Jimmy Carter）任总统时期，"实战"战略取代了相互大规模摧毁战略。里根政府花巨资扩大常规军事力量，购买五角大楼规划者认为实战所必需的战略武器和指挥控制网络。⑩

作为上述战略的替代，"有限威慑"认为，苏联领导人同西方领导人一样谨慎，同样害怕核战争的前景。核威慑远比相互摧毁或者实战战略的倡导者所承认的更有力，而且只需要有限的能力——几百枚核武器可能就足够了。有限威慑理论在美国政府内从来没有获得明显的支持。⑪

在需求方面的差异反映了在关于苏联领导人意图方面的更深刻的分歧。对实战论者来说，苏联是不共戴天的敌人。苏联残酷的领导人宁愿牺牲人民和国家的工业来追求世界霸权。只能通过更强大的实力和为保护核心利益而使用武力的决心来约束苏联领导人。相互确保摧毁论的倡导者认为，苏联具有侵略性但会谨慎行事。苏联领导人试图获利，但更急于保住已有的东西。摧毁苏联的现代工业实力就足以遏阻苏联的攻击，但不必然使其领导人以克制的方式行事。实战论和相互确保摧毁论的支持者都强调了决心有着压倒一切的重要性；必须令苏联领导人相信，如果美国或者其盟国受到攻击的话，美国将实施报复，对盟国进行援助。

有限威慑理论的前提是两个超级大国都极度害怕核战争。小型且相对不那么先进的核武库就足以加深这种恐惧，并能促使对方谨慎行事。较大的，尤其是针对对方报复能力的武器会适得其反，会加深其领导人的不安全感，证实了他们对对方怀有敌意的信念，鼓励领导人部署同样的大型武器。有限核威慑战略的倡导者不是那么强调展示决心的重要性。他们认为，报复的可能性足以遏阻攻击行为。

第四个问题涉及核武器的政治价值观。实战论者坚持说，战略优势有政治效用，在广泛的问题领域提供了谈判的筹码。⑫相互确保摧毁论的多数支持者认为，战略优势只有在像导弹危机这样事关重大利益的对抗中才能转化为政治影响力。⑬相互确保摧毁论的其他支持者和有限威慑的所有倡导者都否认，核武器能够达到威慑以外的目的。

## 三、克制、挑衅还是无关？

威慑学者区分了总体威慑和直接威慑。因为军事挑战可能带来预料的不良后果，所以总体威慑依靠现有的力量均势防止对手发动军事挑战。⑭这往往是国家的第一道防线。只有在总体威慑失败后，或者领导人认为有必要更明确地表明捍卫自身利益的意图以加强总体威慑时，领导人才会采用直接威慑。如果直接威慑失败，领导人将会发现自身陷入危机中，这是当美国情报部门在古巴发现了苏联的导弹时肯尼迪面临的处境，或者领导人将发现自己已身处战争之中，如1973年的以色列领导人所面临的情形。总体威慑和直接威慑代表了从对对手意图的分散而又真实的关注到预料某一特定利益或者承诺将要受到挑战的这一演进过程。

两种形式的威慑都假定，对手在认为军事平衡有利且怀疑防守者的决心的情形下，最有可能诉诸武力或者威胁进行军事部署。总体威慑特别重视军事层面，试图通过发展捍卫国家承诺或者向对手施加不可承受的惩罚来阻止挑战。总体威慑是一种长期战略。从决定发展一种武器到该武器的部署往往需要五年乃至更长的准备时间。

直接威慑是一种短期战略。其目的是阻止即将发生的攻击或者对某一特定承诺的挑战。直接威慑的军事部分必须依靠现有的武力。为了加强他们的防御能力并展示决心，领导人可能在他们预料会受到攻击或者挑战时部署军队，如肯尼迪在1961年6月峰会之后所做的。为回应赫鲁晓夫对柏林的最后通牒，他向德国增派了地面和空中部队，加强了美国在柏林的驻军。这些增援是为了传达美国政府抵制任何对西柏林或通往柏林城的西方通道的侵犯的意愿。

## （一）总体威慑

导弹危机的起源表明，两个超级大国实施的总体威慑是挑衅性的而不是预防性的。苏联官员证实，美国的战备建设、在土耳其部署的导弹和宣称的核优势都令苏联人越来越感到不安全。美国总统把这些都视为谨慎的、防御性的预防措施。美国的行动产生了意想不到的后果，使得赫鲁晓夫认为有必要保护苏联和古巴不受美国军事和政治的挑战。

赫鲁晓夫并非美国偏执狂的无辜受害者。他的核威胁和无根据的核优势主张促使肯尼迪决定，扩大美国战备建设规模和加快建设步伐。美国新的战略计划和战略空军（the Strategic Air Command）的较高的战略戒备状态加剧了苏联的受威胁感，促使赫鲁晓夫做出了向古巴运送导弹的决定。为了恫吓对手，两国领导人都促成了他们一直想避免的那种对抗。

肯尼迪后来推测，他尝试加强威慑的努力促使赫鲁晓夫在柏林问题的立场上变得强硬，这得到了苏联官员的证实。[15]将柏林和古巴联系起来的行动与反应是更大的不安全和局势升级循环的一部分，这种循环可追溯至20世纪50年代，如果不是始自冷战开始的话。苏联对民主德国的生存能力非常关切，且苏联易受到美国部署在西欧的核弹头导弹的攻击，这两者促使苏联在1959—1961年对西方在柏林的地位发起挑战。美国部署导弹是为了减轻北大西洋公约组织对于中心战线的常规军事平衡的担忧，1955年华沙条约组织的成立加剧了这种担忧。现在许多西方权威人士认为，华沙条约组织是莫斯科为了巩固其对日益动荡的东欧的控制而做出的一种努力。[16]

一旦危机爆发，总体威慑就起到重要的调节作用。肯尼迪和赫鲁晓夫都害怕战争，因此他们从对抗走向妥协。肯尼迪担心危机的升级将引发一连串事件，最终可能导致核战争。赫鲁晓夫撤回导弹的决定表明，他也准备为避免战争而做出牺牲。在美国的军事压力下，赫鲁晓夫的投降对苏联及其领导人来说是一次耻辱的失败。苏联官员证实这是赫鲁晓夫一年后下台的一个因素。[17]多年来，美国都把这次危机描绘成纯粹的美国胜利。肯尼迪在"朱庇特"导弹上的让步以及愿意在周六晚上公开这次让步的行为表明，两个超级大国领导人在"面对面"（针锋相对）时，双方都会眨眼。原因之一是，他们都害怕核战争及其后果。

总体威慑也未能阻止1973年埃及动用武力的决定。萨达特总统及其军事参谋都公开承认，埃及军事处于劣势。他们也毫不怀疑以色列在受到攻击时捍卫自身的决心。萨达特依旧选择打一场有限战。他决定袭击以色列是因为面临着要求收回西奈半岛的强大的国内政治压力。在罗杰斯的使命失败后，他已对外交失去了希望，虽然他知道军事力量对比不利于埃及，但是他认为未来的力量对比更不利于埃及。

以色列奉行总体威慑战略——已经得到了新一代战斗机和轰炸机——这令萨达特认为，军事行动宜早不宜迟。埃及军事规划者设计了一种旨在弥补自身军事劣势的战略。埃及军官决定出其不意，占领苏伊士运河东岸，用移动导弹屏幕防御以色列的反击，在其有限的收获被充分动员起来的以色列逆转之前寻求国际强加的停火。1962年和1973年的这两个事例有着惊人的相似之处。在这两个事例中，试图加强对弱势和处境艰难的对手的总体威慑招致而不是阻止了不必要的挑战。

总体威慑在埃以十月战争导致的美苏危机中产生了矛盾的影响。两个超级大国的领导人都认为，对方也害怕战争；总体威慑发挥了作用。这种对对方的信心使得美国向其世界范围内的军队发出预警，而不担心危机的升级。同时，勃列日涅夫及其同事担心，如果将苏联军队部署在埃及阵地会遭遇继续推进的以色列人的话，危机就会升级。苏联政治局一致同意，他们不想卷入可能导致危机升级的军事冲突。对战争的恐惧制约了苏联，也有助于危机的解决。

## （二）直接威慑

直接威慑旨在防止某一特定的军事部署或者使用武力。直接威慑要成功的话，防御方的威胁就必须使对手相信，其挑战的可能成本将远远超过任何可能的收益。[18]直接威慑并不能防止导弹危机。在赫鲁晓夫决定在古巴部署苏联导弹后，肯尼迪警告说，他不能容忍苏联这样做。美国总统发出这样的威胁是因为，他认为赫鲁晓夫并不真的想在古巴建立苏联的导弹基地。面对美国总统的警告，赫鲁晓夫却进行了秘密部署。

对于这场危机，学者们对于威慑失败的原因分析存在分歧。一些人认为，威慑战略未能发挥作用；另一些人则说，肯尼迪进行威慑的尝试太迟了。[19]无论何种原因，威慑失败都加剧了冷战中最严重的危机。由于公开承诺让苏联导弹远离古巴，肯尼迪大大增加了发现苏联在古巴部署导弹之后不作为的国内政治和外交政策的成本。美国发出威胁的最初目的是要转移政府入侵古巴的压力，如果苏联领导人不同意撤回导弹，那么入侵古巴就难以避免了。

以色列在1973年没有运用直接威慑。以色列领导人认为，埃及只有在其空军力量能够抗衡以色列空军时才可能发动攻击。对总体威慑的自信使以色列领导人对萨达特日益增长的绝望和他寻找能够实现其政治目标的有限军事战略的需要视而不见。以色列领导人反而担心，自己的有限威慑或者防御措施会促使埃及发动一次误判的攻击。

即使以色列实行了直接威慑，证据表明这么做也不会有什么不同。公开警告和以色列国防军的动员不大可能阻止埃及；萨达特曾希望以色列动员后备军并加强巴列夫防线来回应埃及的军事准备。

他非常惊讶且欣喜的是，以色列没有采取防御措施，埃及军队没有遭受到他预料到也准备承受的重大伤亡。[20]

当莫斯科和华盛顿共同谈判达成的停火协议未能阻止战争时，勃列日涅夫威胁要采取单边干涉行动。美国采取直接威慑来阻止苏联部署军队。自开战以来，这不是基辛格第一次试图阻止苏联的军事干预。早在10月12日，他就告诉多勃雷宁（Dobrynin），苏联动用武力干预的任何企图都将"破坏美苏关系的整个结构"。[21]那天晚些时候，他警告苏联大使，不管出于何种借口，苏联的任何干预都会遭到美国军队的反击。[22] 10月24日晚，勃列日涅夫要求共同干预，并且威胁说，如果必要，他将单独行动，美国即进入三级防御警戒状态。

直接威慑无关紧要，因为勃列日涅夫并未打算派遣苏联军队到埃及。苏联领导人难以理解，为何尼克松总统要使美国军队进入戒备状态。勃列日涅夫和他的一些同事非常愤怒、沮丧，并感到羞辱。在解决危机过程中，直接威慑充其量也是无关紧要的；最糟糕的是，它还损害了超级大国之间的长期关系。

威慑对超级大国的行为有多样且矛盾的后果。总体威慑和直接威慑都成为导弹危机的主要原因，但是总体威慑也有助于危机的解决。1973年，总体威慑促成了埃及和以色列之间战争的爆发，也为美苏在中东的竞争提供了保护伞。直接威慑未能阻止随后的超级大国之间的危机，但是总体威慑限制了苏联领导人，有助于危机的解决。对核威慑战略与现实的区分可以较好地理解这些不同。

威慑战略试图为政治目的对战争风险进行操纵。在冷战的大部分时间里，苏联和美国政策制定者都怀疑他们的对手是否被核战争的前景所威慑。他们花费宝贵的资源试图完善战略力量、核理论和目标政策的组合，旨在能够成功遏制对手。他们也运用军事集结、部署军队和战争威胁来胁迫对方做出政治让步。在柏林和古巴，这些尝试都不成功，却令紧张关系进一步恶化。

威慑的现实源于无法逃避的事实，一场超级大国的核冲突对双方来说都将是一场空前的灾难。超级大国领导人对此了然于心；到了 20 世纪 60 年代末，如果不是更早的话，两国都已意识到，他们的国家无法在一场核战争中幸存。对战争的担忧，无关乎双方战略能力的差异，促使美苏领导人避免边缘政策，为双方妥协提供了动力，正是双方的妥协使古巴导弹危机得以解决。威慑现实所导致的节制有助于减少由威慑战略鼓励的鲁莽。

所有相互矛盾的威慑解释都没有完全捕捉到威慑所产生的矛盾后果。威慑的倡导者强调威慑现实的积极贡献，但是忽视了其有害影响。威慑批评者指出了威慑战略具有挑衅性和危险性的某些政治和心理机制。但是多数学者忽视了威慑现实作为制约的重要来源的方式。

## 四、威慑何时及为何起作用？

威慑的倡导者提出了两个截然不同的理由来假设它的成功。传统观点认为，威慑通过使苏联领导人相信，其针对美国或者盟友的任何军事行动将遭到确定且有效的反击，从而约束了苏联。那些认为威慑有助于维持和平的人认为，没有威慑，苏联将会倾向于对西方或者西方在中东的盟友使用武力。

在整个美苏对抗期间，美国领导人都认为，对手从根本上是侵略性的，并意图通过颠覆、恫吓和使用武力扩大其影响。苏联领导人经常被描绘成不断寻找机会、有着冷酷理性的计算器。他们仔细权衡成本与收益，如果预期成本大于收益，他们就不会采取侵略行动。正是在这种情境下，在美国领导人看来，和平总是系于一发，要取得避免战争的巨大成功需要一个非同寻常的解释。核威慑战略提供了这种解释。

威慑战略似乎是对付一个基于侵略的本质并且受机会驱动的对手的理想战略。该战略试图通过剥夺苏联领导人可利用的机会来阻止苏联的侵略。美国因此发展了令人印象深刻的军事能力——总体威慑；公开承诺捍卫特定利益——一旦这些利益受到挑战，就进行直接威慑。传统看法认为，苏联的侵略会随着苏联对美国军事能力和决心的认识而变化，这在许多关于威慑的学术著作中已有过充分的阐释。在认为军事平衡不利于自身和美国的决心无可置疑的情形下，苏联领导人最为克制。[23]

我们对于1962年危机和1973年危机的分析并不支持这种对威慑的判断。1962年，威慑战略引发了可能诱发战争的危机，1973年，核威慑提供了一个保护伞，在这个保护伞下，每方都以牺牲对方的利益为代价来获取或保护利益，直至他们发现彼此处于对抗中。

另一种解释是，对核战争的恐惧使得两个超级大国都更为谨慎，而不是无所顾忌地为赢得全球影响力展开竞争，因此和平得以维护。虽然这种观点比把和平归因于核战略更有说服力，但是这种解释依然不能令人完全信服。核威慑的现实在1962年对肯尼迪和赫鲁晓夫、在1973年对勃列日涅夫都有过制约作用。在超级大国领导人认为他们正在走向战争的边缘时，对战争的恐惧使他们悬崖勒马。[24]

要判断对战争的恐惧在多大程度上可以归因于核武器是困难的。在朝鲜战争期间，美国只有有限的核武库，但是斯大林可能夸大了美国对苏联发动大规模核打击的能力。[25]罗伯特·麦克纳马拉随后曾证实说，肯尼迪总统主要担忧的是，导弹危机可能会导致美苏打一场常规战。[26]前国防部的其他成员不同意这种说法。他们说，他们所担心的是核战争的威胁，或许，总统的担心也是一样。[27]麦克纳马拉也承认，他从不指望能够遏止一场常规战："我不知道一旦军事冲突

升级，我们如何能够阻止住它。"㉘

苏联领导人也担心导弹危机可能引发的战争，但是无论书面记录还是苏联官员的证词都没有提供关于赫鲁晓夫认为最有可能发生的那种战争的证据。没有证据表明，赫鲁晓夫或者肯尼迪曾对战争前景有过预测；恰恰相反，他们都竭尽全力要解决危机，没有任何政治或者心理动机对失败的后果进行探讨。他们对于战争的恐惧很强烈但很隐晦。

1973年，美国认为爆发战争的可能性不大，但是苏联领导人非常担心战争可能爆发。他们担心在苏伊士运河和开罗之间的某个地方苏联和以色列常规交手的后果，或者双方在海上遭遇导致的后果。然而，没有证据表明，苏联对两种情形如何可能升级至核战争的更为详细的情形有过预测。再一次，对于战争的恐惧很强烈但不清晰。苏联领导人不仅害怕核战争，也害怕美苏之间的任何一种战争。他们的恐惧变成了自我威慑；在美国还没有实施威慑时，勃列日涅夫就排除了苏联军队站在埃及一方的承诺的可能性。

如果至少一方采取扩张主义的或者侵略性政策，超级大国还能避免战争，这才令人困惑。从现有证据看，一方视对方为机会驱动的侵略者的看法既陈腐又刻板。赫鲁晓夫和勃列日涅夫都感受到了对手的掠夺性政策的威胁，就如美国领导人也感受到了苏联的扩张主义政策的威胁一样。在冷战的大多数时期，苏联领导人的主要关切还是守住已有的；虽然同他们的美国对手一样，他们并不反对获取风险低或成本小的收益。只有在一方认为其核心利益受到对方威胁时，严重的双方对抗才可能出现。

事后看来，显然，两个超级大国都希望以自己的形象重塑世界，然而，无论莫斯科还是华盛顿都未对维持现状表现出强烈的不满，因而各自都缺乏通过战争来改变现状的欲望。维持和平的机会和走向战争的强烈动机，二者都不具备。没有了压倒一切的动机，领导人就不愿意承担挑起战争的重压与责任，即使在他们认为战争的结果可能有利于自己的情况下。在 20 世纪 50 年代后期和 60 年代早期，美国有可能在第一次打击中摧毁苏联，而自身的损失又不大，但美国领导人从未考虑进行一场预防性战争。苏联从未具备这种战略的优势，但没有理由怀疑，赫鲁晓夫和勃列日涅夫会比艾森豪威尔和肯尼迪更想开战。威慑的现实有助于约束双方领导人，但是他们对于现状的相对满意度才是维持长期和平的一个重要原因。

## 五、多少才够？

华盛顿从未达成对于遏制苏联的必要措施的共识。相互确保摧毁论倡导者认为，苏联领导人会被他们国家毁灭的前景吓倒。罗伯特·麦克纳马拉在国防部的"能人"估算，相互摧毁威慑的实力需要在报复性打击中消灭苏联 50% 的人口和工业。[29]麦克纳马拉在 1967 年向苏联总理阿列克谢·柯西金（Aleksei Kosygin）建议，苏联也须获得大致相同的第二次打击能力，这样威慑就更为稳定了。许多军事官员和保守的非军方战略家都拒绝相互摧毁战略，原因在于这个战略不可信。他们论辩说，任何一位美国总统都无法使苏联领导人相信，他会接受因惩罚苏联入侵西欧而让美国受到一定程度的破坏。为了阻止苏联入侵，美国需要明确、全面的战略优势来破坏苏联的政治和军事领导，摧毁他们的指挥、控制和通信系统，穿透坚硬的目标，彻底击溃所有层级的苏联军队。[30]人数最少的第三类威慑倡导者是有限威慑论者，他们论证说，核威慑已经够厉害了，只需要有限的核力量。法国和以色列的战略思想家必然赞成这种观点。

导弹危机的后果支持有限威慑的观点。美国有着压倒一切的优势。美国中央情报局曾估计，苏联只有 100 枚导弹和一小队过时的轰炸机，最多能用 350 枚核武器攻击美国。美国拥有具备核打击能力的 3500 枚核武器,且运载系统更为精确和可靠。由于苏联导弹不可靠,苏联轰炸机很容易受到防空系统的攻击,苏联武器能够击中美国目标的数量可能非常少;如果古巴导弹完全发挥作用,且装备了核武器,将使苏联的武器库增加近 60 枚弹头。[31]

军事优势并没有给美国政府带来安慰。麦克乔治·邦迪说,这不是"可用的优势",因为"哪怕只有一枚苏联导弹击中美国的一个目标,我们就输了"。[32]罗伯特·麦克纳马拉坚持认为:"战略核平衡(或者不平衡)中的重要假设是绝对错误的。"[33]他回忆说,一份中情局的情报曾猜测,在报复性打击中,苏联有可能将 30 枚弹头发射到美国。"难道有人相信,任何一位美国总统或国务卿愿意让 30 枚核弹头落在美国领土?不可能!为此,在导弹部署在古巴之前或之后,无论我们还是苏联,行为都不会有多少不同。"[34]在麦克纳马拉看来,美国没有总统会愿意"有意识地牺牲我们的一部分人或者我们的一块领土,置之于苏联战略部队打击的极大危险中,不论是一座还是两座或者三座城市"。苏联即使在将导弹部署在古巴前就有能力打击到美国本土的目标。"因此,我们受到运用核优势的制约,这一点没有因为核武器进入古巴而改变。"[35]

实战论者、相互摧毁威慑论者和有限威慑论者都预料赫鲁晓夫会为美国单边的战略优势所威慑。仅有限威慑论者预期肯尼迪会为苏联的小核武库所威慑。

讽刺的是,肯尼迪在危机之前和之中都没有完全的把握,凭借美国压倒一切的优势能约束苏联。相反,危机之前的赫鲁晓夫则有把握,凭借较小的低级的苏联核武库能够威慑肯尼迪。他更担心,美国会为了政治目的而运用战略优势。他对于有限威慑战略的信心使他在古巴部署导弹,因为他预期肯尼迪不会发动战争。

危机发生过程中,赫鲁晓夫对威慑的信心动摇了。他担心肯尼迪无力控制军队和中情局的好战者,这些好战者并不认同肯尼迪关于战争是徒劳的这一观点；他也担心危机会失控。这些担心是他做出让步的部分原因。肯尼迪同样担心赫鲁晓夫会被执意要发动战争的好战者赶下台。即使美国有着实战倡导者所说的压倒性优势，但是肯尼迪对威慑的信心是有限的。他也做出了必要的让步，从而使危机得到解决。

在对危机期间的威慑作用做出批判性判断时，肯尼迪和赫鲁晓夫都没有关注军事平衡。他们反而关注可能促使对方使用武力的政治压力。他们在解决危机中的成功增强了他们的信心，他们相信对方也同自己一样害怕战争的爆发。

虽然威慑在 1962 年发挥了威力，但是并非人人都像赫鲁晓夫和肯尼迪那样从导弹危机中吸取了正面的教训。苏联精英中的一些重要成员认为，肯尼迪政府因占据战略优势而在古巴危机中行动咄咄逼人。许多美国人的结论是，赫鲁晓夫因为苏联的军事劣势而撤回了导弹。导弹危机的教训显而易见：美国需要保持自己的战略优势，即使做不到这点，也要保持战略对等。同样，在莫斯科有人再次承诺要结束战略不平衡。导弹危机并没有引发 20 世纪 60 年代苏联的战略构建——这是在导弹危机之前赫鲁晓夫已经批准了的——但是导弹危机为该计划调动起了更多的支持力量，也使得苏联在 70 年代资源越来越稀缺时，勃列日涅夫为该计划辩护变得更容易。㊲

1973 年危机是自导弹危机以来最严峻的超级大国对抗的局面，这次危机的出现是在战略平衡相持时，此时双方都能确保第二次打击能力。有限威慑论倡导者期望核威慑是有效的，只要国土安全未受到威胁，核威慑战略就是成功的。考虑到双方都有确保报复能力的核威慑事实，相互确保摧毁的提倡者也会认为，只要核心利益不受到威胁，那么威慑战略就是成功的。实战论者会有不同看法。因为双方都不具备升级优势，所以估计战争风险较低的一方就具有了优势。

在对美国预警的预测方面,上述三种观点都无法进行直接检验,因为威慑毫不相关。苏联在美国对其军队发出预警前无意向埃及派遣军队。不过,我们可以试图评估苏联对美国威慑企图的解释,考察其是否符合三种观点的预期。苏联领导人认为美国的核警报不可信。只要核武器被视为无法使用,苏联人这么看就有可能,因为除了保卫国土或核心利益之外的任何核威胁都是难以置信的。再者,没有证据表明,莫斯科政治领导人曾尝试对相对的战略平衡进行评估。苏联的解释与有限威慑和相互确保摧毁的预期是一致的,与实战论者的预期不一致。

对这些危机的分析揭示了不是平衡,甚至也不是对平衡的看法,而是领导人对平衡意义的判断至关重要。领导人对其对手意图的理解比他们对其相对能力的估计更为重要。威慑在 1962 年如有限威慑论者所预期的那样发挥了作用,至少在 1973 年也如相互确保摧毁论者所预期的那样发挥了作用。然而,多年来美苏两国的好战者都把最坏情况的分析视为传统智慧。两国中的许多人一直认为,战略平衡过去是,将来也继续是决定超级大国行为的关键因素。

实战论者将战略平衡与苏联的行为直接相联系。在美国具有战略优势时,苏联行为最为克制,但是如果军事平衡有利于苏联的话,其行为就会更具侵略性。㉜有限威慑论者不认为在战略平衡与侵略行为之间存在直接关系,相互确保摧毁论者既有支持二者之间关系存在的观点,也有支持二者之间关系不存在的观点。苏联领导人的侵略性会随着其对于战略平衡的看法而加强或减弱的假定成为美国战略分析和兵力部署的基本假设。威慑主要被视为一个军事问题。美国许多官员和战略家都认为,美国不可能一直拥有强大的军事力量,或者说不可能一直占据战略优势。㉝

苏联外交政策和军事平衡的关系是一个经验问题。为了检验这种关系,我们需要研究从 1947 年冷战开始到 1985 年戈尔巴乔夫上台这段时间的美苏关系。利用知名战略研究机构对战略平衡的分类估算和对平衡的公开研究，我们开发了一个测量两个超级大国相对战略力量的综合衡量标准。我们的分析表明，核平衡可划分为三个明显的阶段：第一个阶段是从 1948 年到 1960 年，在这一阶段，美国优势不断增强；第二阶段是从 1961 年到 1968 年，这是美国优势明显下降的时期；第三个阶段是从 1968 年到 1985 年，这是战略对等的时期。㊴

苏联咄咄逼人态势的转变与战略平衡之间的转变不存在正相关关系。苏联的挑战高潮出现在 20 世纪 40 年代后期和 50 年代早期的中欧和朝鲜，以及 20 世纪 50 年代后期和 60 年代早期的柏林与古巴。比前两次稍弱的苏联的第三次挑战出现在 1979 年到 1982 年的非洲和阿富汗。㊵头两次高峰出现的时间正是美国有着无可置疑的核优势时期。第三次高峰的时间与战略对等时期吻合，发生在假设的美国"脆弱之窗"时期前。这个所谓苏联占优势的时期大约是 1982 年到 1985 年，苏联的行为更为克制。军事平衡和苏联咄咄逼人的关系与实战论者预测的正好相反。美国在 1948 年到 1952 年和 1959 年到 1962 年都有着无可置疑的优势，而这两个时期正是苏联表现咄咄逼人的时期。苏联的挑战出现在苏联最弱而美国最强时。

这种模式挑战了下述关于侵略的假设命题：侵略主要是由不断寻找机会的对手发动的。在绝望时，领导人往往表现得咄咄逼人，即使当军事平衡不利于他们，他们也毫不怀疑对手的决心时，他们也是如此。如果不是非常必要，领导人通常不会挑战对手，即使采取咄咄逼人的外交政策的机会存在，他们也不会采取行动。㊶"多少才够？"这个问题的明确答案须等到对其他国家领导人如何处置核危机的详细分析之后才能给出。仅凭对这两个案例中的领导人思维的分析和他们在冷战中的广泛关系模式的分析，我们只能尝试着说：

在双方都担心战争爆发的情形下，有限的核能力就够了。在这种情形下，一点威慑就足够了。

## 六、核武器的政治价值

正如冷战时期人们对于多少威慑才够这个问题没有共识一样，人们对于核武器的政治价值也没有一致意见。实战论者认为核实力是可以转换的；他们认为战略优势能成功地应用于政治目的。多数相互确保摧毁论者认为，核威胁只有在捍卫国家的最重要利益时才有效。有限威慑论者对核武器的政治价值持最严肃的看法。他们认为，核武器仅能阻止对本国国土或者本国最紧密的盟友的攻击。

实战论者对威慑的有效性持怀疑态度，并为威慑设定了最苛刻的条件，但是却对胁迫表现出最大的信心。有限威慑论者认为核威慑相对容易获得，而怀疑核威胁是否能成功胁迫核对手。相互确保摧毁论者认为，威慑比胁迫更容易实现。

研究为何每一种观点都要论证威慑和胁迫会成功或失败，可以调和实战论者与有限威慑论者看似矛盾的观点。对于实战论者来说，关键的因素是军事平衡。如果一国占据决定性战略优势，它就会更令人信服地显示决心，更轻易地吓阻和胁迫对手。战略对等则使威慑更为可能，但胁迫更为困难。

有限威慑论者推断说，领导人对于核战争的后果有着强烈的恐惧。这种恐惧的门槛很低，不受领导人能够向对手施加破坏的程度影响。因此，战略平衡与威慑无关，战略优势并不会使胁迫更容易。只要目标国家具有某种核报复能力，为报复以外目的进行的核威胁就都缺乏可信性。

相互确保摧毁论者也否认战略优势的效用。他们设定的威慑门槛比有限威慑论者的更高，他们认为，一国需要有无可争议的核能力,在承受了第一次打击后,能够用足够的力量进行报复,消灭对手50%的人口和工业。更大的核能力并不会使威慑更可靠。一些相互确保摧毁论者认为,战略优势对于胁迫来说非常关键,但是仅限于有限而特定的情形。同有限威慑论者一样,他们论证说,核武器史无前例的毁灭性使得难以对核对手进行可信的核威胁。这种威胁只有在国家最重要的利益受到威胁时才会发挥作用。㊷

实战论者和相互确保摧毁论者都认为,古巴导弹危机符合他们的预期。双方都坚持说,赫鲁晓夫把导弹运往古巴是因为他怀疑美国的决心,他撤回导弹是因为他尊重美国的军事实力。㊸危机向实战论者展示了一个普遍真理:在危机中,战略优势赋予了重要的谈判优势。相互确保摧毁论者则认为导弹危机是一个特例。胁迫的成功不仅在于美国军事的优势,而且在于利益的不对称性。美国是为了捍卫核心利益,而苏联不是。㊹

两种论点都把有利于美国的显然片面的危机结果作为出发点。赫鲁晓夫撤回苏联导弹换取了肯尼迪不入侵古巴的保证,而争回了面子。实战论者和相互确保摧毁论者都认为,这种保证很大程度上是象征性的,因为美国政府无意入侵古巴,而只是要求撤回导弹。双方都认为导弹已经大大影响了军事平衡或政治平衡,因此把撤回导弹视为一次重大的让步。

这些形成于20世纪60年代的解释与新近获得的证据相冲突。虽然美国政府根本不会入侵古巴,赫鲁晓夫还是认为,肯尼迪不入侵的承诺是一次极其重大的让步。与其他苏联领导人一样,他相信,美国正准备推翻卡斯特罗政府,只是因为苏联导弹的部署美国才停止这么做。在美国总统及其国防部长看来,部署在古巴的导弹不具备许多研究危机的学者声称的那种军事价值。导弹的撤回只是由国内外的政治因素促成。

现在我们才知道,肯尼迪对赫鲁晓夫做了第二次重要的让步:

他同意在危机后的适当时间,从土耳其撤回美国的"朱庇特"导弹。正如美国一些政府官员所说,撤回导弹的决定并非在危机前做出,而是对赫鲁晓夫做出的让步。然而,肯尼迪坚持让克里姆林宫对此保密。"朱庇特"导弹的撤回没有什么军事价值,但是对赫鲁晓夫来说,这却具有重大的象征意义。

有限威慑论对导弹危机的结果提供了最好的解释。解决危机的协议条款并没有反映战略平衡,而反映了双方对战争的恐惧。虽然苏联的战略劣势显而易见,但是危机却以妥协的方式得到了解决,不是美国单方面的胜利。美国领导人认为,不做出补偿性让步只靠自己的战略优势迫使苏联撤回导弹是非常危险的做法。

有限威慑论者、相互确保摧毁论者和实战论者都认为,在 1973 年的战略情形中,胁迫很难奏效。实战论者推测说,无论苏联还是美国都无法胁迫对方达成政治上的利益,因为没有一方占据决定性的战略优势。在对等和可靠的报复能力的情形下,相互确保摧毁论者和有限威慑论者都认为,除非是核心利益受到威胁,否则胁迫很难发挥作用。

1973 年苏联胁迫的失败与上述三种学术观点的推论是一致的。勃列日涅夫未能成功胁迫美国约束以色列,让双方停战更符合华盛顿的利益。相反,勃列日涅夫胁迫的企图对危机起到了煽风点火的作用,促使危机升级。虽然基辛格承认苏联的利益,尤其是它在阻止战争过程中付出的羞辱性失败的巨大代价,但是,他依然把勃列日涅夫的威胁视为单方面行动,是对美国声誉和决心的直接挑战。

出于完全不同的原因,这三种学术观点都认为,战略对等并不带来政治的优势。要对这三种学术观点进行区分,我们就需要关于美国领导人对战略平衡看法的更详细证据。然而,当基辛格及其同行选择将勃列日涅夫的威慑视为单边军事行动时,他们丝毫没有考虑过战略平衡。㊺当他们选择不屈从勃列日涅夫的威胁时,战略平衡的问题在他们心中也不是很突出。

我们对这两个案例的分析与有限威慑的论点非常一致。美国在导弹危机中压倒一切的战略优势因对战争的恐惧而发挥不了作用。在战略平衡大致相等时,苏联的胁迫也未能奏效,即使美国认识到了苏联对保护处于危险中的盟友的强烈兴趣和自己对拯救埃及第三军的兴趣。我们的证据表明,核武器仅在捍卫核心利益时才可用于政治目的。

## 七、核威胁与核武器

冷战时期,美苏关系中的核威胁和核武器的作用与传统观念背道而驰。整个冷战时期,超级大国领导人都认为,对手会利用战略优势获取政治利益或军事利益。因此,他们都将稀缺的资源用于军事开销,以免本国处于不利地位。在四十年间,苏联和美国领导人都担心战略劣势的政治后果和军事后果。这种担心,连同双方用来评估对方战略能力的最坏情况分析,引发了一场日益昂贵的军备竞赛。在20世纪40年代后期广岛和长崎的原子弹爆炸后,苏联加大努力以发展自己的核武库。在20世纪50年代早期,双方都发展了热核武器。在1957年世界第一颗人造卫星"伴侣号"(Sputnik)发射成功后,美国加速致力于发展和部署洲际弹道导弹。1961年春,肯尼迪总统扩大美国军备建设范围的决定导致苏联做出同样的决定。20世纪80年代,里根的军备建设是对勃列日涅夫在过去十年中的密集军费开支和人们对苏联人因此而获得战略优势的普遍担心的回应。

这种对战略劣势的普遍恐惧被强烈夸大了。我们提供了一套关于核威胁和核武器影响的总的评论,这些评论是对基于新证据的观点的概括。这些评论是我们在获得冷战中其他关键对抗事例的更多证据和关于中美关系与中苏关系中的核武器作用的更多证据前能做出的解释。

**第一，那些试图利用实际或想象中的核优势谋求政治利益的领导人不大可能成功**。赫鲁晓夫和肯尼迪在 20 世纪 50 年代后期和 60 年代早期试图用核优势恐吓对方，但都失败了。赫鲁晓夫的威胁与自夸反而坚定了西方在柏林问题上不屈服的决心，并且促使肯尼迪下令进行大规模的军备建设。肯尼迪对古巴的威胁、美国政府宣称的战略优势和在土耳其部署的"朱庇特"导弹都是在劝阻赫鲁晓夫不要在柏林挑战西方，这反而导致赫鲁晓夫将导弹运往古巴。双方领导人都愿意承担严重对抗的风险，以避免给人造成软弱或不果断的印象。

**第二，可信的核威胁很难实现**。核武器的毁灭性使得核威胁更可怕但不可信。当核威胁是针对有报复能力的核对手时，要使核威胁可信就会尤其困难。在导弹危机期间，许多苏联人担心核战争，但是赫鲁晓夫做出了肯尼迪不会为了回应苏联在古巴部署导弹而发动核战争的正确判断。他主要担心，美国总统会被迫攻击古巴，入侵古巴的美国军队和承诺保卫古巴的苏联军队的武装冲突会升级为更大的或许无法控制的战争。

1973 年，美国的预警对苏联领导人的影响更小。对勃列日涅夫及其同事来说，美国用核武器攻击苏联是不可想象的。他们认为，无论对于美国还是苏联来说，正处在危险中的利益都不是开战的理由。因此美国的核威胁不可理喻也难以置信。

**第三，核威胁充满了风险**。在 1962 年和 1973 年，美国领导人不知道战略预警的后果和影响。在 1973 年，他们并没有完全理解三级防御警戒的技术含义或者操作后果，而是十分自信地选择了警戒，以为不存在风险。在导弹危机期间，常规部队和核部队进入更高级别的警戒状态后，控制处于警戒状态的军队将变得非常困难。军事常规和不服从对解决危机构成了严重的威胁。这两个事例的证据表明，在军事准备预期所带来的政治影响和意外的升级风险之间存在明显的权衡。美国领导人对这些权衡的理解不深：他们显然高估了核警报的政治价值，而对其中的风险相对不敏感。⑯

**第四，战略建设更有可能激怒而不是压制对手，因为战略建设影响了目标国家国内政治力量的平衡。**斯大林、赫鲁晓夫和勃列日涅夫都认为，战略优势将制约对手。赫鲁晓夫认为，西方在20世纪50年代行动谨慎是因为，社会主义阵营内的经济和军事力量赢得了越来越多的尊重。他相信，苏联实力的展示、苏联的核威胁和在古巴部署的导弹，将加强华盛顿内"理智的现实主义者"的力量，因为这些人支持同苏联达成和解。赫鲁晓夫的行动产生了相反的影响：这些行动加强了反苏的好战者的力量，因为这些行动强化了美国人对于苏联意图和能力的担忧。肯尼迪向赫鲁晓夫发出不要在古巴部署导弹的警告以及随后的封锁行动，在很大程度上是对日益增长的国内政治压力的回应，国内政治压力要求美国对苏联及其古巴盟友采取决定性的行动。勃列日涅夫的军备建设是赫鲁晓夫军备计划的一部分。美国官员认为在战略对等之后，苏联的军备建设在继续。苏联的战备开支似乎佐证了华盛顿好战者的预测，他们认为莫斯科的目标是战略优势，甚至是先发制人的能力。然而，勃列日涅夫只是希望苏联的核能力能够阻止美国进行"核讹诈"。但是，苏联的核战备给美国共和党提供了打败卡特总统和第二轮战略武器限制谈判（SALT Ⅱ）协议中的弹药。苏联军备建设和入侵阿富汗帮助了罗纳德·里根在1980年大选中获得压倒性胜利，也为里根政府大规模军费开支提供了理由。美国试图通过军备建设向苏联施压同样也适得其反。

**第五，当双方领导人都恐惧战争且也了解对方的恐惧时，核威慑就有着很大的作用。**实战论、相互确保摧毁论和有限威慑论都错误地将稳定等同于特定的武器配置。比核武器的分布或者领导人对相对核优势的判断更重要的是领导人对对手意图的判断。古巴导弹危机是美苏关系的关键转折点，因为这次危机使肯尼迪、赫鲁晓夫以及他们各自的重要顾问认识到，他们的对手与自己一样致力于避免核战争。这种相互承认的对战争的恐惧使得对方的核能力不那么具有威胁性，并为第一次军备控制协议铺平了道路。

并非所有美国和苏联领导人都同意上述观点。两个超级大国的大多数国家安全精英依旧将对手视为顽固的敌人，且愿意使用核武器。即使勃列日涅夫和尼克松都认识到对方对战争的恐惧，他们也依然使用核威慑保护伞来大力争取单方面的利益。直到戈尔巴乔夫明确承诺结束军备竞赛和冷战结束，西方好战者都未改变他们对苏联意图的猜测。

## 八、关于威慑的后见之明

冷战的开始是由于打败德国后美苏在中欧的竞争。一旦彼此承认的势力范围确立起来，两个超级大国在欧洲中心的对抗就减少了。只有柏林还是热点，直至双方达成了关于两个德国的谅解。在早期冷战危机过后，常规和核武器的储备是对它们相互造成的不安全感的一种反应。20世纪70年代，扩大的武库和瞄准对方的日益精确的大规模杀伤性武器成为相互不安全感和紧张的主要因素。莫斯科和华盛顿不再为欧洲的现状而争论，而是为各自部署的威胁对方的新武器系统而争论。每一方都认为威慑的影响远不如以前。它们对威慑的追求颠倒了因果关系，使冷战得以持续。

冷战历史提供了令人信服的证据，证明了无限制地寻求核威慑的有害影响。但是，在莫斯科和华盛顿的领导人认识到并向对方承认，双方之间的核战争将注定导致双方的相互毁灭后，核武器也对超级大国的行为有了约束作用。

自 20 世纪 60 年代后期以来，在苏联发展了有效的报复能力之后，两个超级大国就不得不同核武器的脆弱性共存。在一个核世界里，总是有人提倡先发制人、弹道导弹防御或者其他关于核世界安全的幻想。但是核脆弱性无法消除。相互确保摧毁是一种现实，在这个现实面前，除了进行最长远的军备控制外，别无他法。即使在苏联解体和提出大幅缩减核武器后，俄罗斯和美国依然拥有足够多次摧毁对方的核武器。㊼

核脆弱性将美苏冲突与过去或现在的常规冲突区分开来。在常规冲突中，领导人都会认为战争将有利于自己的国家。带着这种期待，领导人通常会选择走向战争，虽然战争的结果通常证明他们是错的。战争结果完全出乎 20 世纪 80 年代伊拉克、1982 年的阿根廷和 1982 年的以色列三国领导人的预料。

对核战争结果的担心不仅使得任何超级大国故意寻求同另一超级大国的军事对抗变得极不可能，而且使得双方领导人极不愿意采取任何他们认为会大大增加战争风险的行动。长此以往，他们对彼此的利益有了较好的理解。在美苏对抗的最后几年里，双方领导人都承认且避免挑战对方的核心利益。

核威慑的最大讽刺性可能在于，威慑战略的方式削弱了威慑现实本应该创造的政治稳定。军备建设、威胁性军事部署和威慑战略的对抗性话语有效地掩盖了双方对于战争的根深蒂固的恐惧。对核战争的恐惧使得领导人内心里变得谨慎，但是他们的公开姿态却使对手认为他们有侵略性、爱冒险，甚至是非理性的。

这种行为同威慑战略是一致的。双方领导人都认识到，只有疯子才会用核武器对付一个也拥有核武器的对手。为了加强威慑，他们以此尝试着使对手相信，他们可能会不理性或者失控，以至于实施他们的威胁，这种试探做法到了令人不安的程度。每一次尝试都导致双方感到更不安全，受到的威胁更大，对威慑现实作用的信心也更弱了。威慑战略是自我挫败的；它刺激了战略本身旨在避免的行为。

冷战的历史表明，核威慑应该被视为一方强效的但很危险的药剂。过去用于治疗梅毒和血吸虫病的砒霜与过去常常用来治疗癌症的化疗既能治愈病人，也可能要了病人的命。药效取决于疾病的毒性、疾病在多早时候被检测出来、用药的剂量和病人对于疾病与治疗手段的抵抗力。核威慑也是如此。有限威慑正在发挥作用，因为它促使双方谨慎。太多的威慑，或者将威慑不适当地用于一个被吓坏的、处在弱势的对手，就可能促发军备竞赛，最终使得双方都更不安全，并导致原本旨在防止的侵略行为。同任何药物一样，成功威慑的关键是正确地开出适当的剂量。

超级大国威慑的剂量超量了。这毒害了双方的关系，但是双方各自的领导人都仍然对后果视而不见。相反，他们把随后的紧张和危机解释为需要更多威慑的证据。尽管政治气候的改变使得无论俄罗斯还是美国挑起核战争都变得不可想象，但是在华盛顿，也可能在莫斯科，许多有影响力的人仍然认为，有必要研发新武器以加强威慑。根深蒂固的信念对改变是极度抗拒的。

## 注　释

① 为了同这种争论的神学性质保持一致，实战派的追随者有一篇神圣的文本：*Voyenaya mysi'*，苏联杂志《军事思想》。苏联关于机动使用军事力量的许多专业的军事讨论被滥用来推断出苏联的进攻性军事意图。

② McGeorge Bundy, *Danger and Survival*: *Choices About the Bomb in the First Fifty Years* (New York: Random House, 1988).

③ Richard K. Betts, *Nuclear Blackmail and Nuclear Balance* (Washington, D.C.: The Brookings Institution, 1987).

④ 哈里·杜鲁门声称在 1946 年迫使苏联撤出伊朗，但是没有文献记录表明这是

一次核威胁。参见 Betts, *Nuclear Blackmail and Nuclear Balance*, pp. 7-8; Richard Ned Lebow and Janice Gross Stein, "Review of the Data Collections on Extended Deterrence by Paul Huth and Bruce Russett," in Kenneth A. Oye, ed., *Specifying and Testing Theories of Deterrence* (Ann Arbor: University of Michigan Press, in press); and Richard W. Cottam, *Iran and the United States: A Cold War Case Study* (Pittsburgh: University of Pittsburgh Press, 1988)。

⑤ John E. Mueller, *Retreat from Doomsday: The Obsolescence of Modern War* (New York: Basic Books, 1989). Kenneth N. Waltz, *Theory of International Politics* (Reading, Mass.: Addison-Wesley, 1979),也贬低了核武器的作用,他论证说,两极体制促进长久和平。沃尔兹在为参加1990年8月的美国政治科学学会而撰写的《新兴的国际政治结构》("The Emerging Structure of International Politics")一文中承认,核武器是和平的"两大支柱"之一。参见 Richard Ned Lebow, "Explaining Stability and Change: A Critique of Realism," in Richard Ned Lebow and Thomas Risse-Kappen, eds., *International Relations Theory and the End of the Cold War*,即将出版,这是对关于长久和平的现实主义立场的评论。

⑥ Richard Ned Lebow, "Conventional vs. Nuclear Deterrence: Are the Lessons Transferable?" *Journal of Social Issues*, 43, 4 (1987), pp. 171-91.

⑦ McGeorge Bundy, "To Cap the Volcano," *Foreign Affairs*, 48, 1 (October 1969), pp. 1-20; Harvard Nuclear Study Group, *Living With Nuclear Weapons* (Cambridge, Mass.: Harvard University Press, 1983); Klaus Knorr, "Controlling Nuclear War," *International Security*, 9, 4 (spring 1985), pp. 79-98; Michael Mandelbaum, *The Nuclear Question: The United States and Nuclear Weapons, 1946-1976* (New York: Cambridge University Press, 1979); Robert W. Tucker, *The Nuclear Debate: Deterrence and the Lapse of Faith* (New York: Holmes & Meier, 1985).

⑧ 例如 Raymond Aron, *The Great Debate: Theories of Nuclear Strategy*, trans. Ernst Pawel (Garden City, N.Y.: Doubleday, 1965); Stanley Hoffmann, *The State of War: Essays on the Theory and Practice of International Politics* (New York: Praeger, 1965), p. 236; Betts, *Nuclear Blackmail*; Bundy, *Danger and Survival*; Robert Jervis, *The Meaning of the Nuclear Revolution: Statecraft and the Prospect of Armageddon* (Ithaca, N.Y.: Cornell University Press, 1989)。

⑨ 关于麦克纳马拉战略思想的演变，参见 Desmond Ball, *Politics and Force Levels: The Strategic Missile Program of the Kennedy Administration* (Berkeley: University of California Press, 1980), especially pp. 171–193; Lawrence Freedman, *The Evolution of Nuclear Strategy* (New York: St. Martin's Press, 1983), pp. 331–371。

⑩ 对相互摧毁威慑的实战论批判，参见 Daniel Graham, *Shall America Be Defended?: SALT II and Beyond* (New Rochelle, N.Y.: Arlington House, 1979); Colin S. Gray, *Nuclear Strategy and National Style* (Lanham, Md.: Hamilton Press, 1986); Colin S. Gray and Keith B. Payne, "Victory is Possible," *Foreign Policy*, 39 (summer 1980), pp. 14–27; Albert Wohlstetter, "Between an Unfree World and None," *Foreign Affairs*, 63, 5 (summer 1985), pp. 962–994; Fred Hoffman, "The SDI in U.S. Nuclear Strategy," *International Security*, 10, 1 (summer 1985), pp. 13–24。

⑪ Morton H. Halperin, *Nuclear Fallacy: Dispelling the Myth of Nuclear Strategy* (Cambridge: Ballinger, 1987); Adm. Noel Gayler, "The Way Out: A General Nuclear Settlement," in Gwyn Prins, ed., *The Nuclear Crisis Reader* (New York: Vintage Books, 1984), pp. 234–243.

⑫ Graham, *Shall America Be Defended?*; Gray, *Nuclear Strategy and National Style*; Wohlstetter, "Between an Unfree World and None."

⑬ Robert S. McNamara, "The Military Role of Nuclear Weapons: Perceptions and Misperceptions," *Foreign Affairs*, 62 (fall 1983), pp. 59–80, at p. 68; Jervis, *The Meaning of the Nuclear Revolution*, pp. 34–38; Alexander L. George, David K. Hall, and William E. Simons, *The Limits of Coercive Diplomacy: Laos, Cuba, Vietnam* (Boston: Little, Brown, 1971); Betts, *Nuclear Blackmail*.

⑭ Patrick M. Morgan, *Deterrence: A Conceptual Analysis* (Beverly Hills, Calif.: Sage, 1977) 做出了这种区分。

⑮ Arthur Schlesinger, Jr., *A Thousand Days: John F. Kennedy in the White House* (Boston: Houghton, Mifflin, 1965), pp. 347-348. 乔治和斯莫克指出了这一点，参见 *Deterrence in American Foreign Policy: Theory and Practice* (New York: Columbia University Press, 1974), pp. 429, 579。

⑯ 关于《华沙条约》，参见 Robin Allison Remington, *The Changing Soviet Perception of the Warsaw Pact* (Cambridge, Mass.: MIT Center for International Studies, 1967); Christopher D. Jones, *Soviet Influence in Eastern Europe: Political Autonomy and the Warsaw Pact* (New York: Praeger, 1981); David Holloway, "The Warsaw Pact in Transition," in David Holloway and Jane M. O. Sharp, eds., *The Warsaw Pact: Alliance in Transition?* (Ithaca, N.Y.: Cornell University Press, 1984), pp. 19-38。

⑰ 1991年12月16日在莫斯科对列奥尼德·扎米亚金 (Leonid Zamyatin) 的访谈；Sergei Khrushchev, *Khrushchev on Khrushchev: An Inside Account of the Man and His Era*, trans. William Taubman (Boston: Little, Brown, 1990), pp. 156-157; Oleg Troyanovsky, "The Caribbean Crisis: A View from the Kremlin," *International Affairs* (Moscow), 4-5 (April/May 1992), pp. 147-157, at p. 149。

⑱ 参见关于威慑的四个传统先决条件的讨论，Richard Ned Lebow, *Between Peace and War: The Nature of International Crisis* (Baltimore: Johns Hopkins University Press, 1981), pp. 82-97。有关威慑成功基本条件的讨论，参见 Richard Ned Lebow and Janice Gross Stein, *When Does Deterrence Succeed and How Do We Know?* (Ottawa: Canadian Institute for International Peace and Security, 1990), pp. 59-69。

⑲ 本书第三章对于此项争论进行了评述。

⑳ Janice Gross Stein, "Calculation, Miscalculation, and Conventional Deterrence I: The View from Cairo," in Robert Jervis, Richard Ned Lebow, and Janice Gross Stein, *Psychology and Deterrence* (Baltimore: Johns Hopkins University Press, 1985), pp. 31-59.

㉑ Henry Kissinger, *Years of Upheaval* (Boston: Little, Brown, 1982), p. 508.

㉒ Ibid., p. 510.

㉓ "United States Objectives and Programs for National Security"（NSC 68）（14 April 1950）, *Foreign Relations of the United States*, 1950, Vol. I（Washington, D. C.: Government Printing Office, 1977）, p. 264; Vernon Aspaturian, "Soviet Global Power and the Correlation of Forces," *Problems of Communism*, 20（May-June 1980）, pp. 1–18; John J. Dziak, *Soviet Perceptions of Military Power: The Interaction of Theory and Practice*（New York: Crane, Russak, 1981）; Edward N. Luttwak, "After Afghanistan What?" *Commentary*, 69（April 1980）, pp. 1–18; Richard Pipes, "Why the Soviet Union Thinks It Could Fight and Win a Nuclear War," *Commentary*, 64（July 1977）, pp. 21–34; Norman Podhoretz, "The Present Danger," *Commentary*, 69（April 1980）, pp. 40–49.

㉔ 有证据表明对战争的恐惧影响了苏联在朝鲜的行为。约瑟夫·斯大林准许金日成（Kim Ⅱ Sung）在 1950 年 6 月攻击韩国，是因为他以为美国不会干涉。但是华盛顿开始干涉时，斯大林又担心朝鲜的袭击会引发苏美战争，很快表示愿意签署停战协议。N. Khrushchev, *Khrushchev Remembers: The Glasnost Tapes*, trans. and ed. Jerrold L. Schecter with Vyacheslav L. Luchkov（Boston: Little, Brown, 1990）, pp. 144–147。

㉕ 格里涅韦斯基（Oleg Grinevsky）认为，斯大林担心即使仅几颗原子弹落在莫斯科都会毁掉共产主义试验。参见 1992 年 10 月 24 日在斯德哥尔摩对格里涅韦斯基的访谈。

㉖ David A. Welch, ed., *Proceedings of the Hawk's Cay Conference on the Cuban Missile Crisis, 5–8 March 1987*（Cambridge, Mass.: Harvard University, Center for Science and International Affairs, Working Paper 89-1, 1989）, mimeograph, pp. 81–83, 下文引作 *Hawk's Cay Conference*。

㉗ Ibid., pp. 83ff.

㉘ Hawk's Cay Conference，作者记录。

㉙ Ball, *Politics and Force Levels*, pp. 171–193; Freedman, *The Evolution of Nuclear Strategy*, pp. 331–371.

㉚ 参见 Graham, *Shall America Be Defended?*; Gray, *Nuclear Strategy and National Style*; Gray and Payne, "Victory is Possible"; Wohlstetter, "Between an Unfree

World and None"。

㉛ 1989 年 2 月 1 日在莫斯科由雷蒙德·L. 加特霍夫对迪米特里将军的访谈；Anatoliy Gribkov, "Transcript of the Proceedings of the Havana Conference on the Cuban Missile Crisis, January 9 – 12 1992," mimeograph, in James G. Blight, Bruce J. Allyn, and David A. Welch, eds., *Cuba on the Brink: Castro, the Missile Crisis, and the Soviet Collapse* (New York: Pantheon Books, in press), pp. 18-21, 下文引作 *Havana Conference*。

㉜ "Retrospective on the Cuban Missile Crisis," 22 January 1983, *Atlanta*, Ga. Participants: Dean Rusk, McGeorge Bundy, Edwin Martin, Donald Wilson, and Richard E. Neustadt（以下简称 "Retrospective"），p. 6。

㉝ *Hawk's Cay Conference*, pp. 9-10。

㉞ 1987 年 3 月 6 日在佛罗里达的霍克斯礁（Hawk's Cay）对麦克纳马拉的访谈。

㉟ "Retrospective," p. 40.

㊱ Garthoff, *Reflections on the Cuban Missile Crisis*, 2nd ed. rev. (Washington, D.C.: The Brookings Institution, 1989), pp. 158-186, 关于苏联从危机中得到的教训。1991 年 12 月 16 日至 17 日在莫斯科对列奥尼德·扎米亚金、阿纳托利·多勃雷宁的访谈。

㊲ 关于苏联只能被优势的军事力量所制约的主张，在美国政府几乎成了某种教条。这种观点在美国《国家安全委员会第 68 号文件》中体现得最明显，此文件写于 1950 年朝鲜战争爆发前夕，通常被视为冷战中美国最重要的政策文件。参见 John L. Gaddis, *Strategies of Containment: A Critical Appraisal of Postwar American National Security Policy* (New York: Oxford University Press, 1982), Ch. 4; Paul Y. Hammond, "NSC-68: Prologue to Rearmament," in Warner R. Schilling, Paul Y. Hammond, and Glenn H. Snyder, eds., *Strategy, Politics, and Defense Budgets* (New York: Columbia University Press, 1962), pp. 267-338; "United States Objectives and Programs for National Security," pp. 234-292。

㊳ 与对手一样，苏联领导人对美国外交政策做出了同样的假设。赫鲁晓夫将导弹部署在古巴，部分目的是要获得心理平等且制约美国的外交政策。

㊴ 人们也接受这种观点，在整个 20 世纪 50 年代，美国拥有绝对性的战略优势，

我们此处的分析也表明了这一点。美国拥有的用核武器攻击苏联的能力不断增长，而不必担心受到直接的报复。战略空军拥有以美国、西欧和北非为基地的庞大且不断增长的战略轰炸机舰队。这支部队还得到了沿苏联周边部署的航母和陆基飞机的补充。苏联轰炸机部队规模小、航程更短，且技术上也很原始。20 世纪 60 年代，当两国都开始部署洲际弹道导弹时，相对的军事平衡就发生了变化。1962 年，在古巴导弹危机时，美国拥有大约 3500 个核弹头，苏联仅有约 300 个。苏联的核弹头只有 20 个能用在洲际弹道上。参见 Sagan, "STOP-62: The Nuclear War Plan Briefing to President Kennedy," *International Security*, 12, 1（summer 1987），pp. 22-51; David A. Welch, ed., *Proceedings of the Cambridge Conference on the Cuban Missile Crisis*, 11-12 October 1987（Cambridge, Mass.: Harvard University, Center for Science and International Affairs, April 1988），final version, mimeograph, pp. 52, 79，下文引作 *Cambridge Conference*。到 20 世纪 60 年代末，苏联战略火箭部队已经部署了足以毁灭美国约一半的人口和工业的洲际弹道导弹。苏联基本已经获得了麦克纳马拉所认为的相互确保摧毁的能力。在 20 世纪 70 年代的一段时期，苏联才获得了与美国大致对等的战略平衡。这种平衡保持到了 1991 年，虽然有些分析家认为两个超级大国中的某一方具有优势。美国导弹在整个 70 年代都更为精准。美国也是第一个部署多目标打击再入飞行器（multiple independently targeted reentry vehicles，MIRVs）的国家。这种武器在民兵导弹（Minuteman missiles）上装备 3 个弹头，在潜艇发射的弹道导弹（submarine-launched ballistic missiles，SLBMs）上装备 14 个弹头。苏联在 70 年代后期才开始部署多目标打击再入飞行器，在某些分析家看来，苏联拥有暂时的战略优势，因为苏联的洲际弹道导弹携带的重量更大。它的 SS-18 导弹可以携带 30 个至 40 个多目标打击再入飞行器，但实际上最多只能部署 10 个。

㊵ 苏联的侵略性是一个主观现象。为了测量苏联的侵略性，我们在国际关系学者和前政府官员中进行了一次抽样调查。这些学者和官员都是经过仔细挑选出来的，以代表不同的政治观点。我们让这些专家根据重要性对能被解释为苏联对美国及其盟友或者不结盟的国家的挑战事件划分等级。调查的结果显示，专家们有着惊人的一致。这次调查的说明和结果出现在理查德·内

德·勒博和约翰·加罗法诺（John Garofano）的油印材料"Soviet Aggressiveness: Need or Opportunity?"中。

㊶ 这种基于需求的侵略解释提供了令人信服的对自赫鲁晓夫和肯尼迪以来的苏美外交政策的解释。参见 Richard Ned Lebow, "Windows of Opportunity: Do States Jump Through Them?" *International Security*, 9 (summer 1984), pp. 147-186。

㊷ McNamara, "The Military Role of Nuclear Weapons"; Jervis, *The Meaning of the Nuclear Revolution*; George, Hall, and Simons, *The Limits of Coercive Diplomacy*; Betts, *Nuclear Blackmail*.

㊸ Albert and Roberta Wohlstetter, "Controlling the Risks in Cuba," *Adelphi Paper*, No. 17 (London: International Institute for Strategic Studies, 1965), p. 16. 另参见 Herman Kahn, *On Escalation* (New York: Praeger, 1965), pp. 74-82; Thomas Schelling, *Arms and Influence* (New Haven, Conn.: Yale University Press, 1966), pp. 80-83。

㊹ McNamara, "The Military Role of Nuclear Weapons"; Jervis, *The Meaning of the Nuclear Revolution*, pp. 34-38.

㊺ 多年以后，在一次不经意的评论中，基辛格说，如果苏联具有显著的战略优势的话，他不会有足够的安全感去选择发出警报。转引自 Betts, *Nuclear Blackmail*, p. 125。这种间接的零散的证据同实战论者的观点最吻合，主要是因为基辛格的想法同他们差不多。当然值得争论的是，如果美国军事实力处于相对劣势的话，基辛格的行为是否将有所不同；这种假设从没有被检测过。考虑到基辛格对于声誉和决心的重视，苏联如占据相对战略优势的话，他屈从的可能性似乎不大。有限威慑论者和相互确保摧毁论者都认为，即使苏联有着明显的优势，苏联的胁迫也不大可能成功，因为受到威胁的利益还不够重要。

㊻ Richard Ned Lebow, *Nuclear Crisis Management: A Dangerous Illusion* (Ithaca, N.Y.: Cornell University Press, 1987) 对这个主题进行了详细论述。

㊼ 到 2003 年，如果在《第二阶段削减战略武器条约》中提议的削减被实施的话，俄罗斯的导弹数量将减至 504，弹头减至 3000，美国的导弹减至 500，弹头减至 3500。

# 第六章
# 如何化解冲突？*

曾经的敌对双方如法国和德国、埃及和以色列、中国和美国以及苏联和美国的和解，使我们对领导人及其人民是否有能力从致命的争吵中解脱出来持谨慎的乐观态度。在认识到和解并非总是完全的或者不可逆后，我们的这种乐观主义就会有所保留。埃以签署和平条约已经过去了几十年，但是它们的关系依旧冷淡，人民之间的社会接触也有限。苏联的改革派政权使得冷战的结束成为可能，但是这个政权受到民族主义者和比较传统的共产主义者的激烈反对。民族主义者再次在俄罗斯掌权，新冷战可能正在形成。中美关系从20世纪80年代以来就开始走向正常化，但因为一系列的事件、争端和在台湾问题上的不同看法而矛盾不断。

这些提醒旨在限定而非否认上述几种关系转变的基本性质。过去，意识形态冲突、领土争议和对势力范围的争夺导致了军备竞赛、敌对联盟和战争或者战争的预期。今日，在英法和法德之间，战争的威胁微乎其微，几乎不存在。没有迹象表明埃以会爆发战争，两国关系经历了一系列中东危机的考验。俄美关系和中美关系虽然更

---

\* 本章摘自 Richard Ned Lebow, "Transitions and Transformations: Building International Cooperation," *Security Studies*, Vol. 6, No. 3 (2007), pp. 154–179, DOI: 10.1080/09636419708429317。

成问题，但是三国的领导人似乎都在有意避免可能引发战争威胁的挑衅行为。

冷战的结束激发了人们对解决冲突与实现长久和平前景的乐观情绪。强硬路线的现实主义者对这种和解可能持续多久表示质疑，从而预测国际关系在未来将同过去一样充满暴力。其他学者对上述国家的关系及总的国际关系的前景更为乐观，并为他们的乐观提供了各种理由。2017年撰写论文的人可能同乐观主义者一样充满偏见，但会比约翰·米尔斯海默（John Mearsheimer）这类人和其他现实悲观主义者更乐观。①同样令人感兴趣的是，对秩序的主要威胁大多来自国内政治和非国家行为体，较少来自现实主义者预先认定的那类威胁。然而，现实主义者和权力转移论者正尽其所能，用这些字眼来制定针对中国和普京的俄罗斯的外交政策。

关于和解的新文献对冲突的解决进行了区分：一类冲突的解决是在取得军事胜利后达成的，这种和解使得胜利者或胜利者的盟友能够重建失败方的制度（比如，法德和解、日美和解），另一类冲突的解决是以前致力于对抗的政体在无人胜利的情形下的政治和解（比如，埃以和解、苏美和解）。对前一类冲突的研究强调了民主政府、跨国机制和规范的积极作用。对后一类冲突的研究更重视国际和单元层面的结构制约因素与所谓总体威慑的有利后果。

本章只讨论政治妥协下带来的和解。笔者首先分析了结构因素可以解释的各种说法，尤其是从可用能力分布的变化或者总体威慑成功的变化加以解释的观点开始。笔者认为这些观点缺乏说服力。结构因素毫无疑问是重要的，但只是故事的一部分。不受结构影响的政治上的考虑在和解中似乎起到了决定性的作用。笔者通过对东西冲突和阿以冲突的分析来得出自己的论点，这些冲突案例也是最具深远意义的结构性解释观点所涉及的。

## 一、实力下降

过去，政治科学文献很少关注变化问题。权力转移理论是一个重要的例外，该理论试图通过挑战方实力上升和霸权方实力下降来解释霸权战争。②自冷战结束以来，实力变化开始引起理论家的关注，现实主义者试图从苏联实力的下降来解释戈尔巴乔夫领导下的苏联外交政策的彻底转变。他们认为，苏联从阿富汗撤军、东欧的"解放"和接受单方面武器条约，都是为了控制衰落而进行的理性尝试。③但是苏联几乎没有证据支持这种观点。④

实力下降有时会导致战争，但不是权力转移理论所预测的那类原因。实力下降的国家更普遍地试图通过外交或者脱离接触（disengagement）来控制这种变化。⑤实力下降国家的领导人通常否认实力下降的事实。俄罗斯、奥地利和奥斯曼领导人都有鸵鸟心态，像看起来他们依然领导着一个健康强大的国家那样行动。苏联领导人勃列日涅夫和戈尔巴乔夫都认识到本国实力的相对下降，他们曾分别试图通过或真或假的改革来振兴苏联经济，阻止实力的下降。⑥

结构理论援引权力转移、权力下降或均势而假定，行为体会及时和准确地评估本国和其他国家的相对权力。如此的话，领导人不必被视为独立的代理人；领导人就如同传递或回应力的电子一般，可以互换。行为可以直接从结构中推导出来，从而关于外交政策的理论是简化的。把苏联同西方的和解归于经济实力下降的现实主义理论假设，戈尔巴乔夫清楚实力下降的性质和影响，因而采取行动以减少苏联的损失。但是不同的领导人及其顾问通常对均势、均势可能的变化态势有着截然相反的理解，人们不能将他们的理解及其偏好的回应同他们的意识形态和国内政治分离开来。⑦

从东西方关系角度看，戈尔巴乔夫最重要的行动是他允许东欧摆脱共产主义和苏联的控制。现实主义者把他从东欧的撤退视为他试图同西方达成最好的交易，或者只是为了摆脱一个昂贵且难以控制的势力范围。⑧ 与戈尔巴乔夫关系密切的官员否认他在推行撤退的政策。他公开谴责使用武力维持东欧的现任政府，目的是削弱华沙条约组织中强硬路线的领导人，试图用同他本人立场一样的改革派来取代这些反对公开性（glasnost）和新思维（perestroika）的强硬派。东欧有改革倾向的共产主义领导人也希望加强戈尔巴乔夫在苏联政治局的地位，使苏联集团的关系更加公平且易管理。⑨

戈尔巴乔夫的政策后院起火，是因为他不了解波兰、匈牙利、捷克斯洛伐克和民主德国的民众和精英反感共产主义的程度。⑩ 他要求变革的呼吁激发了推翻共产主义政府的民众革命，这使他别无选择，只能接受这一既定事实以及曾经难以想象的民主德国被其西方宿敌吸收。

戈尔巴乔夫对国内的判断同样不准确。苏联经济的急剧下滑至少在一定程度上是由他的改革引起的。他无意中削弱了苏联共产主义，无视保守派对他发动政变的日益增长的威胁，也无视他的国内外政策对民族主义离心力的影响程度，这种离心力将导致苏联的解体。考虑到他对社会主义的坚定承诺，他似乎不大可能在意权力。⑪ 如果他和他的顾问了解他们的政策可能带来的后果，他在国内外的行为就都会不同。国内民主改革和对东欧的不干涉政策是他们对政策后果的非常不切实际的期望导致的——如果没有这种不切实际的期望的话，这种国内外政策就不可能出台。在这一点上，戈尔巴乔夫并非独自一人。最近的事例能说明这一点，如美国乔治·W. 布什（George W. Bush）总统入侵伊拉克的决定，英国首相戴维·卡梅伦（David Cameron）关于英国是否留在欧盟的公投决定。

对戈尔巴乔夫外交政策的结构解释有事后诸葛亮的嫌疑。在已知戈尔巴乔夫的政策及其结果后，结构论者假定了一定会导致这些政策和后果的结构与评估。然而这些后果并非政策者想要的和能预见的，政策的实施还有其他原因。如果要对戈尔巴乔夫的政策——以及萨达特、拉宾和阿拉法特的政策加以解释——我们需要考虑政策的目标，理解政策所面对的国内外制约因素和机遇，以及对这些政策引起的各种行动可能产生的后果的评估。

## 二、总体威慑

对冲突和解的第二个解释是成功的总体威慑。这是旨在阻止军事挑战的长期战略。意图威慑方尽力长期保持有利的军事平衡，或者至少有足够的军事实力使意图挑战方相信，诉诸武力的风险高或者代价高。总体威慑区别于直接威慑的地方在于，后者是聚焦某一特定挑战的短期战略。直接威慑的成功有时与总体威慑的成功是有关联的。总体威慑实施得越成功，对方领导人就越不可能考虑进行军事挑战，直接威慑就越不必要。[12]

总体威慑的成功取决于完全的军事实力，在某些冲突中，它要求有利于自身的军事实力平衡。同直接威慑一样，总体威慑需要展示运用实力的意愿，一旦被挑战，这种意愿会被可信地传达给意图挑战方。威慑因此具有一种重要的心理—政治因素，这种心理—政治因素同物质实力有关，但绝不等同于实力。

一些学者，以及更多的媒体人士和政治家，把冷战的结束和阿以冲突的解决归于总体威慑。他们提出了以下三种看法。

**第一，总体威慑的成功**。防御方的军事实力和决心阻止了挑战方使用武力。挑战方试图通过构建自己的军事实力，或许还要与其他不满防御方的国家结盟，并威胁防御方的同盟来扭转军事平衡和削弱防御方的决心，但是失败了。经过几年的剧烈冲突，挑战方被迫承认，威慑是强有力的，继续冲突就是浪费资源。戈尔巴乔夫结束冷战的努力就被描述为这样一种学习过程。⑬

**第二，屡战屡败**。同样的学习过程会导致和解，但这是在军事上连续吃了败仗以后。埃及和约旦领导人在五次不成功的代价高昂的战争（1948年、1956年、1967年、1969—1970年和1973年）之后才说服自己，以色列不可能被打败，更不用说被消灭了。为了实现主要的外交目标，他们必须同以色列合作。

**第三，竞争失败**。在这个变量中，总体威慑不仅制约了挑战方，而且使挑战方相信，同防御方进行军事竞争是不切实际的。挑战方为避免不利的政治后果，在军事平衡的发展完全不利于自身之前急于同防御方和解。这是那些认为卡特政府和里根政府的军备建设和星球大战计划迫使苏联以有利于西方的条件结束冷战的逻辑。⑭

总体威慑可能有助于解决某些特定的冲突，但是用此来说明东西方关系和阿以关系却缺乏事实根据。

阿拉伯的屡战屡败很可能促使阿拉伯国家重新思考同以色列的关系。但是这个过程不能被描述为总体威慑的成功。只有在军事实力和防御方的决心使得挑战方不使用武力时，威慑才是成功的。五次阿以战争中的四次都是总体威慑和直接威慑失败的结果。阿拉伯国家从中得出的教训是，以色列有能力捍卫自身、给敌方造成代价高昂的挫败和占领敌方领土。

识别威慑失败很容易。失败会导致明显的危机或战争。威慑成功则更难以捉摸。直接威慑的发生是因为，人们认为总体威慑已经失败，也认为军事冲突很可能发生。这种想法很可能是错误的，然而这是人们对某种威胁性敌对行为的反应。这些威胁在总体威慑中可能并不存在。如果总体威慑在一段时间里成功，那么挑战方很可能不会考虑采取军事行动，或者进行明显的威胁。总体威慑越成功，其留下的痕迹就越少。

对总体威慑的评估不如对直接威慑的评估可靠，因为对总体威慑的评估缺乏事实的基础。直接威慑的成功在理论上是可以记录的；研究者只需要确认，挑战方有使用武力的意图，却因为防御方展示的实力和决心而放弃了这种意图。如果没有使用武力的直接准备，很可能都没有这种准备的考虑，总体威慑成功的行为根据就不存在。总体威慑成功就在于没有使用武力的断言通常不可能有记录。⑮

总体威慑与直接威慑在时间层面上也不同。对总体威慑的评估必须置于敌对关系中进行。这种战略实施多长时间和实施多大的力度才被认为是成功的？这样的评估尚缺乏理论标准。这为调查者留下了足够的回旋余地，且鼓励了随意的评估。⑯在中东，很容易提出反设事实的说法，如果以色列没有捍卫自身的手段和意志的话，那么以色列作为一个国家就早已被消灭了，其犹太居民也早被杀害或驱逐出去。

1948年阿拉伯国家公开宣称其消灭以色列的目标而挑起战争，且多年来致力于实现这个目标。反设事实的论点很有影响力，因为总体威慑和直接威慑一再失败，并且这种论点提供了阿拉伯意图的证据。

冷战中的总体威慑则是另一回事：战争没有发生，对威慑在维护和平方面的作用进行评估很难。关于苏联意图和想法的证据缺乏并没有阻止许多学者和媒体人士称赞威慑在遏制苏联上的成功。他们认为，克里姆林宫寻求军事征服但被西方的军事实力和决心所遏制，这是不言自明的。这是一种政治而非科学的观点。冷战结束以后披露的证据不支持这种观点。苏联要军事入侵西欧，就像说美国的战略空军准备用核武器消灭苏联集团一样。然而没有一丝证据表明，双方领导人曾考虑实施这些计划，或者为了实施第一次打击而寻求决定性的军事优势。反而有证据表明，苏美领导人都被核战争的前景吓坏了。⑰

我们也不能低估总体威慑。苏联从未占据核优势和常规军事优势,且我们无法知道如果苏联具有了优势,其领导人的行为将会怎样。证实或者排除不发生战争的其他解释也不可能。在《我们都输了冷战》一书中,斯坦和笔者对长期和平做出了政治的解释:我们认为,两个超级大国都没有对现状如此不满或认为受到威胁,以至于准备冒险,更不用说发动核战争来挑战现状或者改变现状了。⑱最新的研究使用了以前难以获得的苏联文件,支持了这种解释。⑲

从总体威慑的目的看,我们必须将冷战和中东危机视为根本不同的冲突。如果任何超级大国都没有想要或意图对另一方采取敌意行动,总体威慑就是不相关的、多余的或者挑衅性的。而对于像中东危机这样的冲突,任何一方如果认为自己能够获胜,或者从敌意行动中获益,就可能诉诸战争,总体威慑就是相关的,有时它还会成功阻止战争。

即使在第二类冲突中,威慑至多是和解的必要但不充分的条件。挑战方认识到己方不可能获胜的事实,并不意味着其领导人准备结束冲突,向敌方伸出橄榄枝。挫折并不必然导致清醒;有充足的证据表明,挫折常常导致与清醒相反的结果。领导人可能通过其他手段继续斗争(比如,经济抵制、恐怖主义和破坏活动等)或者等待更有利的时机,如1949—1967年、1967—1973年的埃及和叙利亚。

苏美关系提供了最具戏剧性的证据,反驳了这样的主张,即在认识到敌人不能用军事手段战胜之后,才能实现和解。自冷战一开始,两个超级大国的领导人就都认识到不可能取得有意义的军事胜利。但是冷战却持续了近半个世纪。研究者有必要寻找其他说法来解释这场冲突的持续与结束。

大多数国际冲突的解决通常需要来自双方的戏剧性的反思和相应的政策变化。这通常很难实现。冲突过程中,在双方各自内部,重要的政治和经济集团形成了既得利益,这使准备和解的领导人要赢得权力或者实施和解的外交政策议程变得非常困难。表达和解愿望的领导人会有被公众舆论、重要盟友抵制或者被对手利用的风险。东西方冲突和中东冲突都提供了这方面的充足证据。这些证据显示，领导人承诺减少冲突仅仅是迈向和解的第一步，但绝不是充分的步骤。要解释东西方冲突和中东冲突或者任何持续时间长的国际冲突的转变，需要对双方的目标变化和国内外鼓励或促成和解的条件的出现加以解释。

## 三、通向和解的路径

笔者设想，在下列情况下，领导人将考虑实施和解的外交政策：他们期望改善与对手的关系以获得重要的国内和国际利益，或者防止国内和国际的重大损失；他们有充分的理由相信，对手将对他们的和解姿态做出正面的回应；认为动员足够的国内支持并实施和解是可行的。

第一个条件最为重要，因为它涉及和解的动机问题。第二个、第三个条件与可行性有关。希望从和解中获利的领导人不会进行尝试，除非他们认为有成功的机会。成功首先取决于对手的反应；双方都必须合作以缓和或者解决冲突。领导人必须在国内有权威性或者获得支持，以保障政策的执行与可持续。这三个条件都没有告诉我们，在何种条件下，领导人会认为和解有利于实现更大的政治目标。对和解案例的研究有助于廓清这方面的关联，并提供两条实现和解的清晰路径。

依据第一条路径，和解的主要触发因素是冲突一方的领导人承诺要进行国内改革与调整。笔者在别处已经显示了在英法冲突、埃以冲突和东西方冲突里国内改革与和解存在的关联。[20]此处，笔者将对后两个冲突和解实例上的观点进行简要的概述。

20 世纪 70 年代早期，埃及的经济陷入了混乱。总统安瓦尔·萨达特认为，自上而下的社会主义已经失败，埃及必须实行经济自由化。萨达特同时也认为，国内的这种转变需要在一定程度上解决阿以冲突。在1973年战争未能通过军事手段达到这个目的后，萨达特为创造吸引来自西方的外国投资与援助，开始积极寻求外交解决办法。[21]

萨达特希望，在美国斡旋下同以色列达成的和平协议将为埃及经济自由化的成功创造条件。美国将提供大量的经济援助与技术支持来推动埃及经济的增长。在更加安全与稳定的环境中，来自资本主义国家的外资才会涌入埃及，促进经济的增长。埃及只有经济增长了，才可能开始解决面临的基本基础设施和社会问题。同以色列的和平至关重要，不仅是因为和平所带来的直接利益——西奈油田被归还和结束羞辱——而且和平提供了埃及向西方开放，尤其是向美国开放的机会。[22]

戈尔巴乔夫尝试改变东西方关系的主要动机也是他要致力于国内改革。新思维要求同西方和解；只有如此，才能将资源从军事转向民用投资与生产，吸引西方国家的信贷、投资和技术。根据外交部长谢瓦尔德纳泽（Shevardnadze）的观点，苏联外交政策的主要目标是"创造国内改革所需的最有利的外部条件"[23]。

对戈尔巴乔夫及其关系最密切的顾问来说，在外交政策与国内政策之间还有另一个重要关系。根据新思维推动者的观点，共产党利用并保持与西方的冲突，以为其垄断权力和压制异见者辩护。[24]外交政策中的"新思维"将摆脱党内守旧势力的控制以及与其结盟的军工联合体的影响。[25]

对于像谢瓦尔德纳泽这样坚定的民主派来说，新思维和公开性也具有意识形态元素。因为苏联要想加入西方民族国家大家庭的话，就必须成为一个尊重国民和盟国的个体权利和集体权利的民主社会。准许东欧国家的独立，在国际上类似于清空集中营、结束媒体审查和自由选举最高苏维埃成员的做法。谢瓦尔德纳泽解释说，新思维"被认为是一种普遍适用的，不能以双重标准为指导。如果你准备在自己的国家推行民主化，你就无权阻止其他国家同样的进程"㉖。

和解的第二个调节条件是领导人对于冲突结果的认识。当领导人认为冲突已经失败时，他们更可能追求和解的外交政策。在上述三个冲突实例中，领导人都认为冲突已经失败、花费巨大，且在将来也不可能成功。

萨达特的和平倡议是在军事失败后发出的，埃及在这场代价高昂的战争中没有实现自己的战场目标。埃及军官们认为，1973年的军事条件最为理想——装备最先进武器的埃及和叙利亚军队发动了联合攻击行动，取得了突袭胜利——但是战争以埃及面临灾难性的失败而结束。萨达特及其将军们认识到，即使具备了最好的条件，埃及也无希望战胜以色列。萨达特因而开始寻求能使苏伊士运河归还埃及的外交解决办法。他寻求让美国来做和平协议的调解人、中间人和保证人。

米哈伊尔·戈尔巴乔夫对和解的追求也是基于对抗失败且花费巨大的一种反应。在列昂尼德·勃列日涅夫领导下，苏联为追求军事优势一直在进行常规武库和核武库的建设。勃列日涅夫和他的许多同事以及苏联军事集团，都认为有利于社会主义阵营的力量转变将迫使西方把苏联作为一个平等的超级大国看待。当苏联的战略核实力赶上美国时，尼克松和基辛格开始对缓和感兴趣，这证实了他们对军事力量的政治价值的看法。㉗

苏联领导人认为，增加军事力量将强化他们对西方的优势，直至20世纪80年代他们一直致力于加强军备建设。他们的政策带来了相反的效果。莫斯科表面上追求战略优势，加上其在第三世界采取的更咄咄逼人的政策，为美国好战者反对缓和提供了强有力的武器。卡特政府被迫开始美国的战略建设，且撤回了提交参议院表决的《第二阶段削减战略武器条约》。苏联侵略性的明显高涨和卡特的似乎无力对抗,帮助里根获得了选举的压倒性胜利,也支持了里根更广泛的军备建设和反苏联的外交政策。

苏联外交政策研究机构的分析人士对勃列日涅夫粗暴的军事和外交政策引起美国的强烈反应很敏感。他们对苏联政策的批评在苏联精英中广为流传。他们尤其批评了代价日益高昂的对阿富汗的干涉行动。分析研究人士也批评了勃列日涅夫和军方在东欧和苏联的西部军区部署SS-20导弹[1]。他们认为,北大西洋公约组织承诺部署的在莫斯科看来非常具有威胁性的潘兴Ⅱ型弹道导弹和陆基巡航导弹是可预见的西方反应,是由莫斯科挑衅性的和不必要的高精确性的短中程核系统部署导致的。㉘

分析人士进一步论证说,勃列日涅夫的军备建设在美国引起了类似的恶性过激反应,就如同20世纪60年代肯尼迪和麦克纳马拉的军备建设引起苏联的反应一样。据说,苏联为恐吓中国而在边界的大规模军事集结也产生了同样的效果。苏联有必要对安全问题采取一种不同的、更加合作的办法。苏联在阿富汗以及与美国和西欧关系的失败,促使苏联知识分子和与这些政策无关的政治家从根本上重新评估外交政策。戈尔巴乔夫和谢瓦尔德纳泽坚称,他们的外交观点主要起因于勃列日涅夫政策的失败,也受到外交部和研究机构批评人士的分析影响。他们与对勃列日涅夫政策的分析人士和外交部的批评者进行了长时间交谈,之后决定从阿富汗撤军。这些人也促使戈尔巴乔夫和苏共中央政治局接受了现场检查,这有助于打破军备控制的僵局。㉙

苏联官员一致认为,经济的停滞和阿富汗的灾难为一个改革导向的领导上台铺平了道路。一旦入主克里姆林宫,戈尔巴乔夫就利用阿富汗和北约在西欧部署的潘兴导弹和陆基巡航导弹,使好

---

[1] 苏联第四代战略导弹,为分导多弹头中远程机动导弹。——译者注

战者失去可信性,争取政治上的自由,从而对西方推行更加和解的政策。㉚

第三个促进和解的条件是期望互惠对等。领导人更可能提出和解性政策,如果他们相信对手会接受,且不会利用他们的提议谋取单边利益的话。在许多敌对关系中,如果不是大多数的话,领导人担心,如果他们表达了对和解的兴趣,或者做出任何让步,就可能被对手视为软弱,招致更加咄咄逼人的政策,而不是换来互惠对等的姿态或者让步。鉴于和解失败后的国内外的高昂成本,领导人只有在认为政策会获得回报时,才可能追求和解政策。

萨达特有理由认为以色列会积极响应和平条约的建议。他私下对以色列总理梅纳赫姆·贝京(Menachem Begin)进行了广泛的调查。他曾询问与贝京有过几次会面的罗马尼亚的尼古拉·齐奥塞斯库(Nicolae Ceausescu),这位总理是否真心希望和平,是否能够兑现他的承诺。在得到罗马尼亚领导人的肯定后,萨达特派他的副总理哈桑·图哈米(Hassan Tuhami)秘密去摩洛哥会见以色列外长莫舍·达扬(Moshe Dayan),一起探讨协议的大纲。达扬向图哈米保证,以色列将把西奈半岛归还给埃及,以换取全面的和平。只有在他期望的互惠对等被确认时,萨达特才对耶路撒冷进行了公开和戏剧性的访问。㉛

对苏联而言,赫鲁晓夫和戈尔巴乔夫的不同政策最好地诠释了期望互惠对等的重要性,两位苏联领导人都对同西方和解感兴趣。戈尔巴乔夫能够坚持寻求和解的努力是因为,自20世纪60年代早期冷战高峰以来,超级大国之间的关系已经有了积极的发展。他不像赫鲁晓夫那么担心美国及其盟友会利用苏联的让步。赫鲁晓夫对西方的强烈恐惧严重影响了他进行和解的努力。他不会像戈尔巴乔夫那样,期待和解的言行能对西方政府产生足够的公共压力,迫使西方采取对等的回应。赫鲁晓夫采取了单边的让步;他缩减了军队规模，并宣称暂停核试验。当他的行动没有得到对等的回应时，他认为有必要展示他坚定的意志，来巩固他在国内外的地位。他的煽动性言论加强了西方好战派的力量，这些人一贯反对与苏联和解。㉜

戈尔巴乔夫成功地扭转了东西方关系，结束了冷战，因为西方愿意合作。赫鲁晓夫谋求与德国的和平条约，这吓坏了法国和联邦德国，与此不同的是，戈尔巴乔夫试图结束欧洲分裂的努力遇到了善于接受的听众，尤其是在德国和西欧。对冷战的失望、反对部署新型武器系统、结束欧洲分裂的普遍愿望为探索同苏联和解的可能性提供了大量支持。组织良好的和平运动所代表的西方舆论成为戈尔巴乔夫及其同事尝试和解的关键因素。

戈尔巴乔夫致力于国内政治进程的自由化和改善同西方的关系。上任不到一个月，他就做出了第一次单方面的让步——暂时停止在欧洲部署苏联中程导弹。紧接着，他单方面暂停核试验，并接受了西方关于削减中程核力量的"双零点"提议。在随后的讲话和建议中，他试图表明自己支持全面的军备控制和从根本上调整超级大国关系。㉝

罗纳德·里根总统继续说苏联是一个"邪恶帝国"，且继续致力于追求近似完美的弹道导弹防御系统。

为了打破这种僵局，戈尔巴乔夫追求一种双管齐下的战略。在接下来的首脑会晤中，他尝试并最终说服里根相信了他对于在合作基础上结束军备竞赛和重组东西方关系的真正兴趣。当里根改变了他对戈尔巴乔夫的看法时，他也修正了对苏联的看法，并很快成为美国政府领头的和平鸽。戈尔巴乔夫也努力令西方民众相信，他的政策代表了与过去苏联政策的决裂。苏联从阿富汗撤军、释放政治犯和苏联政治制度的自由化，在西方激起了广泛的同情与支持，并对北约各国政府产生了强大的压力，要求它们对戈尔巴乔夫的倡议做出同样的反应。㉞

戈尔巴乔夫的政治韧性成功打破了里根的不信任之墙。在 1986 年 10 月的雷克雅未克峰会（Reykjavik summit）的首脑会晤中，两位领导人严肃地谈到，他们将在 10 年内销毁所有的弹道导弹，并大幅削减核武库。虽然没有达成任何协议，原因是里根不愿意接受对他的星球大战计划的任何约束；但是如戈尔巴乔夫所希望的，雷克雅未克会晤开始了超级大国之间的互动、增信释疑和相互迁就的过程。经历了最初的迟疑后，这一进程持续下去，乔治·布什成为戈尔巴乔夫终结四十年冷战残余的正式伙伴。㊉

通向和解的第二条路径是，领导人认为应对国内外劣势的最佳途径或者唯一途径是与对手合作。这种关切是以色列和巴勒斯坦人、以色列和约旦在中东和解的根本原因。

伊扎克·拉宾（Yitzhak Rabin）总理是一位经验丰富的军官，他对海湾战争中伊拉克的"飞毛腿导弹"（SCUD）袭击非常担心，他认为以色列将面临日益严重的来自宿敌的生化武器的打击威胁。由于以色列还不具备防御这种武器的能力，平民将面临越来越大的危险。虽然以色列可以报复，但是在拉宾看来，这种报复不能达到威慑的效果。因此，同巴勒斯坦人与叙利亚达成的和解符合以色列的利益。另外一个驱动因素是，拉宾专注于同美国的关系。美以关系一直是拉宾的关切。老布什政府已经在贷款担保问题上向以色列施加了巨大的压力，将担保问题同冻结西岸（West Bank）定居点问题相联系。两个问题——非常规袭击的威胁和修补美以关系裂痕的需要——相结合，激发了对和解的兴趣。

亚西尔·阿拉法特（Yasir Arafat）面临的压力更大。巴勒斯坦解放组织（PLO）正处在历史的最低点。海湾战争后，阿拉法特和巴基斯坦解放组织失去了来自海湾国家的财政支持，阿拉法特无力支付西岸和加沙（Gaza）的大量工作人员的薪金。在这两个地方，巴勒斯坦的本地领导人发动了起义，而且其自治能力不断提高。公开反对巴勒斯坦解放组织的"哈马斯"(Hamas,巴勒斯坦伊斯兰抵抗运动)力量越来越强大。苏联的解体及其支持的丧失也促使阿拉法特走向了和解政策。

两条路径有几个共同特征,这对于和解政策的研究有重要启示。

**国内政治** 萨达特和戈尔巴乔夫都专注于国内议程,采取的外交政策是为了推进国内政治议程。对于拉宾和阿拉法特而言,国内政治的考虑也是最为关键的。对于这四位领导人中至少三位来说,国内政策与外交政策的关系同大多数外交政策理论所假定的相反。因为忽视国内政治,现有理论未能抓住外交政策变化的一些最重要动机。

**带偏见的评估** 风险评估可能受到利害关系的重大影响。对直接威慑失败的研究记载了许多领导人的事例,他们致力于咄咄逼人挑战敌方的承诺,以应对紧迫的战略问题和国内问题。㊱因为他们认为,这些难题只能通过成功的挑战加以克服,有时候面对强有力但不十分确凿的证据,他们仍然说服自己相信,他们的挑战会成功。

戈尔巴乔夫的行为表明,承诺和解会助长信息处理方面的这类动机偏差。在没有任何实际证据和主要顾问反对的情形下,他自信地认为,他能改变里根对军备控制和苏联的看法,并实现对更广泛的政治妥协至关重要的突破。戈尔巴乔夫的成功表明,对互惠对等的期望有时可以自我实现,如同对冲突的期望一样。

**误判** 戈尔巴乔夫公开呼吁的东欧改革引发了一系列事件,这些事件导致了七个共产主义政权的垮台、华沙条约组织的解体和在西方支持下的德国统一。戈尔巴乔夫的国内经济和政治改革加速了苏联经济的衰退,是苏联解体的近因。

萨达特也犯了同样严重的错误。他误判了与以色列达成和解的短期后果。他希望和解过程进展迅速,这样反对和解的阿拉伯国家就没有机会团结和组织起来。他还希望,海湾国家能够支持,至少是暗中支持由美国做靠山的这一和解过程。最后，他期待和解会为埃及吸引大量外资。所有这些期望的落空置萨达特于困难的政治境地。他在国内外的孤立，以及和平进程未能解决或有助于巴勒斯坦人问题的解决，成为他被暗杀的原因之一。

这些误判的原因有许多，但最根本的原因在于，这些领导人追求的目标相互矛盾。戈尔巴乔夫想使苏联成为一个更自由、更有效率，与华沙条约组织盟国和西方的关系更平等的国家。他同时想维护政治共产主义及其指令性经济的核心。他自欺欺人地认为，这些目标不仅是相容的，而且是互相促进的，但事实上，前一目标的取得是以后一目标为代价的。㊲萨达特同样也陷入了一个根本矛盾中：他既希望经济快速增长，又想维护专断而腐败的政府。他同样自欺欺人地认为，他既能同以色列和平共处，又能继续从海湾国家获得急需的财政援助。

这些事例引发了令人不安的想法。如果萨达特和戈尔巴乔夫对和解的后果有更深认识的话，他们还会追求和解吗？和解是否取决于负责发起和解的领导人的一厢情愿？果真如此的话，这些领导人和国家是否该避免和解？当然，这是愤怒的俄国共产主义者和不妥协的阿拉伯民族主义者所持的观点。

从结构论的角度看，在一定程度上，谁做领导人都一样；面对同样的制约与挑战并存的情况，理性领导人反应的方式不会有什么不同。然而，笔者的案例研究揭示了，不同领导人之间有着巨大的差异。勃列日涅夫和戈尔巴乔夫都认识到要振兴苏联经济，但是却实施了截然不同的改革方案和相关的外交政策，正如拉宾和沙米尔（Shamir）采取了不同的政策来确保以色列的安全一样。这些不同不能归于环境的变化。萨达特、戈尔巴乔夫、拉宾和阿拉法特的反对者都不会追求和解的政策，他们并非因为反对和解而无能为力；其他问题和因素影响了这些事例中领导人的选择。

侧重于领导人的决定和独立作用的研究方法面临着一个艰难的挑战。它们最终需要解释,为何不同的领导人会采取不同的政策。笔者通过指出似乎是促进和解的某些政治愿景、压力和学习经验,尝试对此进行解释。笔者的观点需要在其他案例、东西方关系和中东危机的其他时期中进行检验。这些条件是否也存在,这些条件同和解的尝试是否有关联?

　　如果笔者的发现能在其他案例中得到更多的支持,那么这些发现将成为解释性说明和前瞻性预测的有益起点。然而,这些发现只能把我们带到通向目标的中途。这些发现没能告诉我们,那些领导人为何有了那些促使他们寻求和解的特别愿景、目标和教训。这个问题提出的挑战,在萨达特的事例上最为突出。在认为与以色列和解是明智且可行的这一点上,他在埃及政治精英中几乎是独一无二的。他对于经济结构调整的承诺虽有争议,但得到了广泛的认同。

　　即使领导人的信念和目标得到广泛的认同,解释起来也同样困难。苏联精英中的一部分重要人物赞成经济改革、政治制度自由化、从阿富汗撤军,以及改善同西方的关系。戈尔巴乔夫在外交政策上是一个新手,他似乎采纳了他最自由化的顾问们提出的外交政策目标。为何戈尔巴乔夫采纳这些观点,而不是那些同他一起工作的更为保守的官员们的建议?有人提出了一些解释(代际学习、国内政治、结盟构建),但这些解释都遇到了问题。⑱

## 四、说　明

　　本章只审视了通向和解的两条路径。这两条路径在英法和解、埃以和解、东西方和解中至关重要。无疑还有其他路径,如对第三方的共同恐惧。这条路径在 1905 年到 1914 年的英法关系中发挥了作用，也在20世纪70年代的中美和解中发挥了作用。经济因素可能也很重要，如联邦德国实行东方政策（Ostpolitik）时期的两德关系，但非根本性因素。

还有一个重要问题，即领导人如何对和解倡议做出反应。和解要求对等。笔者的第一条路径描述了领导人如何采取和解的外交政策，以促进国内调整。对手必须有积极的回应，向倡议发起者保证自己对和解的兴趣，双方必须共同合作，解决彼此间悬而未决的分歧，使新的关系制度化。

1986年之前，四次改善苏美关系的尝试都失败了：1953年至1955年的后斯大林时期的三人领导小组，1959年至1960年的赫鲁晓夫，1969年至1973年的勃列日涅夫和尼克松，以及1976年至1979年的卡特。赫鲁晓夫和尼克松的经历表明了尝试和解失败的危险。两位领导人都受到来自国内强硬派的猛烈批评，并试图通过强化与对手的对抗来保护自己。[39]

对等是基本的，但并非不可或缺，如苏美关系的发展所显示出的那样。我们需要对成功的与失败的和解尝试都加以研究，以形成解释不同反应的命题。

对对等性的解释可能同对和解倡议的解释完全不同。这不是第二条路径中的问题，第二条路径描述的是，相似的激励措施是如何使双方同时走向和解的。

## 五、何为和解？

对和解的研究几乎完全集中在原因上；研究者提出了一系列相互矛盾的主张，来解释总体上的和解，尤其是对东西方和解与阿以和解的解释。我们也需要弄清楚和解意味着什么。和解是战争可能性的急剧下降吗（以色列—埃及）？或者，和解是关系的改善，以至于战争几乎难以想象了吗（英国—法国、美国—英国、法国—德国）？或者，和解是介于前两种情况之间的情形吗（俄罗斯—美国、中国—美国）？

战争可能性的下降导致或者反映了关系的改善。

然而，和解要求的不止战争威胁的消除。如果英法之间和法德之间的经验可以作为指导的话，那么和解则是要求解决一些重要的未决问题，要求建立紧密的经济和社会纽带，以及政治体制和价值观的基本兼容。

和解有不同的程度，研究者需要明确各类和解的含义。为此，确认关系由完全的敌对到彻底和解的不同阶段将是有帮助的。这将有助于进行适当的案例比较。如我们也设想的一样，因为不同的原因，冲突从一个阶段发展——或没有发展——至另一个阶段，那么，我们有可能将因变量分解成更有分析意义的类别。[40]

对那些对和平感兴趣的学者来说，战争的可能性最初是一个关键的因变量。然而，和平最终取决于更广泛关系的质量。战争的可能性大大降低，但在其他方面仍然停滞不前，比如以色列与埃及的冲突或者希腊与土耳其的冲突，或可随时因政权更迭或者其他威胁性发展而升温。这种情况也发生于和解关系更为融洽的国家之间。

更广泛的关系在第二种意义上更为重要。和解不是一个随机的过程；和解更可能在某些条件下发生。笔者所描述的路径需要国内或者战略动机、对于对等的期待、对国内支持和平进程力量的动员能力，以及和解协议的签署并实施。这些条件在冲突持续一段时间后更有可能形成。这些条件也反映出双方积聚的挫败感和代价。东西方冲突是这方面的最好事例。如前文所指出的，东西方关系的重大改善先于1985年戈尔巴乔夫的上台。1985年之前，东西方冲突基本稳定下来。距离上次战争威胁的危机已经过去了二十三年。两个超级大国都把对方对避免战争的承诺视为当然，并且签署了一系列军备控制和协定，来规范彼此的战略竞争和互动。这些协议经受住了苏联入侵阿富汗和里根对星球大战战略的承诺的冲击。戈尔巴乔夫的倡议正是建立在上述已有的基础之上。㊷

戈尔巴乔夫的政策启动了自斯大林去世以来一直断断续续的和解的最后过程。如果苏共中央委员的大多数人都认为是敌对的西方对一个明显较弱的苏联采取咄咄逼人的对策的话，戈尔巴乔夫就不可能考虑或者被允许实施苏联的国内改革措施、签署不对称的军备控制协议，以及鼓励东欧的改革。戈尔巴乔夫及其主要同僚没有担心外交政策的后果而做出单方面让步的意愿表明，他们认为冷战已经过去了。他们要抛弃过时的制度残余，以促进同曾经的对手的合作，并获得预期的收益。

这些和解实例说明了观念的重要性。东西方冲突得以解决的根本原因是苏联人在安全概念上的戏剧性变化。拒绝对抗以促进"共同安全"的观念为一系列单方面举措铺平了道路，这些举措打破了东西方冲突的僵局。这种观念的革命在发生之前已经有了一个更早且同样重要的观念突破：超级大国领导人都认识到，对方也害怕核战争，都承诺防止核战争。这种认识促成了自20世纪60年代中期以来东西方关系的稳定。两种观念上的变化在很大程度上不受军事和经济实力的影响，但同外交和防御政策有关联。为了理解这种观念上的变化，分析人士必须分析，精英的安全观念是如何通过其个人和国家的政治经历、他们之间的相互接触，他们与顾问、知识分子和外交官、科学家和媒体人士之间的接触而形成的，这些人可以在精英内部和对手之间充当思想和信息的传送带。㊸

阿以和解也涉及学习，但学习的教训有所不同。阿拉伯领导人认识到自己不可能赢得战争。一旦有了这种认识，和解的好处就变得明显了：收复领土，结束占领，改善同美国的关系，在该地区争取更大的经济机会，可以利用美国的援助。虽然战争失败使萨达特明白了这些教训，但是他的大多数同僚并不明白。巴勒斯坦人和以色列人在和平问题上有着严重的分歧。和平倡导者与反对者从共同的历史经历中汲取了截然相反的政策教训。

笔者的分析表明，对和解的结构分析是不充分的。至多，实力下降和威慑成功只代表了必要的但不充分的和解条件。领导人的愿景、具体的目标及其对所面对的制约与机遇的认识提供了关于和解的更具说服力的解释。这并不是说政治愿景自身并不是基本条件的反映。最终，我们必须通过理解思想、情境和政治的复杂相互作用来寻求对和解的解释。

## 注　释

① John Mearsheimer, "Back to the Future: Instability in Europe After the Cold War," *International Security*, 15 (summer 1990), pp. 5–56; Kenneth N. Waltz, "The Emerging Structure of International Politics," *International Security*, 18 (fall 1993), pp. 44–79.

② George Modelski, "The Long Cycle of Global Politics and the Nation-State," *Comparative Studies of Society and History*, 20 (April 1978), pp. 214–235; Charles F. Doran and Wes Parsons, "War and the Cycle of Relative Power," *American Political Science Review*, 74 (December 1960), pp. 947–965; William R. Thompson, ed., *Contending Approaches to World System Analysis* (Beverly Hills: Sage, 1983); A. F. K. Organski and Jacek Kugler, *The War Ledger* (Chicago: University of Chicago Press, 1980); Raimo Vayrynen, "Economic Cycles, Power Transitions, Political Management and Wars Between Major Powers," *International Studies Quarterly*, 27 (December 1983), pp. 389–418; Robert Gilpin, *War and Change in World*

*Politics* (New York: Cambridge University Press, 1981). 有关评论, 参见 Jack S. Levy, "Declining Power and the Preventive Motivation for War," *World Politics*, 40 (October 1987), pp. 82–107。

③ Daniel Deudney and G. John Ikenberry, "The International Sources of Soviet Change," *International Security*, 16 (winter 1991/1992), pp. 74–118, and "Soviet Reform and the End of the Cold War. Explaining Large-Scale Historical Change," *Review of International Studies*, 17 (summer 1991), pp. 225–250; Kenneth A. Oye, "Explaining the End of the Cold War Morphological and Behavioral Adaptations to the Nuclear Peace," in Richard Ned Lebow and Thomas Risse-Kappen, ed., *International Relations Theory and the End of the Cold War* (New York: Columbia University Press, 1994), pp. 57–84; William C. Wohlforth, "Realism and the End of the Cold War," *International Security*, 19 (winter 1994/1995), pp. 91–129.

④ Steve Chan, *China, the U.S., and the Power-Transition Theory: A Critique* (New York: Routledge, 2008); Richard Ned Lebow and Benjamin A. Valentino, "Lost in Transition: A Critical Analysis of Power Transition Theory," *International Relations*, 23, No. 3 (2009), pp. 389–410.

⑤ Gilpin, *War and Change*, pp. 192–197; Wohlforth, "Realism and the End of the Cold War"; Aaron L. Friedberg, *The Weary Titan: Britain and the Experience of Relative Decline, 1895–1905* (Princeton: Princeton University Press, 1988).

⑥ Mark Sandle, "Brezhnev and Developed Socialism: The Ideology of Zastol," in Edward Bacon and Mark Sandle, eds., *Brezhnev Reconsidered* (London: Palgrave-Macmillan, 2002), pp. 165–187; Archie Brown, *The Rise and Fall of Communism* (London: Bodley Head, 2009), pp. 398–420.

⑦ 关于这一点, 参见 Hans J. Morgenthau, *Politics Among Nations: The Struggle for Power and Peace* (New York: Knopf, 1948), Part 3。

⑧ William C. Wohlforth, *Cold War Endgame: Analysis, Oral History, Debates* (University Park, Pa.: Pennsylvania State University Press, 2002), 是关于这类的最复杂的分析。

⑨ Jacques Levesque, *The Enigma of 1989: The USSR and the Liberalization of Eastern*

*Europe* (Berkeley and Los Angeles: University of California Press, 1997); Robert D. English, *Russia and the Idea of the West: Gorbachev, Intellectuals, and the End of the Cold War* (New York: Columbia University Press, 2000) and "Power, Ideas, and New Evidence on the Cold War's End: A Reply to Brooks and Wohlforth," *International Security*, 26, 4 (2002), pp. 93-111.

⑩ Levesque, *The Enigma of 1989*; Valerie Bunce, "Soviet Decline as a Regional Hegemon: The Gorbachev Regime and Eastern Europe," *Eastern European Politics and Societies*, 3 (spring 1989), pp. 235-267; "The Soviet Union Under Gorbachev: Ending Stalinism and Ending the Cold War," *International Journal*, 46 (spring 1991), pp. 220-241.

⑪ Stephen F. Cohen and Katrina vanden Heuvel, *Voices of Glasnost: Interviews with Gorbachev's Reformers* (New York: Norton, 1989), passim; Jack F. Matlack, Jr., *Autopsy of an Empire: The American Ambassador's Account of the Collapse of the Soviet Union* (New York: Random House, 1995), pp. 68-154; Archie Brown, *The Gorbachev Factor* (New York: Oxford University Press, 1996), Ch. 7.

⑫ Patrick Morgan, *Deterrence, A Conceptual Analysis* (Beverly Hills: Sage, 1977), 总体而言有这种特征。

⑬ Daniel Deudney and G. John Ikenberry, "The International Sources of Soviet Domestic Change," *International Security*, 13 (winter 1991/1992), pp. 74-118; 关于学习与适应, 参见 Michael W. Doyle, "Liberalism and the End of the Cold War," and Jack Snyder, "Myths, Modernization, and the Post-Gorbachev World," in Richard Ned Lebow and Thomas Risse-Kappen, eds., *International Relations Theory and the End of the Cold War* (New York: Columbia University Press, 1995), pp. 85-108, 109-126。

⑭ Elli Iieberman, "The Rational Deterrence Theory Debate: Is the Dependent Variable Elusive?" *Security Studies*, 3, No. 3 (1994), pp. 384-427.

⑮ 关于对总体威慑方法论问题研究的讨论, 参见 Richard Ned Lebow and Janice Gross Stein, *When Does Deterrence Succeed and How Do We Know?* (Ottawa: Canadian Institute for International Peace and Security, 1990)。

⑯ 关于以色列和叙利亚关系的分析,参见 Yair Evron, *War and Intervention in Lebanon* (Baltimore: Johns Hopkins University Press, 1987),作者在书中坚持认为,1975年至1985年的总体威慑是成功的,因为两国仅打了一场大战。他认为只要没有战争,该年就是一场胜利,故威慑在这段时期的成功率是90%。他的十年期限开始于1975年,排除了1973年和1974年的叙以冲突。Robert Jervis, "Rational Deterrence: Theory and Practice," *World Politics*, 41 (January 1989), pp. 183-207,也注意到了对成功时间指标的任意使用。

⑰ 关于赫鲁晓夫和勃列日涅夫,参见 Richard Ned Lebow and Janice Gross Stein, *We All Lost the Cold War* (Princeton: Princeton University Press, 1994), esp. Ch. 14。

⑱ Ibid, Ch. 14; John Mueller, *Retreat From Doomsday: The Obsolescence of Major War* (New York: Basic Books, 1989). Lebow and Stein, *We All Lost the Cold War*.

⑲ Mihail M. Narinskii, "The Soviet Union and the Berlin Crisis, 1948-1949," in Francesca Gori and Silvio Pons, *The Soviet Union in the Cold War, 1943-1953* (New York: St. Martin's, 1996), pp. 57-75; Victor Gorbarev, "Soviet Military Plans and Actions During the First Berlin Crisis," *Slavic Military Studies*, 10, No. 3 (1997), pp. 1-23. Vladislav Zubok and Constantine Pleshakov, *Inside the Kremlin's Cold War* (Cambridge: Harvard University Press, 1997), pp. 134-137, 194-197.

⑳ Richard Ned Lebow, "The Search for Accommodation: Gorbachev in Comparative Perspective," in Lebow and Risse-Kappen, *International dilations Theory and the End of the Cold War*, pp. 167-186.

㉑ Janice Gross Stein, "The Political Economy of Strategic Agreement: The Linked Costs of Failure at Camp David," in Peter Evans, Harold Jacobson, and Robert Putnam, eds., *Domestic Politics and International Negotiation: An Integrative Perspective* (Berkeley: University of California Press, 1993), pp. 77-103.

㉒ Ibid.

㉓ Eduard Shevardnadze, *The Future Belongs to Freedom*, trans. Catherine A. Fitzpatrick (New York: Free Press, 1991), p. xi.

㉔ 笔者1987年12月在剑桥对波拉斯基的访谈,1989年5月18日在莫斯科对瓦

季姆·扎格拉丁（Vadim Zagladin）的访谈，1991 年 10 月 11 日在维也纳和 11 月 10 日在纽约对奥莱格·格里涅韦斯基的访谈，1991 年 11 月 15 日在纽约伊萨卡对乔基·阿尔巴托夫（Georgiy Arbatov）的访谈，以及 1991 年 12 月 17 日在莫斯科对阿纳托利·多勃雷宁的访谈。

㉕ Ibid; David Holloway, "Gorbachev's New Thinking," *Foreign Affairs*, 68 (winter 1988/1989), pp. 66–81.

㉖ Shevardnadze, *The Future Belongs to Freedom*, pp. xii.

㉗ Lebow and Stein, *We All Lost the Cold War*, Ch. 8.

㉘ 笔者 1991 年 10 月 11 日在维也纳、1991 年 11 月 10 日在纽约、1992 年 4 月 25 日在斯德哥尔摩对格里涅韦斯基的访谈；1991 年 12 月 16 日在莫斯科对列奥尼德·扎米亚金的访谈；1991 年 12 月 17 日在莫斯科对多勃雷宁的访谈。

㉙ Ibid.; Shevardnadze, *The Future Belongs to Freedom*, passim.

㉚ Ibid.; 笔者与奥莱格·格里涅韦斯基、瓦季姆·扎格拉丁和阿纳托利·多勃雷宁的访谈。

㉛ Janice Gross Stein, "The Political Economy of Strategic Agreement."

㉜ Lebow and Stein, *We All Lost the Cold War*, Ch. 3, 关于赫鲁晓夫的战略。

㉝ Brown, *Gorbachev Factor*; Raymond L. Garthoff, *Great Transition: American Soviet Relations and the End of the Cold War* (Washington, D. C.: Brookings, 1994; Hal Brands, *Making the Unipolar Moment: U.S. Foreign Policy and the Rise of the Post-Cold War Order* (Ithaca: Cornell University Press, 2016); Robert Service, *The End of the Cold War 1985–1991* (London: Macmillan, 2016), pp. 143–148, 202, 329–338, 400–415.

㉞ Ibid; Jack Matlock, *Autopsy on an Empire: The American Ambassador's Account of the Collapse of the Soviet Union* (New York: Random House, 1995).

㉟ Garthoff, *Great Transition*, pp. 252–259.

㊱ Richard Ned Lebow, *Between Peace and War: The Nature of International Crisis* (Baltimore: Johns Hopkins University Press, 1981); "Deterrence Failure Revisited: A Reply to the Critics," *International Security*, 12 (summer 1987), pp. 197–213; Janice Gross Stein, "Calculation, Miscalculation, and Conventional Deterrence Ⅰ: The View from Cairo," and "Calculation, Miscalculation, and Conventional Deterrence Ⅱ: The View from Jerusalem," in Robert Jervis; Richard Ned Lebow and Janice Gross Stein, *Psychology and Deterrence* (Baltimore: Johns Hopkins University Press, 1985), pp. 34-59, 60-88; Lebow and Stein, *We All Lost the Cold War*; Richard Ned Lebow and Janice Gross Stein, "Deterrence: The Elusive Dependent Variable," *World Politics*, 42 (April 1990), pp. 336-369, 关于如何研究直接威慑。

㊲ Lebow and Stein, *We All Lost the Cold War*, Ch. 3, 论证在赫鲁晓夫的目标中存在同样的矛盾，这是他在国内外政策中重大失误的一个根本原因。

㊳ 例如，参见 Thomas Risse-Kappen, "Ideas Do Not Float Freely: Transnational Coalitions, Domestic Structures, and the End of the Cold War," in Lebow and Risse-Kappen, *International Relations Theory and the End of the Cold War*, pp. 187-222; Sarah E. Mendelsohn, "Internal Battles and External Wars: Politics, Learning and the Soviet withdrawal from Afghanistan," *World Politics*, 45 (April 1993), pp. 327-360; George Breslauer, "Explaining Soviet Policy Change: The Interaction of Politics and Learning," in *Soviet Policy in Africa: From the Old to the New Thinking*, ed. George Breslauer (Berkeley: Berkeley-Stanford Program in Soviet Studies, 1992); Jeff Checkel, "Ideas, Institutions, and the Gorbachev Foreign Policy Revolution," *World Politics*, 45 (January 1993), pp. 271-300; Coit D. Blacker, *Hostage to Revolution: Gorbachev and Soviet Security Policy, 1985-1991* (New York: Council on Foreign Relations, 1993). 关于这些例子的批判性评论，参见 Janice Gross Stein, "Political Learning by Doing: Gorbachev as Uncommitted Thinker and Motivated Learner," in Lebow and Risse-Kappen, *International Relations Theory and the End of the Cold War*, pp. 223-258。

㊴ Lebow and Stein, *We All Lost the Cold War*, Ch. 3; Raymond L. Garthoff, *Detente and Confrontation: American-Soviet Relations from Nixon to Reagan* (Washington, D. C.: Brookings, 1985), pp. 563-1009.

㊵ 这是关于长期对手的一部优秀著作，特别参见 William R. Thompson, ed., *Great Power Rivalries* (Columbia, S. C.: University of South Carolina Press, 1993)。

㊶ Richard K. Herrmann, "Conclusion: The End of the Cold War—What Have We Learned?" in Lebow and Risse-Kappen, *International Relations Theory and the End of the Cold War*, pp. 259-284.

㊷ Risse-Kappen, "Ideas Do Not Float Freely"; Rey Koslowski and Friedrich V. Kratochwil, "Understanding Change in International Politics: The Soviet Empire's Demise and the International System," in Lebow and Risse-Kappen, *International Relations Theory and the End of the Cold War*, pp. 127-166; John Mueller, "The Impact of Ideas on Grand Strategy," in Richard Rosecrance and Arthur A. Stein, eds., *The Domestic Bases of Grand Strategy* (Ithaca: Cornell University Press, 1993), pp. 48-62; Mary Kaldor, "Who Killed the Cold War?" and Metta Spencer, "Political Scientists," *Bulletin of the Atomic Scientists*, 51 (July/August 1995), pp. 57-61 and pp. 62-68; Matthew A. Evangelista, *Unarmed Forces: The Transnational Movement to End the Cold War* (Ithaca: Cornell University Press, 1999).

# 第七章
# 对冲突管理及其解决方案的再思考

本书从概念与经验上对冲突管理的胁迫性战略提出了批评,这种批评是有说服力的。在本章中,笔者将对这些批评进行简要回顾,不是重复,而是谈谈可能适用威慑的那类情形和在那类情形下运用威慑的困难。这一分析旨在提醒研究者,威慑的运用需要以更加准确、谨慎和克制的方式进行,同样重要的是,我们需要把威慑同其他冲突管理战略相结合。笔者呼吁对涉及若干起因且有着不同表现的国际冲突的管理应采取更加整体的方式,支持与协调威慑、增信释疑和传统外交这三种战略的综合运用。根据冲突的性质和历史,这几种战略可以被顺序使用或同时使用。有效的冲突管理要求完整地理解这些战略相互强化或者削弱的方式。这不仅要求全面地了解政治情境和娴熟外交的概念,而且要求掌握关于政治情境和娴熟外交的具体知识。概念理解是有帮助的,但情境和能动性是决定性的。

如上面提到的,笔者首先简要评论对威慑和胁迫战略的批评。接着,笔者将审视对可能被描述为威慑和胁迫镜像的增信释疑战略。这三种战略都试图操纵对手的成本预算:威慑和胁迫是增加不顺从的成本,增信释疑是减少顺从的成本。其机制的不同在于:威慑和胁迫依靠威胁,增信释疑则依靠澄清意图和给予奖励。这将导致不同的心理动态，对每种战略所带来的相对风险、副作用和成功概率有重要影响。笔者也将讨论增信释疑的缺陷。随后，笔者将谈及第三种一般性战略：旨在处理或解决实质性利益冲突的外交。在分别对这三种战略进行讨论后，笔者将三种战略联系到一起，并指出了三者可以有效结合或规划的方式。

我们需要注意以下几点。冲突管理不是灵丹妙药。即使最复杂且协调最佳的战略也可能因多重原因失败。目标领导人可能对信号视而不见，错误估计合作或冲突的成本与风险，为了其他外交或国内目标而避免冲突或解决冲突，或者就认为，冲突的持续有利于国家或政治利益。试图缓解紧张局势的领导人可能错误估计他们的提议带给关键的国内外选民的影响。许多冲突根本无法缓和，更不用说解决了，因为领导人对于自己的政府或军队没有足够的权威或者完全的把控。他们担心，一旦自己显示出软弱或者妥协的话，情况就会失控，或者他们认为，推动和平的举措所带来的风险和成本大过保持现状的风险和成本。在本书即将付梓之际，叙利亚的冲突呈现出了其中一些特征，还出现了敌对派别，至少有一些派别不愿接受其他涉及方已接受的停战或者过渡政治的安排。由于众多的原因，尽管许多国家的政府和外交官进行了艰难的外交努力，叙利亚冲突也依然无解。

通常来说，冲突管理战略需要时间才能产生积极的效果。总体威慑的目的是长期阻止对手把使用武力作为可行的选项，直接威慑是在一个挑战似乎可能发生或者迫近时阻止对手使用某种武力。理想来说，两种威慑共同作用不仅能阻止挑战，而且能使对方领导人认为，军事选项是无用的，其国家和政治利益最好是通过某种和解来实现。如果威慑成功的话，威慑就不仅能防止武装冲突，而且能促使对方寻求和解。增信释疑和外交也需要时间，但有可能产生更迅速的结果——在两年至六年内，英法冲突、埃以冲突和苏美冲突

第七章　对冲突管理及其解决方案的再思考　203

的解决，但这种结果只有当国内或国外的戏剧化发展为冲突解决铺平道路时才有可能。

这一经验现实进一步突出了情境的重要性。当对方领导人不接受或者害怕抓住橄榄枝的后果时，即使最复杂、最巧妙的冲突管理或解决战略也可能失败。当对方愿意妥协时，不那么复杂也不那么巧妙的战略就可能成功。"成熟"是用来描述后一种情形的概念，通常以循环的方式被使用。已解决的冲突被视为具备了解决的成熟条件，相反则是条件不成熟，冲突无法解决。笔者避免这种循环性，指出了促进或者妨碍冲突解决的条件。大多数但不是全部条件都不在对方或者第三方的直接控制之下。在成功机会不大时，为解决冲突所做的努力可能使后续的努力更为困难，比如几次中东冲突。

我们必须将冲突管理与冲突解决区分开来。"冲突管理"是一个通用术语，意指确保冲突可控的努力。它可能意味着阻止军事升级（比如，使用或发展武力、部署新型武器，或者现有武器前沿部署）或者政治升级，这种政治升级将使冲突蔓延至新的区域或者牵涉新的参与方。当然，两种升级是相互关联的。

冲突的解决旨在缓解紧张关系。如第六章所表明的，冲突的解决可能有不同的形式。最低限度的冲突解决旨在减少或者消除敌对双方爆发战争的可能性。由美国支持的1978年的埃以协议就达到了这个目标。协议签署国之间的关系并没有太大改善。相反，基辛格访华后的中美关系、美苏（随后是美俄）的后冷战关系多少都趋于正常；领导人在多个问题领域展开合作，贸易、移民和旅游的壁垒减少了，媒体关于对方的刻板描述也减少了。1904年的《英法协约》（Entente Cordiale）签署后，英法关系转暖且保持下来。但这种说法不适用于当今的美俄关系或美中关系，一些分析人士认为，新的冷战正形成。和解可能会被逆转。

我们必须谨慎对待我们对成功的冲突管理和冲突解决原因所做

的断言,因为一种明显的倾向就是,通过自圆其说的历史解释来证实这些断言。在关于冷战的文献中,两次柏林危机被视为直接威慑成功的事例,古巴导弹危机和1973年中东危机则被赞为胁迫成功。在查阅苏联和美国档案,以及访谈前领导人及其顾问后,我们发现,两次柏林危机都不能被视为威慑成功;在危机过程中,苏联领导人的克制不是因为美国的威胁。[①]胁迫有助于古巴导弹危机的解决,但是增信释疑至少发挥了同样的作用。[②]胁迫策略阻碍了1973年中东危机的解决。[③]威慑论者对以埃冲突和冷战的结束提出了类似的说法。笔者通过强调挑战方领导人和国内目标的作用、了解对手和增信释疑,对这些和解做出了不同的解释。毫无疑问,威慑对终结冷战起了促进作用,但是这种作用不是威慑理论家所设想的那样。在中东,总体威慑和直接威慑一而再再而三地失败,以至于以色列和埃及(其他阿拉伯国家也卷入其中)之间发生了四次战争(1956年、1967年、1969—1970年和1973年)。埃及和以色列都未能以武力——和其中所涉及的成本——实现其目标,这促使双方寻求其他解决方案。

## 一、胁迫性战略

贾尼丝·斯坦与笔者对威慑的批评包括三个相互联系的组成部分:政治的、心理的和实践的。在理论和实践中,每一部分都暴露出威慑的问题。

政治的部分审视了外交政策挑战背后的动机。威慑是赤裸裸的"机会"论。这种机会论认为,对手总是在寻求机会获利,只要发现机会存在,对手就会猛扑上去。因此,这种理论把施加不可接受的成本的可信能力视为阻止挑战的最佳方式。经验调查表明,对使用武力有另一种解释,笔者称之为"需求"论。证据表明,战略脆弱性和国内政治制约因素通常构成了使用武力的诱因。当领导人感到绝望时，哪怕军事平衡不利于己方，他们也可能诉诸武力，且没有理由怀疑其对抗的决心。威慑在这些情形下可能并不合适，甚至是危险的。如果领导人的行动更多受对损失的恐惧驱使，而不是受对利益的期待驱使，威慑政策就可能诱发其意在阻止的行为，因为威慑可能加大了对手采取行动的压力。

　　心理的部分直接与威慑挑战的动机有关。当领导人认为有必要挑战对手的承诺时，他们倾向于认为自己的目标是可以实现的。这会诱发信息过程中的动机错误。领导人可能会歪曲他们对威胁的评估，对他们承诺的政策可能以灾难结束的信息不敏感。他们会不顾相反的证据，说服自己相信，他们可以在不激起战争的情况下挑战对手的重要承诺。因为他们知道自己的底线，他们期望对手也能认识到这一点，从而与他们和解。领导人也可能在幻想中寻求安慰，他们幻想，如果危机失控，导致战争爆发，自己的国家就能以不大的代价获胜。威慑可以而且已经被一厢情愿的想法打败了。

　　实践的部分描述了威慑成功实施所面临的几个主要障碍。这些障碍源自认知偏差和启发性理论的歪曲效应，源自移情的政治和文化障碍，以及威慑方和潜在挑战方设定和解释信号的不同认知参考系。这些问题不是威慑和胁迫独有的；这些问题内嵌于国际关系的结构中。这些问题对战略构成了严重的阻碍，因为为了有效控制成本—收益的潜在挑战方的领导人需要了解世界，威慑方也需要了解世界。如果威慑政策未能做到这一点，就会使禁止的行为对挑战方来说更具吸引力，或者使要求的克制在胁迫情况下不那么有吸引力。

　　勒博和斯坦的批评解释了为何威慑是一种既危险又不可靠的战略。与每一个组成部分相关的问题都可以独立地挫败威慑。在实践中，这些问题相互强化；政治的和实践的因素同心理过程的互动成倍增加了通向成功的障碍。在这一部分，笔者对这种批评加以整理，以便对威慑最适用的情形和更深入理解冲突管理的基础条件进行评论。

## （一）政治的失败

好的冲突管理战略应该建立在关于侵略的性质和起因的成熟理论基础上。这样一种理论应该描述它试图控制或预防的疾病的病因。威慑理论没有做出这样的尝试。威慑理论通过假定对手之间存在的明显敌意和其中一方领导人有侵略另一方的愿望，巧妙地解决了侵略起因的根本问题。威慑进一步假定，这些领导人采取侵略行动时，无论政治上还是战略上，都毫无顾忌，只要他们看到了对手承诺政策中的弱点所提供的机会，他们就会采取侵略行动。因此这种理论预设了，防御且可信的承诺是阻止侵略的最重要手段。

国际冲突的案例研究在很多重要方面与这种关于侵略的描述相矛盾。这些研究表明，脆弱的承诺既不是发起挑战的必要条件，也不是发起挑战的充分条件。在历史上的不同时期，"脆弱性"承诺没有被挑战过，但多数评论人士认为，这些可信的承诺受到了挑战。证据表明，威慑理论至多指出了侵略的一个起因：完全的敌意。这反映了一种冷战思维。威慑论者更像一般意义上的美国国家安全精英，他们想当然地认为，希特勒发动战争的动机是仇视邻人，并旨在征服世界。他们假定斯大林、赫鲁晓夫也是如此。这样的观点仅是一种信念，不是仔细分析的结果。他们把这些事例概括为一般意义上的冲突，这又是一次没有根据的跳跃。威慑理论和实践因此根源于被证据驳斥的冷战观点，并与之不可分割。

威慑理论想当然地认为领导人都会进行成本估算，且得出结论：领导人在面对更强的对手捍卫自己的可信承诺时，不会发起挑战，至少不会发起不可逆转的挑战。然而，弱势一方挑战强势一方的冲突事例很多。领导人总是认为，他们可以绕过对手的优势，如 1861

年的美国南部邦联、1941 年的日本、1973 年的埃及。④在《国际关系的文化理论》(*A Cultural Theory of International Relations*) 和《国家为何而战?》(*Why Nations Fight*?) 中,笔者记录了声誉、愤怒和民族尊严是如何推动领导人发动他们不指望取胜的战争的。⑤

威慑错将侵略的症状视为缘由,忽视了政治和战略的脆弱性同认知和动机过程的互动促使领导人选择武力或者挑战、对抗对手的承诺。这可以归因于傲慢,而更为常见的是,他们认为需要实施挑战策略以应对国内外紧迫的威胁。与威慑理论和战略的预期相反,相当多的证据表明,考虑实施挑战或使用武力的领导人通常都不会进行任何风险评估。在《和平与战争之间》一书中,笔者记录了 1897 年至 1898 年法国的失败,1914 年奥地利、德国和俄国的失败,1962 年印度的失败,以及 1962 年苏联的失败,都是如此。⑥在贾尼丝·斯坦、杰克·斯奈德和笔者为《心理学和威慑》(*Psychology of Deterrence*[1]) 一书撰写的章节中,我们指出了 1914 年的俄国、1973 年的以色列、1981 年的阿根廷和英国也是如此。⑦《国际关系的文化理论》一书提供了更多关于 1914 年和 2003 年英美决定攻打伊拉克的证据。⑧

《国家为何而战?》把自 1648 年以来涉及方至少有一个崛起大国或者大国的所有战争的原始数据集合到一起。数据表明,战争发动者获得胜利的不到战争次数的一半。⑨本杰明·瓦伦蒂诺(Benjamin Valentino)与笔者发现,自 1945 年以来的所有战争中,仅有 26% 的战争发动者实现了他们的战争目标,如果我们将胜利的标准放宽的话,仅 32% 的战争发动者打败了对方的武装部队。⑩对于多数战争发动者来说,50∶50 的胜率对他们一点也没有吸引力。第二次世界大战后降至三分之一的胜率是有说服力的证据,这表明战争发动者没有对风险进行仔细评估。理性主义者可能反驳说,低成功率是由

---

[1] 原文有误,应为 *Psychology and Deterrence*。——译者注

于信息不全，但是在许多事例中，如果不是大多数的话，在战争发动者走向灾难时或者在跳向未知时，证据已经是确凿的了。⑪

当挑战方处于弱势或者自己感觉处于弱势时，威慑方使承诺更具防御性和可信性的努力将会带来不确定的和不可预测的后果。最好的情形是，这些努力不起作用。这些努力也可能因压力的强化而更带敌意，促使处于压力下的对方领导人选择武力。第一次世界大战前的大国互动、1940 年至 1941 年间美国对日本的石油和废金属禁运都体现了这种动态。⑫

一旦决意挑战，领导人就倾向于认为他们的目标可以实现。动机错误导致有缺陷的评估和不切实际的期望；领导人可能认为，对方在挑战面前会退缩，或者对方会打挑战方希望的一场战争。领导人也可能忽视那些警告他们所选择的行动路径很可能引发严重危机或者战争的信息。在这些情形下，威慑不管实施得多么好，都可能被挑战方的一厢情愿打败。动机偏差阻塞了对于信号的接收，减少了防御方增强其承诺可信性努力的影响。即使为了展示自己的力量与决心的最细致的努力，在这样的挑战方面前也是不够的，因为挑战方认为，挑战或者使用武力是确保重要战略和政治利益必需的。

威慑论受到一系列实际问题的困扰。显然，很难将关于能力和决心的信息传达给潜在挑战方。可以说，威慑论假设，人人都理解狂吠的看门狗、铁丝网和"禁止跨越"标志的含义。这种假设是不现实的。信号只有在被解释的情境中才有意义。如果发送者和接收者使用不同的情境限定、传递或者解释信号，那么误判的概率就成倍增加。接收者可能把信号视为噪音，或者错误地解释他们所意识到的信号。由于决策精英的不同历史经验和文化背景，这个问题在国际关系中十分普遍，但绝不只限于威慑。更可能出现的情况是，在紧张的关系中，双方都进行了最坏的分析，并且都带有情绪上的冲动。

如果可信的惩罚威胁总是增加成本支出的话——威慑论视此为

理所当然——那么潜在威慑方没有必要复制目标领导人的价值等级和偏好。这种方便的假设与实际不符。如我们已看到的,领导人可能主要受"脆弱性"而不是"机会"驱动。如果领导人受"脆弱性"驱动,那么提高军事行动的成本就不会影响他们,因为他们认为不行动的成本更高。即使存在机会的动机,面对威胁,领导人也可能从与威慑方设想的完全相反的方向来计算成本。他们可能认为,接受威胁比抵抗威胁的成本更高,尤其是当他们认为顺从可能被对手视为软弱而带来更多的要求时。

### (二)长期威慑

威慑成功与失败的实例证据表明,威慑是一种风险大且不稳定的战略。这暗示,威慑仅对为数不多的冲突是成功的:对方领导人主要考虑获益,而不是害怕损失;他们有实施克制的自由;他们不会被对政治—军事局势的严重歪曲评估误导,也容易受制于潜在威慑方能够实施的可信威胁。威慑也必须尽早实施,要在对手准备接受挑战,而相应地对其行为可能遭到报复的警告麻木不仁之前。除非能够满足这些条件,否则威慑最好的结局是无效,最差的结局则是适得其反。

这些条件只适用于短期威慑——直接威慑。一般来说,威慑论者主要讨论的是这类威慑。然而,如果我们不研究威慑对于长期管理敌对关系的影响,那么我们对威慑的分析就是不完整的。威慑到底是促进还是阻碍了国际冲突的解决?

威慑论者坚持认为,威慑在使挑战方相信其根本目标无法通过武力实现方面会有积极作用。乔治和斯莫克争论说,威慑可以使各方有时间达成和解,因此缓解了紧张局势和降低了公开冲突的可能性。[13]然而,威慑也可能阻碍冲突的解决,因为它可能恶化引发冲突的因素,或者诱发使用武力的新因素。三种不同过程都趋向这种消极的后果。

如已提到的，威慑可能加剧敌对方领导人诉诸挑战或者使用武力的压力。古巴导弹危机和第二次台湾海峡危机中的美国的威慑就是这种后果。紧随 1954 年至 1955 年的危机之后，美国强化了对台湾海峡的威慑。艾森豪威尔总统承诺要"保卫"台湾及附近岛屿，并于 1957 年授权在台湾部署配有核弹头的地对地导弹"斗牛士"。令总统恼火的是，蒋介石在岛上开始大规模地军事集结，到 1958 年时，他已经将其地面总部队的三分之一即 10 万人的兵力部署完毕。对北京的领导人来说，这种加强的军事准备和军队部署表明华盛顿正准备给蒋"松绑"。国务卿约翰·福斯特·杜勒斯的一系列挑衅性讲话表明，中国国民党可能在中国大陆发生严重动乱时，抓住机会进犯大陆，这引发了中国大陆的受威胁感，最终导致北京的领导人决定重新炮轰金门和马祖。⑭

威慑也可能通过鼓励防御方对其谈判声誉的过分关注而加剧冲突。威慑并没有很重视相关利益方如何影响对手对承诺可信性的判断。越来越多的经验研究表明，威慑错误地假设，可信性的最重要组成部分是防御方信守过去承诺的声明。⑮威慑研究方面的专家托马斯·谢林强调了承诺的相互依赖性：在敌方眼里，未能履行一个承诺将使其信守任何承诺的意愿都受到质疑。"我们告诉苏联人，"谢林在 1966 年写道，"我们此处必须有所反应，如果我们不反应，那么当我们说将在那里做出反应时他们就不会信我们。"⑯

谢林和其他威慑论者忽视了承诺之间联系升级的可能性。更为重要的是，他们忽视了这样追求的威慑将使运用威慑的国家看起来更具有侵略性而不是防御性。笔者在台湾海峡危机分析中有相关描述。对于古巴导弹危机的出现，这种威慑的影响更令人震惊：在危机出现之前，苏美各自的威慑尝试促使对方相信了其侵略意图，从而促使各自都采取了一系列对等的行动，最终导致了苏联在古巴部署导弹的行动。[17]

谢林的担心无论如何都用错了地方。特德·霍普夫（Ted Hopf）研究了在二十五年的冷战期中苏联对三十八次美国干涉事例的反应，他没能找到一份对美国人在欧洲或东北亚的决心做出否定推断的苏联文件。在《我们都输了冷战》一书中，斯坦与笔者展示了，无论赫鲁晓夫及其顾问还是勃列日涅夫及其顾问，都未怀疑过美国承诺的可信性，而是认为美国人鲁莽、不可预测且具有侵略性。[18]

对可信性的关注会引发象征性的承诺，如杜勒斯为台湾占领近海的金门和马祖岛屿的辩护。这种象征性承诺可能很容易变得纠缠不清，因为象征性承诺对领导人的重要性至少同维护实质利益的承诺一样重要。夸大了的重要性或许在很大程度上是由于决策后的理性化的有害影响。一旦做出承诺，领导人对为了抽象的和象征的理由而冒战争的风险感到不安，这是可以理解的，他们会尝试着向自己也向他人证明这种承诺。这种需求促使他们去发现这些承诺的重要实质理由——这些理由不在他们的最初估算中，也同最初的估算无关。

在台湾海峡危机这个事例中，最初怀疑近海岛屿重要性的最高级别的行政官员随后却都把这些岛屿看作整个亚洲安全的关键。大多数高级政策制定者非常赞成令人诧异的"多米诺骨牌"理论。在一份仅为内部使用的机密政策声明中，艾森豪威尔和杜勒斯两人论证说，这些近海岛屿的丢失很可能不仅危及台湾的国民党政权，而且危及日本、韩国、菲律宾、泰国和越南的亲美政府，并可能使柬埔寨、老挝、缅甸、马来亚和印度尼西亚都被共产主义势力控制。[19]这种"逻辑"的最深远体现是对越南的政策。美国领导人在这个国家并无实质利益，但是承诺要保卫这个国家，这在很大程度上是因为他们被说服了，如果他们不能捍卫自己在东南亚的承诺，那么莫斯科将质疑美国在世界其他地方的决心。[20]

最后，威慑可能通过鼓励领导人将模棱两可的行动视为需要回应的挑战而强化冲突。这种对于挑战的过分敏感是由于威慑在对政府的谈判声誉方面的过分强调。这种说法最偏执的表现就是谢林的著名格言:"如果有人向你叫板,你不回应,那么你就输了。"㉑然而,国际领域中的叫板很少是直截了当、清楚明白的。人们只能从事件的具体情境中去推断挑战,考虑到国际事务的内在复杂性,政策制定者在确定其含义上有相当大的回旋余地。叫板的挑战尤其难以被证实,因为这些挑战只能通过行动的意图而非行动的预期效果进行定义。当领导人认为损害国家的利益和声誉是对手行动的主要目标而不是附带影响时,更可能感觉到挑战——而这通常是错误的。

这三个过程是敌对国家之间局势紧张、彼此误解和恐惧的重要促成因素,且指向了威慑最大的长期危险:它倾向于使对手的最坏期望自我实现。威胁和军事准备——威慑的通用方式——不可避免地会引起他们所针对的人的恐惧和怀疑。如已提到的,这些行动容易促发意在预防的行为。逐渐地,起初由国家间关系紧张导致的军事准备可能成为重要的原因。这种动态见于美苏之间、以色列和阿拉伯国家之间,以及中苏之间,而且目前某种恐惧正弥漫在中美之间。在所有这些事例中,误解和紧张都是由威慑引起的,叠加在导致各方分裂的实质性问题上,使得这些冲突更为严重,也更难管理,更不容易解决。

政策困境的轮廓是清晰的。威慑论者需要威慑,以阻止其对手使用武力,但是威慑的使用同时加剧了冲突,更可能引起战争的爆发。因为威慑可能无效、不确定且具有风险,所以它须辅以其他冲突管理的战略。

## 二、增信释疑战略

增信释疑战略的出发点来自一套不同于威慑的假设。这种战略预设了持续紧张关系的存在,但认为紧张关系根源于很强的脆弱感。

增信释疑战略需要防御方向潜在挑战方传递出他们的善意。他们必须尝试减少导致紧张关系升级直至战争的恐惧、误解和不安全感。增信释疑试图减少挑战的预期收益，增加合作的预期收益。即使当领导人认为冲突不可能解决时，他们依然能够通过避免意外或误判的战争来奉行增信释疑战略。如此行事的话，他们可能同时有助于削弱冲突的深层次因素的影响。

在最具雄心的增信释疑战略的使用中，领导人尝试通过彼此减少升级的行动和在实质问题上的谈判，来改变冲突的轨迹，促成合作。他们可能从单边和不可撤销的让步开始。如果他们对这种方式的成功悲观的话，或者政治上受到制约而无法进行让步的话，他们就可能追求更为谨慎的做法。他们保持着克制，希望不加剧导致对手咄咄逼人行动的国内外的压力和制约因素。他们可能尝试形成非正式的"竞争规范"，来调解他们的冲突，减少误判升级的可能性。他们可能尝试通过非正式或者正式的外交手段，来建立信任、降低不确定性、减少误判战争的可能性。这些策略既不是相互排斥的，也不是逻辑上详尽无遗的。

同威慑和胁迫战略一样，增信释疑战略的成功实施也不容易，也必须克服战略的、政治的和心理的障碍。对信号的认知障碍同样会影响增信释疑战略的实施，就像威慑战略所遇到的一样。㉒其他障碍是增信释疑所特有的，源自政治的和心理的制约因素，这些制约因素是领导人在试图让对手相信自己的增信释疑行为时所要面临的。不管怎样，这项战略构成了解决长期争斗的一个重要组成部分，可以被有效运用。

**通过对等的增信释疑。** 互惠对等一直以来是社会学家、心理学家、博弈论者和国际政治经济分析人士关注的焦点。在安全方面，对等行为被理解为对手之间有条件的灵活和顺序的交流。其中的一个表现是指，渐进对等地缓和彼此之间的紧张关系。㉓

对等假定对手能够辨明和分清何为旨在合作的政策、何为竞争性政策。这种假定是在罗伯特·阿克塞尔罗德（Robert Axelrod）著名的你来我往的计算机策略中建立起来的，但是在现实世界并不一定有必要。[24]运用你来我往计算机战略的学者在区分何为"来"、何为"往"上有困难，对真实世界的对手来说更是如此。政策——战略谈判语言中的"动向"——可能被视为噪音而被忽视，可能被视为信号，但是这种信号可能被误读。领导人对于对等和对等措施实施的看法可能不同。在缓和开始时，美国和苏联的不同是显而易见的。国际安全领域的对等措施取决于领导人的主观认定，因而受制于认知和动机偏差。当不同的领导人运用不同的措施，或者对同一措施的评估标准不同时，这些领导人就很可能各谈各的。在古巴导弹危机中，美国和苏联都重视维持现状，但是对现状的了解却不同。对于华盛顿来说，现状是没有苏联导弹的古巴，而对于莫斯科来说，现状是有卡斯特罗统治的古巴。各方都认为自己在防御，而怀疑对方的行动。[25]

当和解信号同他们关于对手领导人及其目标的信念相冲突时，政策制定者及其顾问也可能排斥、误解或者歪曲对手的和解信号。他们可能将他人的合作行动视为无法逃避的情境压力，而同时相信他们的合作行为证明了他们的善良品性。[26]1971年，以色列领导人起初将萨达特的合作姿态视为其对国内政治弱势、埃及日渐恶化的经济危机和埃及领导人缺乏可用战略的一种反应。此时，最基本的归因错误与当前的认知形象的相互作用，否定了对等的可能性。以色列未对萨达特的合作姿态做出反应，这导致萨达特拥抱了战争。由于动机偏差，信号也可能被忽略或者被误读，就像在威慑战略中常见的那样。

如果敌对双方的领导人有共同的社会准则的话，那么建立对等的共同标准的困难就会少一些。这在国际冲突中不常见，因为多数国际冲突恰恰部分地源自价值观和准则的冲突。一旦价值观和准则趋同，冲突的解决就变得容易了。英法和解逆转了六百年来的敌对状态，主要还是由在政治以及文化上形成的共同的价值观和准则促成的，因为两国都变成了民主国家。冷战更难结束。冷战开始于打败德国之后在欧洲争夺影响力的斗争，但是冷战有着强烈的意识形态成分，因为双方的领导人和精英都认为彼此的社会制度互不相容。大概可以说，冷战终结的最根本原因在于，苏联领导人在关键信念和目标上的转变，这种转变使他们的价值观和准则与西欧和美国领导人的更为相近。[27]这种转变使得增信释疑战略对苏联领导人有了吸引力，从而使得这项战略可行。

共同标准是实现关系正常化，并将带来深远影响的和解的基本条件。缺乏共同标准，任何和解都是困难的，跨出降低战争可能性的第一步都不大可能。这或许有助于解释，为何埃以关系从未超越这一阶段，以及在戈尔巴乔夫之前，缓解冷战的紧张关系为何很难。这也有助于解释短暂的缓和期的失败。在缺乏共同准则时，领导人必须明确自己的价值观和准则，知道自己和对手领导人的不同所在、各自的不同期待，找出规避或者巧妙处理这些差异的方法。如此，他们就可能缓解彼此之间的紧张关系。美苏军备控制协议提供了一个成功的事例。谈判促成了若干条约，这些条约并没有放缓军备竞赛，但是使竞赛变得透明并设定了限制。这种成功取决于各自对对方战略文化和话语的理解，且通过科学家和他们创建的知识共同体之间的非正式会谈实现。[28]这一过程证明，对不同价值观、准则和话语的了解可能有助于找到在实质利益上的共同立场。

**通过"不可撤销的承诺"的增信释疑。**当领导人认识到误解和陈规影响着自己也影响着对手的判断时，他们可能尝试通过不可撤销的承诺来打破不信任之墙。[29]实际上，他们会尝试通过"学习"来挑战冲突的轨迹，并实施更可行的合作对等战略。如果成功的话，对对手意图的学习降低了走向和平的成本,因为这降低了领导人被利用或误解而又面临新的要求的可能性。这种增信释疑尝试纠正威慑的政治—心理损害。

埃及总统萨达特转向使用不可撤销的承诺策略,以打破关于以色列领导人和公众的主流形象,并结束了几十年的埃以冲突。考虑到代价和不可撤销性,他审慎地做出了一个巨大的、戏剧性的和冒险的让步。由于代价和不可撤销两方面的原因,他希望这个让步会被视为埃及意图的有效标志,而不是模糊的信号或者一个其含义随后可能被发送者操纵的信号。由于萨达特越过了以色列领导层而直接对以色列的民众讲话,使这次让步获得了额外的力量。通过动员起以色列人民支持和平,他解除了以色列领导人所受到的限制,创造了互惠对等的政治诱惑条件。

戈尔巴乔夫政策的一部分也属于不可撤销的承诺。他公开允诺从阿富汗撤军,并在没有得到西方承诺不利用这次撤军的前提下实施了撤军。在1989年10月,他在芬兰进行了一场演讲,这在某种程度上与萨达特的耶路撒冷演讲一样。他否认苏联有权对其他国家进行军事干预,这种允诺迅速促进了东欧的政治变革和整个地区亲苏共产主义政权的下台。他也在苏联内部引入了与开放和新思维有关的政治变革,这进一步显示了他的诚意。这些行动连同军备控制协议,打破了冷战的僵局。[30]

当从这两个事例中得出结论时,我们必须十分小心。对希特勒的绥靖表明,设计出代价高昂和不可撤销的承诺有着很大的风险。即使让步不会被用于更具侵略性的目的,这些让步也将使一个人暴露在国内外的关键选民面前。这就是萨达特在宣布他要到耶路撒冷的意图前秘密试探以色列人的原因。在邀请基辛格去北京前,美国和中国同样进行了秘密对话。基辛格访华的成功促成了随后尼克松总统的访华。[31]在做出任何不可撤销的承诺前,领导人都必须确保,其对手很可能反应积极，并有着同样的动机以达成某种有意义的和解。

**通过自我克制的增信释疑**。在领导人对于改变对手的长期意图的可能性不乐观时，他们就可能聚焦于缓和冲突的短期可能性。这种做法本身就是有价值的，也可能有助于改变长期的意图。直接威慑就是这种短期的努力，而总体威慑是为了改变长期的意图。通过自我克制实现的克制是同直接威慑相对应的。

自我克制有可能降低某种明显的威慑风险。因为自我克制运用的是增信释疑的语言，而不是威胁的语言。它可以减少处于冲突升级过程中的领导人的恐惧，减少误判的可能性，如1987年自我克制对印度和巴基斯坦产生的作用。然而，它对于使用者既苛刻又危险。苛刻性在于，它要求领导人能监控对手的政治压力、战略困境，估算不作为的政治和战略代价以及评估备选方案。自我克制战略鼓励领导人在一个尽可能广泛的政治和战略范围内考虑其对手的想法。同威慑一样，它要求领导人从对手的视角看世界，如我们已看到的，重构另一类领导人的想法面临巨大的认知和动机障碍。或许在考虑自我克制时，领导人会既关注对手的弱点，也关注对手的机会，这样的话，他们就可能克服上述某些障碍。至少，他们比那些仅考虑威慑战略的领导人更可能这样做。

如果它导致误判升级的话，自我克制策略就可能是危险的。当潜在威慑方注意到敌方的薄弱点，注意到他们可能会激怒还未准备使用武力的对手时，他们就更可能运用克制战略。潜在的挑战方可能把克制和谨慎误解为软弱和缺乏决心。1982年阿根廷对福克兰/马尔维纳斯群岛的入侵就是这样的事例。玛格丽特·撒切尔的外交是一种虚假的增信释疑战略，它鼓励阿根廷政府认为可以通过外交手段获得对该群岛的主权。当阿根廷人意识到被撒切尔欺骗时，他们非常愤怒，准备使用武力。撒切尔政府未能看到阿根廷政府的转变,也没有实施威慑,这导致了阿根廷的入侵行动。㉜这个事例的教训是,如果不是真正要自我克制并准备接受克制的后果的话,领导人不能运用克制战略。

在总体威慑下使用克制的证据仍然是零星的和偶然的。分析人士尚未发现文献记录来确认案例的相关范围。关于相互使用克制和展示决心的有限证据表明,每一种方式都可能出现发生严重错误的风险。克制的运用可能避免激怒处于困境或被吓住的对手,但是也可能增加误判升级的可能性。另外,威胁和显示决心的语言虽可能降低挑战方低估威慑方回应的概率,却可能激怒一个脆弱的且充满恐惧的对手。

**通过"竞争规范"的克制**。对手可以通过在有争议的利益领域制定非正式的,甚至是默认的竞争规范来寻求增信释疑。对手间非正式的共同规范可能预防某种相互不认可的行动,因此降低操纵战争风险的必要性。非正式规范也可能确立起行为边界,减少可能导致误判升级的不确定性。

美苏在1972年签署了《美苏关系基本原则》(Basic Principles Agreement),一年后,双方就有可能升级为核战争的危机进行磋商,以制定更具体的协议,尝试达成对竞争限度的谅解。这些协议并不成功,部分原因在于,正式的文件掩盖了各自解释所存在的重大分歧与差异。如果说这些协议还有些效果的话,那就是,这些协议激起的不现实的期望、关于解释协议的争议、由此产生的对欺骗和背叛的指控,以及随之而来的不信任和愤怒,恶化了两个核大国对彼此冲突的处理方式。

中东给出了一例竞争规范管理冲突的能力的示范。美苏都默认了,各自的盟友如果受到对方盟友以灾难性的军事失败相威胁时,各自都要帮助自己的盟友。为避免这种情况,超级大国必须迫使威胁要造成压倒性胜利的其地区盟友停止军事行动。㉝苏联在1967年和

1973 年都援引了这种默认的规范，虽然美国试图阻止苏联的干预，但是与此同时，美国也采取行动迫使以色列停止了军事行动，这就立即向苏联表明了其善意。威慑与增信释疑共同发挥作用，而且我们的确很难区分两者各自对有效管理冲突上的影响。㉞

亚历山大·乔治论辩说，这些默认的非正式的竞争规范本身并没有为两个超级大国管理冲突提供充分稳定的基础；这些规范缺乏澄清其含糊不清之处和将其扩展至新情况的机制安排和程序。他还进一步提示，由于超级大国使用的资源与战略不同，超级大国面临的国内外制约因素以及领导人设定和辨别自身利益的能力不同，领导人评估对手利益、评估每一个超级大国利益范围和利益分布对称性的能力不同，竞争的共同规范的效用也就可能不同。㉟比如，在不对称的高利益地区，而不是对称的有争议的或者不确定的地区，默认的规范和克制模式更有可能出现。

考虑到这些障碍，在像中东这样有争议的对称地区，美苏能够心照不宣地遵照共同规范来限制最危险的冲突，这让人惊讶。这种战略在印度次大陆和东亚地区可能会发挥作用。

**通过有限安全机制的增信释疑**。为了减少偶然和意外战争爆发的可能性，对手们时不时非正式地就减少偶然或误判战争可能性的程序达成了一致。在技术上，这些安排称为有限安全机制。

如果有限安全机制有助于提高监测的准确性，降低判断失误的可能性，那么敌对双方都会考虑加入这种安全机制。对突袭的担心促使领导人尝试构建有限安全机制，但也使得这些机制的实现更加困难。这种机制可能允许对手们通过提供更完整和可靠的信息、增强对所有各方的监视能力，或请外部人员作为监测员提供协助，来更自信地监控彼此的行动。在自 1974 年以来埃以形成的有限安全机制下，美国定期地在埃以双方之间传递各自相关的军事部署信息。这种机制使领导人有了更大的余地，否则他们将不得不通过增加更多的预警时间来应对潜在的判断误差。这样就降低了双方对能力和意图的评估难度，减少了误判的可能性。

通过有限安全机制的增信释疑并不限于埃及和以色列。1967 年，美苏达成外层空间非军事化的共识，以限制双方冲突的范围。1970 年，双方积极推动核不扩散机制；1972 年，双方协商建立了一项防止海上事故和误判冲突的有限机制。双方还通过 1955 年的《奥地利国家条约》(Austrian State Treaty)、1971 年的关于柏林的协定和 1975 年的《欧洲安全与合作会议最后文件》(Final Act of the Conference on Security and Cooperation in Europe) 规范了双方在中欧的冲突。

长远来说，通过建立有限和重点领域的安全机制的增信释疑对减少对手间的恐惧、不确定性和误解很有帮助。至少，对手可以获得关于彼此行动的更可靠和代价更小的信息，这能够减少不确定性和误判。在复杂和信息匮乏的国际环境中，有效信息在更有效地管理冲突方面有着相当大的优势。

**通过交易的增信释疑**。这种方式寻求通过对等补偿缓和冲突与增信释疑。这种方式具有消除对立双方的冲突根源的短期优势，又确保了在其他领域建立信任和合作的长期前景。这种方式可以被视为国际政治版的戴维·米特兰尼（David Mitrany）的功能主义。㊳

通过交易的增信释疑的主要事例是英法和解。英法的敌对状态有深远的历史根源，可以追溯至英法百年战争时期。在 18 世纪和 19 世纪，它们在欧洲的冲突延伸到了殖民地，它们在殖民地的竞争非常激烈。1898 年法绍达危机（Fashoda crisis）是两国在非洲争夺影响力的顶峰，几乎导致战争。危机之后，法国成立的联合政府寻求同英国和解，因为政府成员视德国为法国主要的敌人。英国首相索尔兹伯里勋爵（Lord Salisbury）提出，英国支持法国在摩洛哥建立保护国，换取法国放弃对苏丹或埃及的要求。这种殖民地利益的对等补偿为两国在有着共同利益的欧洲安全问题上的合作打下了基础。

对等补偿在埃以和解与中美和解中也起到了重要作用。埃以两国最初的协议要求以色列撤出西奈半岛、埃及承认以色列。这些承诺的实施建立起了必要的信任，从而延伸至其他问题的协商，直至最终的和平条约。㉜自1949年中华人民共和国成立以来，台湾问题构成了北京和华盛顿之间的一项主要议题。中国声明台湾只是其一个省，然而美国支持台湾事实上的（de facto）"独立"，并向台湾的国民党政权提供武器和军事保护。基辛格和尼克松对中国的访问促成了一项协议，即美国承认台湾是中国的一部分，同时从台湾撤军。作为交换，中国允诺用和平方式解决台湾问题，并开放了同美国的外交关系。这种安排为随后的经济、政治和战略合作打下了基础。㉝

对等补偿的做法显然迈出了第一步，这种做法有可能建立起信任关系，并传递出寻求进一步协商的承诺。这种做法也具有解决过去一直破坏两国关系的实质性或象征性问题。有时，这种做法存在权衡交易的可能。以色列撤出西奈半岛，这是一个代价高昂的实质让步，以换得象征性的让步——承认——而这种象征性的承认以后可能会被撤销。美国向中国做出实质性让步——承诺撤军——换取了两个象征性的回报：中国承诺在台湾不宣布"独立"的情况下，不使用武力，以及与美国建立外交关系。与单方面走向和解相比，对等补偿如果以公开、不可撤销和代价高昂的方式实施，其可信度就更高。

## 三、外　交

外交是管理与解决冲突的第三个通用战略。长期以来，在冲突管理领域，外交一直被视为有着关键性的作用，有许多经典著作称赞外交在 18 世纪和 19 世纪的欧洲以及 20 世纪的全球范围内所起的积极作用。㊴在过去的几年里,国际关系理论对外交如何运作越来越感兴趣。㊵这种所谓的外交研究转向强调的是,外交构成国家和其他行为体的方式、外交官的独立角色,以及外交主张如何影响并受到关于何种手段和目的是合法的共识的影响。

一段时间以来,有大量关于调解的文献涌现出来,如"第二轨道"外交——个人与个人和团体与团体之间的对话——以及其他非正式的民间外交。㊶笔者在此处只限于谈论官方外交,因为笔者关注的是官方外交如何能同其他战略最好地协调起来,这涉及政府。然而,政府可能会利用非政府组织或者个人进行非正式的征求意见和讨论。非正式的外交可以提供信任的优势——如苏联和美国科学家团体在参与持续了几十年的普格沃什(Pugwash)论坛中所做的。㊷非正式的外交也允许领导人撤回和否认这些讨论和建议——如果证实其在政治上有难度或者不可取的话。

没有外交就不可能缓解和解决国际冲突。即使单边行动也要解释和说明其想要达到的效果。它们很可能是行动的开始,就像通常在增信释疑战略中的行动一样。它们要求后续行动和外交,从成功的破冰走向实质性成就。

外交政策和国际关系理论常常援引结构(如均势、威胁性质的改变、技术发展)来解释冲突及其缓解,忽视外交或者将其视为无问题的机制。如果条件要求某种措施或者缓和,政策制定者就会按要求进行回应,外交官就会执行指示。两者都被视为传递电荷的非自反电子。理性主义方式就是决定主义的。但是能动性很重要,不仅仅是领导人的能动性。领导人做选择,外交官同样也做选择。即使外交官们不折不扣地执行指示,他们对谁说、何时何地说、如何提出问题、给出了何种论证——以及他们论证时的腔调——都可能对目标领导人如何做出回应有着决定性的影响。

冷战的结束在双重意义上是一个显著的例子。它显示了外交重要且独立的作用，同时也显示出，外交官同学者一样，有把外交政策的结果视为事先确定的倾向。为完成我们关于冷战结束的书，笔者与理查德·赫尔曼（Richard Herrmann）访谈了二十五名苏联、美国和欧洲的政策制定者、情报官员、顾问和外交官，他们都密切参与了结束冷战的工作。无关乎他们的国家或意识形态，他们都把冷战的结束、德国的统一、苏联的解体视为或多或少不可避免的。与此同时，几乎所有的官员都承认面对冷战的结果时自己的惊讶——甚至不可置信。他们信念体系中的这种矛盾在我们的访谈中更加鲜明，几乎每一位官员都坚持说，他们参与的每一次决定或谈判的结果都是非常随机的。在会议讨论中，在饮酒和喝咖啡时的谈话中，他们讲述了一些有趣的故事，比如巧妙的策略、他们与对手之间的私人关系，或者纯粹的巧合在影响谈判结果上发挥了决定性的作用。[43]

我们访谈的一些政策制定者坚持认为，冷战的结束、德国的统一和苏联的解体都是不可避免的。然而，他们对过程和结果可能不同的反设事实建议做出了反应。他们普遍认为，在就德国的前途问题进行谈判时，没有预先确定"二加四"的模式。在被进一步追问时，苏联、美国和德国的政策制定者总体上都同意，不同的模式，如有更多的欧洲国家参与谈判，可能导致不同的结果，因为德国的邻国普遍反对德国统一。尽管人们普遍认为，在"二加四"会谈中，戈尔巴乔夫在德国问题上几乎没有回旋的自由，但是，若干苏联官员指出，如果戈尔巴乔夫在1987年提出这个问题的话，他就或许能有较好的谈判条件。

一些外交官强调了他们职业的重要性，尤其是那些撰写了回忆录的人，他们在回忆录中写到他们对取得积极效果有多重要。[44]政策制定者和学者似乎很容易受到巴鲁克·费舍夫（Baruch Fischoff）所说的"后见之明偏差的确定性"的影响。费舍夫以及其他人进行的试验显示了成果知识影响我们对过去的理解，因为成果知识使我们在回忆我们当时无法确定的事情时变得困难。曾被专家视为不大可能的事件（比如埃以和平、冷战的结束）一旦发生，通常就被认为是注定要发生的——的确是不可避免的。⑮

笔者感兴趣的不是外交官的作用，而是外交的作用。外交何时、如何以及为何能使冲突远离战争，解决敌对双方争议的问题？笔者在导言中指出了大量讨论缔造和平的外交的文献。外交更多的是历史性的，而不是概念性的，但提供了对特殊形势的洞察力。社会科学中关于解决冲突的概念文献大多数是定量的，忽略了能动性与外交。这种概念文献探寻的是自变量和因变量之间的相关性。比尔·汤普森（Bill Thompson）及其合作者关于长久对抗及其解决的研究是个重要的例外，他们的研究将定量研究同案例研究相结合，承认了能动性通常会发挥的决定性作用。⑯

关于解决冲突的定性文献很独特，但有时依赖的概念定义不明确。如比尔·扎特曼（Bill Zartman）提出的"成熟"命题。它是指处在相互摧毁僵局中的双方认识到现状的破坏性以及他们陷入了"一种相互伤害的僵局"。当事方也必须找到摆脱这种僵局的办法。⑰扎特曼认识到这种双重意识完全是主观的，且进一步指出，这种条件对于实现和平来说是必要但不充分的。他和他的助手没有提供关于对这些必要的对抗性信念负责的条件的说明，无论是物质的、心理的还是政治的，而对其他必要条件则一无所知。

我们可以在战争起因与和解之间做一个有用的类比。结构和规律理论，当然都属于理性主义叙述，都假设，只要规定的条件存在，战争或者和解就将发生，或者说很有可能发生。如此一来，一个合适的催化因素就会出现，或者被领导人制造出来。这种假定有时还是有根据的。1965年2月，在越共袭击了波来古（Pleiku）的美国顾问营地后，美国国家安全顾问麦克乔治·邦迪向约翰逊总统发出了一封备忘录，敦促对北越进行持续轰炸。邦迪后来承认，波来古就像"路面电车"。他指望把越共对南越军队或者美国顾问的反复袭击作为借口，以便他在适当的时候说服总统升级战争。[48]

借口并不总是像"路面电车"那样存在。唉，就像许多有轨电车和公共汽车一样，借口可能不经常有，也可能不合适，或者无法实现，在缺乏催化因素的情形下，预计的行为就不会发生。在几个月或几年里，基本条件可能会演变，从而降低战争发生的可能性，即使最终出现了一个合适的催化因素。战争或和平的机会之窗可能暂时狭窄或者宽阔，这取决于深层次条件变化的性质和速率。战争可能要求深层次压力和适当的催化因素的结合。[49]

催化因素通常本身都是复杂的，如1914年的萨拉热窝事件。两次暗杀事件促使奥地利领导人重新界定了塞尔维亚问题。过去不能接受的风险现在可以被容忍了，甚至受到了欢迎。催化因素的独立作用是理论和评估催化因素尝试中的另一个问题。[50]导致战争或和解的所有相关的深层次原因都可能存在，但是如果没有催化因素的话，战争或者和解就不可能出现。在深层次和直接因素之间的不确定且演变的关系，不仅使得预测不可能，也使得关于战争和体制转变——以及关于其他国际现象的原因的更一般性陈述——变得有问题，因为我们无从知晓在合适的催化因素出现时，其中哪些事件会发生，我们无法假定这些因素的存在是否可以被视为随机。因此，我们也不可能定义这些事件的范围，或者建构出它们的代表性样本。[51]

催化因素对于和解同样重要，但是对催化因素的分析也面临同样的困难，因为它们通常是基于具体情况的。在第六章里，笔者曾描述，有三个条件对至少一种通向和解的路径是关键的。这三个条件的其中一个是信念，即认为战争或者威胁进行军事部署会适得其反；其二是国内的关键目标要求大幅缓解与敌手的紧张关系；其三是通向这个目标的提议很可能会得到对手的对等回应。后两个条件无疑都是直接原因,因为这两个因素在很大程度上取决于领导人关于自己国家和世界的目标与愿景。三个条件都是主观的,不大可能同领导权的其他竞争者共享。1904年的法国精英在关于德国和英国谁为敌人的问题上有着严重的分歧。在埃以和解与苏美和解案例中,很难想象,其他领导人会同萨达特或戈尔巴乔夫一样追求和解政策。[52]

催化因素在上述每一次和解中都很重要,且在很大程度上不受深层次因素的影响。《英法协约》要求法国进行反思与艰难选择,而1898年灾难性的法绍达危机促成了法国的选择。连同德雷福斯(Dreyfus)事件,这种选择使和解成为可能的权力转移得以实现。这个事例中,催化因素和综合因素的影响是调整法国外交政策的关键。能动性也非常重要。法国和英国的领导人和外交官通过反复的互动,建立了彼此间的信任关系,《英法协约》为进一步的合作打开了大门。为减少战争可能性的初始努力启动了未来十年的全面和解过程。能动性在每一步骤中都非常关键。考虑不周到、执行不力的德国外交政策为英法和解提供了强大的动力,聪明的英国和法国的政治和军事领导人以及外交官有效地利用了这一点。[53]

埃以和平条约同样取决于催化因素:在苏联武器和新的战术赋予埃及军队最初优势的冲突中,埃及军队战败。埃及失败,随后美国愿意对和平进行调解,这使得萨达特相信,他有必要也有机会向以色列伸出橄榄枝。这场战争同样改变了以色列的想法。虽然以色列最终胜利,但却是在最初代价高昂的失败之后。萨达特不是唯一的关键领导人。尼克松和基辛格起着同样关键的作用,他们使埃及重新拿回西奈半岛、以色列获得美国的安全保障的和平成为可能。外交再一次被证明有着关键作用,不仅是在战争中和战争刚刚结束之际,而且直到1978年的戴维营谈判也是如此。卡特在同萨达特和梅纳赫姆·贝京打交道时非常有技巧。后者接受了被以色列右翼民

族主义者反对的美国提议。㊴

冷战的结束也取决于偶然条件和催化因素。乔治·布雷斯劳尔（George Breslauer）与笔者进行了一次思想试验，在试验中，我们研究了其他可能的苏联和美国领导人之间的互动。㊵其他任何组合都不可能导致冷战在短期内得到解决，有些甚至会导致冷战的升级。戈尔巴乔夫为了国内的变革有充分的资源和赢得政治空间而寻求同西方和解。与某些现实主义者的观点相反的是，苏联领导人不是被迫寻求和解，当然也不是通过单方面的让步、单方面的协议以及放弃东欧的共产主义政府来寻求和解。其他苏联领导人也不会像戈尔巴乔夫那样行事。㊶戈尔巴乔夫同里根之间的信任度也同样重要，这种信任使双方领导人得以向前迈进，使戈尔巴乔夫敢冒更大的风险。㊷

笔者最重要的论点是，这些若干催化因素或者和解的直接原因不受深层次原因的影响。在英法和解事例中，法绍达危机和德雷福斯事件中的"假亨利阶段"（faux Henri）都出现了，但是同时，这对法国舆论有着多重影响，导致保卫共和国（Défense Républicaine）联合政府赢得选举，这使得和解成为可能，带来了政治优势。德雷福斯事件在起因上同英法在非洲的殖民竞争完全没有关联——虽然在结果上也没有关联。

对于埃以和解来说，催化因素与其说是战争，还不如说是战争的代价和结果。阿以战争体现了冲突的深层次因素。之前已经有过四次战争——1948年、1956年、1963年和1970年——很有可能还会爆发第五次战争。然而，重要的是战争的结果，而不是战争，这场战争的独特之处在于，阿拉伯方握有新武器，有着有效且协调的两线战略和战术上的突袭优势，但仍然未能取胜。失败，连同其军队的被围和几乎全部被消灭，使得萨达特及其将军们相信，他们不能战胜以色列。受到突袭、震惊、早期的失败以及在美国空运了新的武器和弹药的情形下的取胜，令以色列人相信了同埃及实现和平的必要性。这种结果是偶然的，完全无关乎这次战争和前几次战争的根源。

冷战的结束有三个主要的催化因素。戈尔巴乔夫为了改革和振兴苏联经济和政治制度愿意冒险。这是对深层次因素的回应，这种深层次因素同威权体制和指令性经济有关。为了促进变革，戈尔巴乔夫必须克服来自共产党内的多数、军方和更为保守的东欧盟国政府的反对。陷入僵局而代价高昂的阿富汗战争、美国在西欧前沿部署的新一代导弹和巡航导弹——苏联将军曾说这永远不会发生——切尔诺贝利（Chernobyl）灾难和红场飞机事件［马赛亚斯·鲁斯特（Mathias Rust）驾驶塞斯纳（Cessna）降落在红场（Red Square）］，所有这些使得和解成为可能。㊳这些催化因素中的大多数都有着孤立且互不相关的起因，但是产生了累积的非线性的效应。在任何情况下，和解都需要坚定的领导人、催化因素和好的外交。

我们能从这三个事例中得到哪些一般教训呢？这些事例表明，无论是现实主义观点还是"成熟"的论点都没有说服力。现实主义者用均势的变化来解释和解，就像他们用均势的变化来说明战争的爆发一样，但是在英法和解、埃以和解与中美和解之前，并无显著的均势变化。在一定程度上，埃以均势有所改变，但这是有利于以色列的改变，贝京依然愿意同萨达特进行谈判，并接受把在战略上很重要的西奈半岛撤军作为和平协议的一部分。冷战的结束是一个明显的例外，因为自 20 世纪 70 年代以来，苏联经济一直徘徊不前。戈尔巴乔夫之前的三位苏联领导人都了解这种形势，却没有做很大的改变来解决这个问题，因此经济徘徊不前充其量只是戈尔巴乔夫致力于和解的因素之一。

成熟论也是不确定的，因为在《戴维营协议》（Camp David Accords）签署之前的至少二十年里，在《奥斯陆协议》（Oslo Accords）签署之前的四十年里，阿以僵局一直都是一种相互伤害的僵局。《奥斯陆协议》也没有带来和平。相反，在没有任何相互伤害的僵局情形下，《英法协约》达成了。自1815年以后，英法之间就没有发生过战争，两国在没有流血的情况下，解决了把两国带入战争边缘的 214
法绍达危机。

当新领导人上台时，国内外都存在要缓和已有冲突的强大激励机制，此时，他们最有可能追求和解的政策。萨达特热衷于重组埃及经济，并利用西方援助、投资和技术推动经济的发展。对于法国人和戈尔巴乔夫来说，国内外激励因素都存在。法国领导人依据他们视德国为威胁的程度，想同英国保持和平。他们也想借此推动国内的计划，这就是削弱亲德的殖民部力量和反德雷福斯天主教会。对理查德·尼克松、亨利·基辛格、毛泽东和周恩来而言，激励机制主要来自外部；因为中国同苏联的冲突日益尖锐，此时中国同美国接近，在战略上是有利的。(59)

关于新领导层重要性的更多证据可以在分裂的民族和被分而治之的国家中找到。分裂的民族是指，曾经统一的国家由于冷战而分裂了。这类民族现在——或者过去——是两个德国、韩国和越南。分治的国家是前殖民帝国解体和敌对族裔群体之间有争议领土的分割结果。这类国家包括两个爱尔兰、希腊人和土耳其人组成的塞浦路斯、以色列和巴勒斯坦、印度和巴基斯坦。(60)

当战争、其他形式的暴力或者军备竞赛和威胁性部署已经被证明适得其反——并且普遍被认为适得其反时——外交也更可能富有成效。法绍达危机对于法国领导人，1973年战争对于埃及和以色列领导人，北约在西欧前沿部署的潘兴Ⅱ型导弹和陆基巡航导弹对于苏联领导人，都有着这方面的作用。爱尔兰也吻合这个模式，但是方式更为复杂。与英国进行的争取独立的战争触发了爱尔兰的内战，希望在32个郡中的26个郡的基础上独立的温和派与坚持斗争以获得对全岛的全部控制权的强硬派之间爆发了战争。直至近年，无论是爱尔兰民族主义者还是阿尔斯特清教（Ulster Protestant）准军事组织都未能将自己的意志强加于北爱尔兰，最终都失去了各自选区的支持，在一定程度上，这些组织被分裂了，从而为更温和的行为体上台提供了空间。⑥

外交本身就很重要。如已指出的，外交在所有的和解中都有着关键作用。法国愿意放弃在埃及和苏丹的利益、英国愿意支持法国在摩洛哥的殖民主张为两国和解铺平了道路。这种巧妙的交换不是显而易见的；它需要想象力和实施的技巧。《英法协约》又因德国拙劣的外交而得到了巩固。德皇威廉和德国总理伯恩哈特·冯·比洛（Bernhard von Bülow）在1904年引起了摩洛哥危机，这场危机把法国推向了英国的怀抱，英国人支持了法国，这使两国关系由小心翼翼的和解走向事实上的结盟关系。研究中美和解的学者也称赞领导人很大程度上在秘密情形下小心进行的一步一步试探，这种试探导致基辛格和尼克松访华，随后双方开展了迅速而有效的外交，澄清了问题，达成了谅解，最后双方都在分别签署的公报中以各自的方式阐释了这种谅解。⑥

领导人必须思维灵活，如法绍达危机之后的法国外交部长泰奥菲勒·德尔卡塞（Théophile Delcassé）和英国外交部长的表现。德尔卡塞在法绍达危机后有一个突然的转变，曾差点同法国开战的索尔兹伯里对德尔卡赛在危机后的提议持非常开放的态度。尼克松和基辛格克服了自己关于中国的敌对印象；早在20世纪50年代，尼克松就愿意超越僵化的冷战思维，以探索除了共产主义意识形态外的其他解释来看待中国的敌意。⑥在他上任时，他对中国领导人及其动机的看法开始向着积极的方向转变，因为他希望在中国帮助下，找到"体面的"撤出印度支那战争的方式。个人交往更使他和基辛格对毛泽东和周恩来的看法发生了很大的转变。⑥笔者在前文中也提到，里根相比他的副总统和其他许多顾问更能接受戈尔巴乔夫。如果是老乔治·布什任总统的话，在美苏和解上就似乎不会有太大进展。[66]这些和解事例中最缺乏灵活性的是贝京，他在卡特总统的支持与许诺下才转过弯来。[66]然而与利库德集团（Likud）中的其他同行相比，他对与埃及实现和平前景的态度更为开放。

最后，领导人必须有政治空间伸出或抓住橄榄枝。领导人有时可通过巧妙的策略为自己开拓出政治空间，比如转移对手的注意力、积极构建联盟、娴熟地回应大众舆论。尼克松获益于身为一名共和党人，但是仍要面对冷战观点和右翼的反对。1971年7月，56%的美国人认为中国是世界上最危险的国家。[67]尼克松和基辛格成功地运用现实主义观点孤立了来自亲台、反共和某些商业利益的反对意见，用倡导和平的话语赢得了温和的共和党人和民主党人的支持。[68]在尼克松对北京的访问被广泛地电视转播后，盖洛普民意调查显示，96%的美国民众对中国人民持积极的看法。[69]戈尔巴乔夫则不是太成功，因为苏联的军事、工业和共产党中的大多数人都反对他的国内改革和外交政策。他启动了最终削弱自己支持力量的过程。[70]萨达特则面对更大的障碍；他未能赢得埃及政治—军事精英或者舆论的多数支持，还被暗杀了。

和解是一种相互的过程。1959年的戴维营会议后，德怀特·艾森豪威尔总统和赫鲁晓夫总书记似乎即将实现冷战中紧张关系的缓和。艾森豪威尔的努力白费了，因为他继续支持U-2侦察机飞越苏联领空，他也需要安抚在基督教民主党（Christian Democratic）执政下的联邦德国盟友，而该党反对和解。赫鲁晓夫是在冒险，艾森豪威尔实际上断送了和解。事实上，林登·约翰逊和赫鲁晓夫的继任者列昂尼德·勃列日涅夫谈判达成了缓和，因为两人在国内都获得了强有力的支持，约翰逊总统也有国际的支持。[71]

艾森豪威尔的反面事例、约翰逊和勃列日涅夫的表面成功、1993年以色列和巴勒斯坦解放组织的《奥斯陆协议》揭示了外交进展停滞的负面影响。美国 U-2 侦察机事件导致赫鲁晓夫抵制了 1960 年的巴黎首脑会议,他部分地是在保护自己免受苏联强硬派的攻击。[72] 缓和提高了无法实现的期望,导致冷战加剧。[73]《奥斯陆协议》的破裂有不同的原因:反对和解的强硬派使用暴力令大众舆论极化,削弱了温和派的基础。其关键事件是,1995 年 11 月犹太极端民族主义者暗杀了以色列总理伊扎克·拉宾。北爱尔兰冲突双方的强硬派定期尝试,并成功破坏了走向和平的举动。暴力的增加与人们认为的跨派别政治合作的可能性成正比。[74]

这些和解努力的失败为领导人和外交官提供了一些教训。首先也是最重要的是,要在和解与其他目标之间做出艰难的选择。那些愿意缓和紧张局势或者回应对手缓和紧张关系提议的领导人,如果失败了,就很容易受到政治上的指责,即使成功了,也会受到指责。伸出或抓住橄榄枝也增加了被对方利用的可能性。艾森豪威尔在批准 U-2 侦察机最后一次对苏联进行侦察时,主要是想保护自己和美国避免遭受后一种威胁,因为他想确认,苏联人还没有部署好他们的第一代洲际弹道导弹。艾森豪威尔知道这是在冒险,因为苏联已经部署了一枚新的地对空导弹,但他依然相信了美国中央情报局的话,认为他们能够躲过这枚导弹。动机偏差也可能有利于和解。在威慑挑战的镜像中,做出和平提议的领导人可以说服自己,他们会成功。萨达特和戈尔巴乔夫的自信超越了可获得的证据所能证明的范围,这反而有助于他们乐观主义的自我实现。[75]

和解的努力应该既缓慢又迅速地进行。谨慎和秘密是必要的,因为这样一来,领导人可以向国内保证他们的坚定,同时也不会被外部利用。一旦和解提议被公开了,领导人就必须迅速行动,尽可能降低通过媒体或暴力把舆论动员起来的反对派形成联盟的可能性。《奥斯陆协议》原本是由巴勒斯坦人和以色列人直接谈判达成和平条约的前奏。双方都知道对方也要和平，但是如果不能达成协议的话，在政治上就暴露了。因此每一方都期望对方做出更多的让步，谈判时间拖得太长，这给了以色列强硬派攻击和平进程的时间。在著名的1993年拉宾与阿拉法特的电视握手和《奥斯陆协议》的达成上，比尔·克林顿总统发挥了中心作用，但是美国总统及其外交官未能对双方施加足够的压力使他们迅速签署条约。谈判拖延下去，阿拉法特开始退缩，拉宾的被暗杀改变了以色列方的政治考量。奥斯陆进程的失败加剧了冲突，随后的外交提议都未能产生积极的效果。⑯

和平提议要求提前对国内外风险进行仔细评估。国内外的重要受众怎样反应？一旦进行和平的努力为世人所知，领导人追求和解的自由余地有多大？这些评估的后果是不确定的，因为其他人的目标和风险评估通常都是不透明的，尤其在基于不同的假设时更是如此。如我们所看到的，这个问题同样也困扰着威慑或胁迫；增信释疑也一样。增信释疑有相对的优势，原因在于，其实施是小步骤、低代价、可逆的，且对手将如何反应有迹可循。这方面的事例有《英法协约》之前和尼克松访华之前，外交官之间的秘密磋商。然而，不可逆的走向和解的单边步骤更可信，可能对打破固有的不信任之墙更必要。这正合了萨达特和戈尔巴乔夫的目的。当代主流的俄罗斯舆论把戈尔巴乔夫视为叛徒，或者至少是天真，他被西方利用了。⑰即使成功的和解也是可逆的，这有多方面的原因。

笔者的分析只涉及笔者在第六章中描述的和解最初阶段：远离战争的可能性。国际关系中还没有人进行充分研究的一个主要话题是，从减少战争发生的可能性到关系正常化的更为深远的和解。迄今为止，对和解后续阶段及其相关机制的研究还很少。

## 四、总体思维

至此,笔者对威慑、增信释疑和外交进行了独立的分析。管理冲突的任何复杂战略都必须将三者结合起来,因为严重冲突的所有原因或表现都是彼此相关的。政策制定者的关键任务是,弄清他们要解决的冲突的起因,管理冲突的何种战略与这些起因有关联,以及如何协同运用这些战略。

一个有用的出发点是,认识到多数冲突都有主要和次要的起因,即笔者所说的最初起因与后续起因。拿冷战来说,笔者认为主要和最初的起因是德国战败之后中欧出现的权力真空。苏联和美国事先就各自的占领区达成了协议。双方都寻求以符合各自认为有利的方式管理这些领土,从而产生了冲突。冲突剧烈,直至很快发展为德国被一分为二的结果。这是1949年到1962年间出现战争威胁的三次危机的焦点。意识形态也可能被视为冲突的深层次原因,因为意识形态在不同程度上促成了不同的与不相容的占领政策。最初的欧洲冲突迅速蔓延到世界其他地区:朝鲜一分为二,随后是越南。[78] 苏联和美国在阿以冲突以及后来的南亚和非洲冲突中各支持对立的一方。冷战引起军备竞赛,随着苏联引爆了第一个核装置之后,军备竞赛加剧,两国都寻求发展热核武器。

到1986年戈尔巴乔夫上台时,在第一次打击中有可能将双方领导人斩首的核武库及其运载系统成为双方争论的主要焦点。1975年《赫尔辛基协定》(Helsinki Accords)解决了欧洲领土问题,但是冲突的表现形式——军备竞赛和在发展中世界的竞争——现在却成了原因。[79] 冷战表明,随着冲突的发展,冲突的原因也在增多,解决了冲突的最初原因,可能对继发次要原因没有明显改善作用。冷战还进一步揭示出,主要原因和次要原因可以有多种联系。

在《国际关系的文化理论》中,笔者论证,冲突产生自两个基本的人性冲动——欲望(appetite)和精神(thumos)——以及恐惧的强烈情感。⑩在国际冲突中,欲望在追求物质福利的过程中表现出来。这种欲望可以通过多种手段来实现与保护。

精神指人类对自尊的普遍追求,一般通过在同辈群体或社会所重视的活动中的出色表现来实现。在赢得同辈或社会的赞许后,我们自身也会感觉良好。在现代,许多人都将自己与国家紧密联系在一起,从而出现了一定程度的移情。⑪争取民族独立和地位的斗争在一定程度上被公民内化了,公民的自尊随着本国在国内外的成功与挫折而起伏。领导人可以为了自己的政治目的动员和利用这种移情,如弗拉基米尔·普京(Vladimir Putin)在俄罗斯的成功、唐纳德·特朗普(Donald Trump)在2016年大选中的获胜。他们或者继任者可能被他们激起的这种移情和相关情绪所俘获。德国在第一次世界大战前夕的外交政策和中国目前的外交政策似乎说明了后者。⑫

恐惧成为一种强大的动机,以至于理智失去了对欲望和精神的控制。行为体都担心自己的能力无法满足自己的欲望、赢得或保持自尊,或许他们还担心自身的安全。在国际社会中,恐惧是普遍存在的,因为秩序没有国内社会的牢固。领导人、顾问和公共舆论都倾向于对敌对关系进行最坏情况的分析。他们总是认为,对手总是充满敌意,只能通过强大的武力加以约束,因此总是想获得决定性的军事优势。⑬如前文提到的,威慑理论正是基于这一假设运作,且有可能有助于证实这种假设。恐惧很容易成为支配敌对关系的核心机制,冷战时期的多数时候都是如此。

笔者的管理和解决冲突的三个通用方法针对的正是这三种冲突起源(如图7.1)。这三种方法可能缓和这三种起因产生的紧张局势,但是在缓和的过程中,可能加剧其他紧张局势。笔者已从威慑和胁迫方面探讨了这一机制。这两种方式都依赖军事行动来约束或者胁迫对手，同时激起了目标领导人的恐惧与敌意。增信释疑和外交加剧冲突的可能性不大，但是也不排除其加剧冲突的可能性。揭示领导人和国家在重大政治和战略问题上的分歧的程度表明，失败的外交可能加剧冲突。撒切尔利用谈判争取时间的努力就具有这样的后果，从而成为阿根廷军方决定入侵福克兰/马尔维纳斯群岛的催化因素。⑭ 对于那些野心无法通过让步得到满足的行为体，如果在增信释疑方面的努力失败，也可能产生事与愿违的效果。

意图管理或解决冲突的领导人必须相应地了解造成冲突的可能起因，对这些起因的相对重要性进行评估，并决定解决这些起因的顺序。在一些冲突中，对根本起因的成功解决使得连锁原因或现象的解决变得容易。边境争议的解决往往有这种积极的效果，如在美国独立战争后的英国和美国关系那样。在其他冲突中，如在冷战中，次要表现反而难以处理。

有时在处理主要原因之前处理次要原因会更有效。《英法协约》、埃以和解与中美和解都是如此。台湾是中美争执的主要焦点，20 世纪 50 年代的两次台湾海峡危机都差点引起中美之间的战争。乒乓外交导致对台湾问题的讨论，这使得中美关系正常化，减少了恐惧与相互的敌意。但与德国同邻国之间的领土争议问题不同的是，台湾问题未能解决，并且周期性地引起中美关系紧张，如特朗普在总统就职之前同台湾当局的电话就引起关系紧张。⑮

这些冲突表明，首先解决哪种原因并没有一般的原则。机遇决定着战略。领导人应该以他们对哪种原因最容易解决的判断为指导。这些判断从不是科学的，但是反映或者应该反映政治上对冲突原因的理解、对解决办法的开放态度，以及前文提到的启动和解进程的所有条件。分析是有用的，但关键在于领导才能。

不同起因的冲突的解决应该运用不同的策略。我们或许可以用每一个顶点代表一个一般起因的冲突三角形来定义这些选择。笔者关注的是精神和恐惧，因为以追求物质富足的方式体现的欲望，自 18 世纪后期以来，从未成为大国冲突的主要起因。[86]敌意可能是一种冲突来源，如希特勒德国对邻国的敌意——如果不是全世界的话——更多时候，敌意是冲突的后续影响。领导人，或许还有舆论都认为，对手一直怀有敌意，并准备消灭他们。我们在冷战中看到了这种现象。美国人认为苏联和中国都试图摧毁他们的政治制度，苏联和中国领导人也持有同样的看法。

威慑是对付充满敌意的对手的适当战略，因为他们认为，只有强大的武力才能阻止对手发动进攻。但是只有在这种看法是正确的情形下，威慑才发挥作用，如我们所看到的，通常情况并不是这样。威慑的成功只有在下述条件下才能实现：对手领导人主要是为了获得利益而不是担心损失，领导人有进行克制的自由余地，不会被对政治—军事均势的理想化评估误导，且容易受制于威慑方有能力进行可信的威胁。如果挑战方不具有这些动机、认知和政治特征，威慑战略就很可能加剧冲突。威慑的时间也很重要。如果威慑尽早使用，其效用就会提高，要早于对手承诺挑战或者准备使用武力之前、早于他们对警告和威胁无动于衷之前。

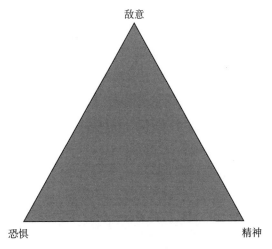

图 7.1　冲突三角形

恐惧与敌意密切相关。如果领导人认为对手有敌意，那么他们就会恐惧。增信释疑试图通过改变这种观念来减少恐惧。它可以具有欺骗性，如希特勒对法国和英国的绥靖所做的那样。更常见的是，这种策略通过展示善意或合作的意图缓和紧张局势。如已经提到的，增信释疑的尝试必须克服目标领导人的怀疑。目标领导人可能依然认为，无论对错，对手始终怀有敌意，把传递过来的信息或者行动解释为邪恶，旨在诱使他们或舆论放松警惕。里根政府中的主要成员就是这么看戈尔巴乔夫，并试图阻止甚至破坏军备控制谈判的。⑰

笔者对几个成功增信释疑事例的研究取得了重大突破，至少实现了第一层次的和解：战争的可能性大幅减少。在英法冲突、中美冲突和冷战冲突中，这第一步为更加深入的和解形式奠定了基础。笔者想要强调的是，即使在和解不是一个可行的目标时，增信释疑也是有用的战略。在潜在挑战方主要由需求驱动，但受到国内外严重制约时，各种形式的增信释疑能够对威慑或胁迫有弥补作用，可以在一定程度上减少不信任与恐惧。

最佳的历史事例是，在古巴导弹危机中，增信释疑同胁迫结合使用。在《我们都输了冷战》这本著作的基础上，本书第五章中展示了，以海军封锁古巴和威胁入侵古巴以及空袭苏联在古巴的导弹基地的形式进行的胁迫，提高了战争的风险，而肯尼迪运用的增信释疑战略降低了向赫鲁晓夫让步的成本。苏联领导人开始相信，肯尼迪不是美国军方和华尔街银行家的工具，而是有着一定程度的独立，且致力于避免战争之人。随着苏联撤回在古巴的导弹，美国总统并不是又提出新的要求，而是决心解决危机并且降低未来危机的可能性。赫鲁晓夫和肯尼迪在游戏的最后关头和危机余波中，既是对手，也是伙伴，为随后的缓和铺平了道路。⑱

整个冷战期间几乎没有实施威慑的观点也同事实不符。第五章表明，苏联和美国领导人很大程度上是在自我威慑；他们满足于维持现状，对于第二次世界大战的记忆使他们极力避免军事冲突。核武器的出现使他们更害怕战争，但是，双方都不知道对方在多大程度上和自己一样有着同样的恐惧。他们因此实施威慑、发展并部署热核武器，直至后来，寻求实战的能力。这些政策使他们更感不安全、更为恐惧，并对对方的敌意深信不疑。最小的威慑也可能造成严重的破坏，即使不是相互摧毁，也激起人们对战争的恐惧，但是不会激起同样的基于最坏情况分析的敌意。连同增信释疑，威慑可能在更早的时候促使双方都认识到战争的恐怖，最终找到管控军备竞赛及其所带来的恐惧的办法。

基于威胁的战略和增信释疑以积极和消极的方式影响着精神。威慑威胁到行为体的自尊，因为它要求行为体屈从于威胁，有时因此还会受到公开的羞辱。胁迫造成的影响甚至更严重。明显的屈从会使行为体愤怒，如果不是挑衅的话。第三章和第五章描述了威胁与胁迫如何以更加激烈的方式重构冲突。如果说不向敌方威胁屈服的目标比受到威胁的任何实质利益更重要的话，这种情形就出现了。基于威胁的战略也会激起强烈的报复愿望，如在 1908 年至 1909 年波斯尼亚危机（the Bosnian Annexation crisis）中德国对俄国的威胁和美国在土耳其部署的"朱庇特"导弹对赫鲁晓夫造成的影响。[89]

增信释疑与外交都是与冲突三角形中的精神有关的战略。精神激发了为获得承认、声誉和地位而进行的竞争，一旦这些目标无法实现的话，冲突就产生了。有越来越多的文献谈论国际关系中的承认及其同减少冲突的相关性。[90]承认、声誉和地位通常都被描述为"象征性的"目标，暗示着这些目标不如"实质"目标重要。没有什么比这种观点更偏离事实的了。在《国家为何而战？》一书中，笔者建立了一个包括自 1648 年到现在的大国和崛起大国间的所有战争的数据集。数据集确定了战争的发起者（通常是各种各样的）、发起者的动机（安全、物质优势、地位、报复和国内政治）、战争结果

（赢、输或者平局）、战争规则的性质（如果有的话）、战争的持续时间和激烈程度、和平解决的特征。与现实主义者的预期相反，笔者发现，在 94 场战争中，只有 19 场是出于安全的理由。将物质利益作为战争动机的就更少了，只有 8 场战争与之有关，且大多数还都发生于 18 世纪。相反，作为首要或者次要动机，地位须对 62 场战争负责。报复，作为精神的体现，牵连到另外 11 场战争。毫无疑问，精神是几个世纪以来战争的主要起因，但是迄今为止，精神及其后果在国际关系文献中几乎完全被忽视了。[91]

对承认、声誉和地位的关注有时无须在对其他目标进行重大的权衡情况下就可以解决。赫鲁晓夫在访问美国时受到艾森豪威尔的体面接待，这就是一个例子。他在美国被视为"国家元首"，虽然他只是党的总书记。艾森豪威尔邀请他到戴维营的总统度假胜地，这对缺乏安全感的苏联领导人对自身价值和本国价值的估计产生了明显的积极影响。这使他更愿意合作。[92]在 1972 年 5 月，苏联领导人列昂尼德·勃列日涅夫和美国总统理查德·尼克松在莫斯科会晤，签署了第一份重要的战略武器限制协议，并讨论了预防战争危机的方法。防止战争显然是两个超级大国压倒一切的目标，苏联领导人称赞缓和是一项重要的成就。[93]他们还强调，通过这些协议他们双方获得了同等的超级大国地位。对莫斯科特别重要的是，基本原则协议中的第二条指出："基于平等原则承认双方的安全利益，并放弃使用与威胁使用武力的原则"，承认"直接或间接为获得单方面优势而牺牲他人利益的努力违背了上述目标"。[94]对于苏共中央政治局成员来说，这些协议象征着他们长期以来要求美国承认他们是同等的全球大国的目标实现了。苏共中央委员会国际情报部部长列奥尼德·扎米亚金代表勃列日涅夫解释说，作为美国认可的同等大国，苏联现在期待着全面参与解决重大国际冲突。[95]这明显地暗示，一旦其地位要求得到承认与尊重，苏联将像一个令人满意的大国一样行事。

但这些事例却引人反省,因为艾森豪威尔与赫鲁晓夫的冰释前嫌和约翰逊与勃列日涅夫的缓和都令人遗憾的短命。这些做法引起了错误的期待,缓和允许也可能鼓励了相互冲突的解释,这些解释不但加速了缓和的消失,而且导致了相互背叛、愤怒和恶化的紧张关系。然而,毫无疑问,承认对手是平等的,并与其领导人建立一定的个人信任关系,这对进行有意义的和解非常关键。外交处于这些努力的中心。外交官和其他使者必须为构建积极关系的各种接触和协议铺平道路,领导人则必须尽力发展这些积极关系。在索尔兹伯里勋爵与法国大使保罗·坎本(Paul Cambon)、理查德·尼克松和亨利·基辛格与毛泽东和周恩来、戈尔巴乔夫与英国首相玛格丽特·撒切尔和里根之间的良好私人关系,对于英法和解、中美和解、冷战的结束来说是必不可少的。这种关系并不是完全必要的,如埃以和平条约与中美和解所显示的。在戴维营,吉米·卡特总统作为关键的中间人分别会见了贝京和萨达特,因为埃以双方无法单独达成协议。⑩

笔者谈及了冲突三角形的每个顶点,但是现实世界的冲突居于三角形的边界之内,这些冲突通常在不同程度上都包含恐惧、精神和敌意。它们各自的重要性很少是不言自明的。对冲突的情境和历史的不同理解导致了不同的评估,以及可能不同的战略偏好。最重要的是,它们导致了对冲突是否可以减少或者解决的不同评估。由于动机和认知的原因,人们会对自己的观点深信不疑。前者促使他们以符合他们的政治和心理需求的方式看世界。他们的世界观、职业、地位或者财富越是源自或者同冲突及其原因的特定观点相关,他们就越不愿意接受那些暗示另一种观点的信息。后者导致人们只看到希望看到的东西,这种模式越发展,他们对于不一致的信息就越有抵抗力。

学者同政策制定者及其顾问和媒体一样，容易屈从于有动机的认知偏差。这有助于解释，为何在美国或者苏联无人想到结束冷战是可能的，或者戈尔巴乔夫和里根能够废除战区核武器，戈尔巴乔夫能让东欧国家拒绝共产主义政权、同意德国统一。把我们对政治的分析同我们的政治信念和期待分开尤其困难。打破有动机的认知障碍，实现有意义的变化与和解，可能需要领导人既不能坚定地支持某一种特定的冲突观点，又不能出于其他原因有强烈的动机寻求和解。

本书清楚地表明，将威慑、增信释疑和外交结合起来的冲突管理战略是一项必要的但又困难的任务。这些战略的成功面临许多的障碍，无论是单独实施，还是集体实施。在不同的战略、政治和心理条件下，没有任何单一的战略适用于所有的事例。无论如何，对每项战略的局限性、各自的优势与劣势及其互动作用保持敏感是管理和解决冲突的第一步，接着才能防止冲突升级到危险的程度。

## 注 释

① Mihail M. Narinskii, "The Soviet Union and the Berlin Crisis, 1948–1949," in Francesca Gori and Silvio Pons, *The Soviet Union in the Cold War, 1943–1953* (New York: St. Martin's, 1996), pp. 57–75; Victor Gorbarev, "Soviet Military Plans and Actions During the First Berlin Crisis," *Slavic Military Studies*, 10, No. 3 (1997), pp. 1–23. Vladislav Zubok and Constantine Pleshakov, *Inside the Kremlin's Cold War* (Cambridge: Harvard University Press, 1997), pp. 134–137, 194–197.

② Richard Ned Lebow and Janice Gross Stein, *We All Lost the Cold War* (Princeton: Princeton University Press, 1994), Ch. 6.

③ Ibid, Ch. 11.

④ Michael A. Barnhart, *Japan Prepares for Total War: The Search for Economic Securi-*

*ty, 1919-1941* (Ithaca, N. Y.: Cornell University Press, 1987); Gerhard L. Weinberg, *A World at Arms: A Global History of World War II* (Cambridge: Cambridge University Press, 1994), pp. 260, 323, 329-330; Janice Gross Stein, "Calculation, Miscalculation and Deterrence: The View from Cairo," in Robert Jervis, Richard Ned Lebow, and Janice Gross Stein, *Psychology and Deterrence* (Baltimore: Johns Hopkins University Press, 1984), pp. 34-59.

⑤ Richard Ned Lebow, *A Cultural Theory of International Relations* (Cambridge: Cambridge University Press, 2008) and *Why Nations Fight: The Past and Future of War* (Cambridge: Cambridge University Press, 2010).

⑥ Richard Ned Lebow, *Between Peace and War: The Nature of International Crisis* (Baltimore: Johns Hopkins Press, 1981), Chs. 4-5.

⑦ Jervis, Lebow, and Stein, *Psychology and Deterrence*, Chs. 4-5, 7.

⑧ Lebow, *Cultural Theory of International Relations*, Chs. 7-9.

⑨ Lebow, *Why Nations Fight*, Ch. 4.

⑩ Richard Ned Lebow and Benjamin Valentino, "Lost in Transition: A Critique of Power Transition Theories," *International Relations*, 23, No. 3 (2009), pp. 389-410.

⑪ Lebow, *Why Nations Fight*, Ch. 4, for elaboration.

⑫ Barnhart, *Japan Prepares for Total War*; Weinberg, *A World at Arms*, pp. 260, 323, 329-330.

⑬ Alexander L. George, and Richard Smoke, *Deterrence in American Foreign Policy: Theory and Practice* (New York: Columbia University Press, 1974), p. 5.

⑭ Melvin Gurtov and Byung-Moo Hwang, *China under Threat: The Politics of Strategy and Diplomacy* (Baltimore: Johns Hopkins University Press, 1980), pp. 63-98; Jian Chen, *Mao's China and the Cold War: Beijing and the Taiwan Strait Crisis of 1958* (Chapel Hill, NC: University of North Carolina Press, 2001), Ch. 7.

⑮ Glenn H. Snyder and Paul Diesing, *Conflict Among Nations: Bargaining, Decision Making, and System Structure in International Crisis* (Princeton: Princeton University Press, 1977), pp. 183-184; George and Smoke, *Deterrence in American For-*

*eign Policy*, pp. 550-561.

⑯ Thomas Schelling, *Arms and Influence* (New Haven: Yale University Press, 1966), p. 55.

⑰ Lebow and Stein, *We All Lost the Cold War*, Ch. 2

⑱ Ted Hopf, *Deterrence Theory and American Foreign Policy in the Third World, 1965-1990* (Ann Arbor: University of Michigan Press, 1994). Daryl G. Press, *Calculating Credibility: How Leaders Assess Military Threats* (Ithaca: Cornell University Press, 2007). Lebow and Stein, *We All Lost the Cold War*, Chs. 2, 10-11.

⑲ Morton H. Halperin and Tang Tsou, "The 1958 Quemoy Crisis," in Morton H. Halperin, ed., *Sino-Soviet Relations and Arms Control* (Cambridge: M. I. T. Press, 1967), pp. 265-304. George and Smoke, *Deterrence in American Foreign Policy*, pp. 386, 578, for quote.

⑳ Fredrik Logevall, *The Origins of the Vietnam War* (London: Routledge, 2001), Ch. 4; Brian VanDeMark, *Into the Quagmire: Lyndon Johnson and the Escalation of the Vietnam War* (New York: Oxford University Press, 1995).

㉑ Schelling, *Arms and Influence*, p. 118.

㉒ Robert Jervis, *Perception and Misperception in International Relations* (Princeton: Princeton University Press, 1976), pp. 58-113; Lebow, *Between Peace and War*, Chs. 4-5.

㉓ Louis Kreisberg, *Constructive Conflicts: From Escalation to Resolution* (Lanham, M. D.: Rowman & Littlefield, 2011), Ch. 8.

㉔ Robert Axelrod, *The Evolution of Cooperation* (New York: Basic Books, 1984) and "An Evolutionary Approach to Norms," *American Political Science Review*, 80 (1986), pp. 1095-1111; Robert Axelrod and Robert Keohane, "Achieving Cooperation Under Anarchy," *World Politics*, 38 (1985), pp. 226-254.

㉕ Lebow and Stein, *We All Lost the Cold War*, Ch. 5.

㉖ Robert E. Nisbett and Lee Ross, *Human Inference: Strategies and Shortcomings of Social Judgment* (Englewood Cliffs, N. J.: Prentice-Hall, 1980); Lee Ross, "The Intuitive Psychologist and His Shortcomings: Distortions in the Attribution

Process," in L. Berkowitz, ed., *Advances in Experimental Social Psychology*, Vol. 10 (New York: Academic Press, 1977), pp. 174-241.

㉗ Brown, *Gorbachev Factor*; Jacques Levesque, *The Enigma of 1989: The USSR and the Liberalization of Eastern Europe* (Berkeley and Los Angeles: University of California Press, 1997); Robert D. English, *Russia and the Idea of the West: Gorbachev, Intellectuals, and the End of the Cold War* (New York: Columbia University Press, 2000) and "Power, Ideas, and New Evidence on the Cold War's End: A Reply to Brooks and Wohlforth," *International Security*, 26, 4 (2002), pp. 93-111.

㉘ Matthew A. Evangelista, *Unarmed Forces: The Transnational Movement to End the Cold War* (Ithaca: Cornell University Press, 1999).

㉙ Thomas A. Schelling, *The Strategy of Conflict* (Cambridge: Harvard University Press 1960), pp. 131-137.

㉚ Robert Service, *The End of the Cold War 1985-1991* (London: Macmillan, 2016), pp. 143-148, 202, 329-338, 400-415.

㉛ Goh, *Constructing the U.S. Rapprochement with China*, pp. 153-183; Margaret Macmillan, *Nixon and Mao: The Week That Changed the World* (New York: Random House, 2006).

㉜ Richard Ned Lebow, "Miscalculation in the South Atlantic: British and Argentine Intelligence Failures in the Falkland Crisis," *Journal of Strategic Studies*, 6 (March 1983), pp. 1-29.

㉝ Bradford Dismukes, and James M. McConnell, eds., *Soviet Naval Diplomacy* (New York: Pergamon Press, 1979); Alexander L. George, "US-Soviet Global Rivalry: Norms of Competition," *Journal of Peace Research*, 23, No. 3 (1986), pp. 247-262.

㉞ Janice Gross Stein, "Extended Deterrence in the Middle East: American Strategy Reconsidered," *World Politics*, 39 (1987), pp. 326-352.

㉟ George, "US-Soviet Global Rivalry."

㊱ Jens Steffek, "The Cosmopolitanism of David Mitrany: Equality, Devolution and

Functional Democracy Beyond the State," *International Relations*, 29, No. 1 (2015), pp. 23-44.

㊲ Shibley Telhami, *Power and Leadership in International Bargaining: The Path to the Camp David Accords* (New York: Columbia University Press, 1992); Yaacov Bar-Simon-Tov, *Israel and the Peace Process 1977-1982: In Search of Legitimacy* (Albany: State University of New York Press, 1994).

㊳ Raymond L. Garthoff, *Détente and Confrontation: American-Soviet Relations from Nixon to Reagan* (Washington, DC: Brookings, 1994), Chs. 6-8; Evelyn Goh, *Constructing the US Rapprochement with China, 1961-1974: From Red Menace to Tacit Ally* (Cambridge: Cambridge University Press, 2005).

㊴ Henry Kissinger, *Diplomacy* (New York: Simon & Schuster, 1994); G. R. Berridge, *Diplomacy: Theory and Practice* (London: Palgrave-Macmillan, 2015); Jean-Robert Leguey-Feilleux, *Dynamics of Diplomacy* (Boulder, CO: Lynne Rienner, 2009); Andrew Cooper, Jorge Heine, and Ramesh Thakur, eds., *The Oxford Handbook of Modern Diplomacy* (Oxford: Oxford University Press, 2003).

㊵ 关于所谓外交转向的讨论，参见 Paul Sharp, ed., *Diplomacy Theory of International Relations* (Cambridge: Cambridge University Press, 2009); Ole Jacob Sending, Vincent Pouliot, and Iver B. Neumann, eds., *Diplomacy and the Making of World Politics* (New York: Cambridge University Press, 2015)。

㊶ William D. Davidson, and Joseph V. Montville, "Foreign Policy According to Freud," *Foreign Policy*, 45 (1981-1982), pp. 145-157; Louise Diamond and John McDonald, *Multi-Track Diplomacy: A Systems Approach to Peace* (West Hartford, CT: Kumarian Press, 2006); Joseph Montville, "Track Two Diplomacy: The Arrow and the Olive Branch," in Vamik D. Volkan, Joseph Montville, and Demetriou A. Julius, eds., *The Psychodynamics of International Relations*. Vol. 2. *Unofficial Diplomacy at Work* (Lanham, MD: Lexington Books, 2003), pp. 161-175; Hussein Agha, Shai Feldman, Ahmad Khalidi, and Zeev Schiff, *Track II Diplomacy: Lessons from the Middle East* (Cambridge: M. I. T. Press, 2003).

㊷ Evangelista, *Unarmed Forces*, pp. 144-146.

㊸ Richard K. Herrmann and Richard Ned Lebow, eds., *Ending the Cold War*, co-edited with Richard K. Herrmann (New York: Palgrave-Macmillan, 2003), Ch. 9.

㊹ 一个特别令人震惊的例子是 Jack Matlock, *Autopsy on an Empire: The American Ambassador's Account of the Collapse of the Soviet Union* (New York: Random House, 1995)。

㊺ Baruch Fischoff, "Hindsight is not Equal to Foresight: The Effect of Outcome Knowledge on Judgment under Uncertainty," *Journal of Experimental Psychology: Human Perception and Performance*, 1, No. 2 (1975), pp. 288–299; S. A. Hawkins and R. Hastie, "Hindsight: Biased Judgments of Past Events after the Outcomes are Known," *Psychological Bulletin*, 107, No. 3 (1990), pp. 311–327.

㊻ William R. Thompson, ed., *Great Power Rivalries* (Columbia, S. C.: University of South Carolina Press, 1999); Jack Levy and William R. Thompson, *Causes of War* (New York: Blackwell, 2010); Sumit Ganguly and William R. Thompson, *Asian Rivalries: Conflict, Escalations, and limitations on Two-Level Games* (Stanford: Stanford University Press, 2011).

㊼ I. William Zartman and Maureen Berman, *The Practical Negotiator* (New Haven: Yale University Press, 1982); I. William Zartman, "The Strategy of Preventive Diplomacy in Third World Conflicts," in Alexander L. George, ed., *Managing US-Soviet Rivalry* (Boulder, CO: Westview, 1983), Saadia Touval and I. William Zartman, eds., *International Mediation in Theory and Practice* (Westview, 1985); I. William Zartman, *Ripe for Resolution* (New York: Oxford, 1989) and "Ripeness," in Guy Burgess and Heidi Burgess, eds., *Beyond Intractability*, Conflict Information Consortium, University of Colorado, Boulder, June 2013, http://www.beyondintractability.org/essay/ripeness (accessed 9 November 2016).

㊽ Senator Gravel Edition, *The Pentagon Papers: The Defense Department History of United States Decisionmaking in Vietnam*, 4 vols. (Boston: Beacon Press, 1971), Vol. 3, pp. 687–691; Townsend Hoopes, *The Limits of Intervention: An Inside Account of How the Johnson Policy of Escalation Was Reversed* (New York: David McKay, 1969), p. 30.

㊾ Richard Ned Lebow, *Forbidden Fruit: Counterfactuals and International Relations* (Princeton: Princeton University Press, 2010), Chs. 1, 3-4.

㊿ Ibid., 第三章对史实的讨论。

51 Richard Ned Lebow, "Contingency, Catalysts and International System Change," *Political Science Quarterly*, 115 (2000-2001), pp. 591-616; William R. Thompson, "A Streetcar Named Sarajevo: Catalysts, Multiple Causation Chains, and Rivalry Structures," *International Studies Quarterly*, 47, No. 3 (2003), pp. 453-474; Richard Ned Lebow, "A Data Set Named Desire: A Reply to William R. Thompson," *International Studies Quarterly*, 47 (2003), pp. 475-458.

52 关于后一种和解，参见 George W. Breslauer and Richard Ned Lebow, "Leadership and the End of the Cold War," in Lebow, *Forbidden Fruit*, pp. 103-136。

53 关于英法和解，参见 Richard Ned Lebow, "The Search for Accommodation: Gorbachev in Comparative Perspective," in Lebow and Risse-Kappen, *International Relations Theory and the End of the Cold War*, pp. 167-186。

54 Telhami, *Power and Leadership in International Bargaining*; Bar-Simon-Tov, *Israel and the Peace Process*.

55 George Breslauer and Richard Ned Lebow, "Leadership and the End of the Cold War: A Counterfactual Thought Experiment," in Richard K. Herrmann and Richard Ned Lebow, eds., *Ending the Cold War* (New York: Palgrave-Macmillan, 2003), pp. 161-188. Brown, *Gorbachev Factor*; Raymond L. Garthoff, *Great Transition: American Soviet Relations and the End of the Cold War* (Washington, D. C.: Brookings, 1994); Service, *End of the Cold War*; Hal Brands, *Making the Unipolar Moment: U.S. Foreign Policy and the Rise of the Post-Cold War Order* (Ithaca: Cornell University Press, 2016), 也特别强调了能动性和领导人的重要。

56 关于对结构论点及其批评的最明智陈述，参见 William C. Wohlforth, *Cold War Endgame: Analysis, Oral History, Debates* (University Park, P. A.: Pennsylvania State University Press, 2002)。

57 Martin Klimke, Reinhild Kreis, and Christian F. Osterman, eds., *Trust, but Verify: The Politics of Uncertainty and the Transformation of the Cold War Order, 1969-*

㊀ *1991* (Sanford: Stanford University Press, 2016); Brown, *Gorbachev Factor*; Service, *End of the Cold War*, p. 250.

㊳ Service, *End of the Cold War*, pp. 150-161, 185-186, 245.

㊴ John Garver, *China's Decision for Rapprochement with the United States, 1968-1971* (Boulder, CO: Westview, 1982), Ch. 2; Robert S. Ross, *China, the United States, and the Soviet Union: Tripolarity and Policy Making in the Cold War* (London, M.E.: Sharpe, 1993), pp. 1-2; Goh, *Constructing the US Rapprochement with China*, pp. 2-4, 171-175, 222-225.

㊵ Gregory Henderson, Richard Ned Lebow, and John G. Stoessinger, eds., *Divided Nations in a Divided World* (New York: David A. Mackay, 1974), Ch. 11.

㊶ Feargal Cochrane, *Northern Ireland: The Reluctant Peace* (New Haven: Yale University Press, 2012), pp. 254-281.

㊷ Robert Ross, *Negotiating Cooperation: The United States and China, 1969-1989* (Stanford: Stanford University Press, 1995), pp. 1-2; Goh, *Constructing the US Rapprochement with China*, pp. 4-5, 133-136, 143-147, 153-181, 192-204.

㊸ Goh, *Constructing the US Rapprochement with China*, pp. 121-122.

㊹ Ibid, pp. 4-5, 101-123.

㊺ 关于布什的谨慎,参见 Breslauer and Lebow, "Leadership and the End of the Cold War"; Service, *End of the Cold War*, pp. 364-366。

㊻ Telhami, *Power and Leadership in International Bargaining*; Yaacov Bar-Simon-Tov, *Israel and the Peace Process*.

㊼ Leonard A. Kusnitz, *Public Opinion and Foreign Policy: America's China Policy, 1949-1979* (Westport, Conn.: Greenwood, 1984), p. 138.

㊽ Goh, *Constructing the US Rapprochement with China*, pp. 6, 206-218.

㊾ Kusnitz, *Public Opinion and Foreign Policy*, pp. 138-139.

㊿ Archie Brown, *The Gorbachev Factor* (Oxford: Oxford University Press, 1996); Raymond L. Garthoff, *The Great Transition: American Soviet Relations and the End of the Cold War* (Washington, DC: Brookings, 1994), Chs. 6-8; Service, *End of the Cold War*, pp. 482-495.

㉑ Richard Ned Lebow and Janice Gross Stein, *We All Lost the Cold War* (Princeton: Princeton University Press, 1994), Chs. 3–5; Raymond L. Garthoff, *Détente and Confrontation: American-Soviet Relations from Nixon to Reagan*, rev. ed. (Washington, DC: Brookings, 1994), Chs. 2–4.

㉒ Lebow and Stein, *We All Lost the Cold War*, pp. 55–58; William Taubman, *Khrushchev: The Man and His Era* (New York: Norton, 2003), pp. 442–479.

㉓ Garthoff, *Détente and Confrontation*, pp. 1125–1146.

㉔ Cochrane, *Northern Ireland*, pp. 31–66; Richard English, *Armed Struggle: The History of the IRA* (Oxford: Oxford University Press, 2003), pp. 148–227.

㉕ 关于戈尔巴乔夫与其他可能的领导人，参见 Richard Ned Lebow and Janice Gross Stein, "The End of the Cold War as a Non-Linear Confluence," in Herrmann and Lebow, *Ending the Cold War*, pp. 189–218。

㉖ Ofira Seliktar, *Doomed to Failure: The Politics and Intelligence of the Oslo Peace Process* (Boulder, CO: Praeger, 2009); Robert Rothstein and Moshe Ma'oz, eds., *Israeli-Palestinian Peace Process: Oslo and the Lessons of Failure, Perspectives, Predicaments, Prospects* (Eastbourne: Sussex Academic Press, 2004).

㉗ "Russians Name Brezhnev Best Twentieth Century Leader, Gorbachev Worse," *RT Question More*, 22 May 2013, https://www.rt.com/politics/brezhnev-stalin-gorbachev-soviet-638; Quora, "What Do Russian People Think of Gorbachev?" 7 November 2015, https://www.quora.com/What-do-Russian-people-think-of-Gorbachev (both accessed 15 November 2016).

㉘ Henderson, Lebow, and Stoessinger, *Divided Nations in a Divided World*.

㉙ Garthoff, *Détente and Confrontation*, pp. 526–565.

㉚ Richard Ned Lebow, *A Cultural Theory of International Relations* (Cambridge: Cambridge University Press, 2008).

㉛ Harold Lasswell, *World Politics and Personal Insecurity* (New York: McGraw-Hill, 1935); Richard Ned Lebow, *The Politics and Ethics of Identity: In Search of Ourselves* (Cambridge: Cambridge University Press, 2012), and *National Identifications and International Relations* (Cambridge: Cambridge University Press, 2012).

㉜ Richard Ned Lebow, *Cultural Theory of International Relations*, Ch. 7; Peter H.

Gries, *China's New Nationalism: Pride, Politics and Diplomacy* (Berkeley: University of California Press, 2004), "Chinese Nationalism: Challenging the State?" *Current History*, September 2005, pp. 251-256, "Identity and Conflict in Sino-American Relations," in Alastair Ian Johnston and Robert S. Ross, eds., *New Directions in the Study of China's Foreign Policy* (Stanford: Stanford University Press, 2006), pp. 309-339.

⑧ 关于无意夸大评估的原因，参见 John H. Herz, "The Security Dilemma in International Relations: Background and Present Problems," *International Relations*, 2003, pp. 411-416。关于故意夸大，参见 Anne H. Cahn, *Killing Detente: The Right Attacks the CIA* (University Park, Pa.: Pennsylvania State University Press, 1998); Richard Ned Lebow, "Misconceptions in American Strategic Assessment," *Political Science Quarterly*, 97 (summer 1982), pp. 187-206。

⑭ Richard Ned Lebow, "Miscalculation in the South Atlantic: British and Argentine Intelligence Failures in the Falkland Crisis," *Journal of Strategic Studies*, 6 (March 1983), pp. 1-29.

⑮ Mark Lander and David E. Sanger, "In Affront to China, Trump Speaks with Taiwan Leader," *International New York Times*, 2 December 2016, http://www.nytimes.com/2016/12/02/us/politics/trump-speakswith-taiwans-leader-a-possible-affront-to-china.html? hp&action = click&pgtype = Homepage&clickSource = story-head- ing&module = a-lede-package-region&region = top-news&WT.nav = top-news (accessed 3 December 2016).

⑯ Richard Ned Lebow, *Why Nations Fight: The Past and Future of War* (Cambridge: Cambridge University Press, 2010), Ch. 4.

⑰ Service, *End of the Cold War*, pp. 169-220.

⑱ Lebow and Stein, *We All Lost the Cold War*, Ch. 6.

⑲ Lebow, *Between War and Peace*, Ch. 4; Lebow and Stein, *We All Lost the Cold War*, Ch. 2.

⑳ Axel Honneth, *The Struggle for Recognition* (Cambridge: MIT Press, 1996); Axel Honneth, and Nancy Fraser, *Recognition or Redistribution? A Political-Philosophical Exchange* (New York: Verso Press, 2003); Thomas Lindemann and Erik,

Ringmar, eds., *The International Politics of Recognition* (Boulder, CO: Paradigm, 2012).

㉛ Lebow, *Cultural Theory of International Relations*, 是个例外。

㉜ Nikita S. Khrushchev, *Khrushchev Remembers: The Last Testament*, trans. Strobe Talbot (New York: Bantam, 1975), pp. 420, 438, 471; Lebow and Stein, *We All Lost the Cold War*, pp. 54-56.

㉝ Georgi Arbatov, "Soviet-American Relations at a New Stage," *Pravda*, 22 July 1973. 引自 Garthoff, *Détente and Confrontation*, p. 333。

㉞ *Department of State Bulletin*, 26 June 1972, pp. 898-899.

㉟ Murrey Marder, "Brezhnev Extols A-Pact," *Washington Post*, 24 June 1973; TASS, Radio Moscow, 25 June 1973, in Foreign Broadcast Information Service, Daily Report: Soviet Union, 25 June 1973. Garthoff, *Détente and Confrontation*, pp. 344-345; Lebow and Stein, *We All Lost the Cold War*, pp. 153-155.

㊱ Telhami, *Power and Leadership in International Bargaining*; Yaacov Bar-Simon-Tov, *Israel and the Peace Process*.

# 索 引[*]

## A

Abelson, Robert 罗伯特·埃布尔森 40

Accommodation 和解 1, 2, 5, 22, 28, 119, 150, 162, 163, 165, 166, 168-181, 188-190, 195, 200-202, 206, 207, 210-218, 221, 223, 225, 226

Acheson, Dean 迪安·艾奇逊 43

Adler, Emanuel 伊曼纽尔·阿德勒 9

Afghanistan 阿富汗 1, 9, 17, 19, 49, 53, 54, 144, 151, 163, 172, 174, 178, 180, 202, 213

Agency 能动性 14, 24, 27, 95, 96, 102-104, 118-120, 187, 208, 209, 211

Albertini, Luigi 路易吉·阿尔贝蒂尼 97, 99, 116, 120, 123

Allison, Graham 格雷厄姆·艾利森 25

Analogies 类比 18, 20, 25

Appeasement 绥靖 20, 60, 111, 202, 220, 222

Arab-Israeli relations 阿以关系 166
See also Sadat, October 1973 War 也参见萨达特，1973年10月战争

Arafat, Yasir 亚西尔·阿拉法特 175

Argentina 阿根廷 152, 193

Arms buildups 军备建设 112, 151, 153

Arms control 军备控制 52, 58, 130, 152, 172, 174, 176, 180, 201, 202, 223

Arms deployments 武器部署 54, 149

Assessments, flawed 有缺陷的评估 74, 78, 194

Atlantic 《大西洋月刊》 25, 39, 59, 64, 95

Austria-Hungary 奥匈帝国 79, 99, 102, 108-110, 112, 116, 117, 122, 126

---

[*] 此处页码为原书页码，即本书边码。索引中译文修正了原文中的错误。

Austrian State Treaty 《奥地利国家条约》 205

## B

Balance of power 均势 26, 27, 75, 96, 105-109, 118, 119, 163, 208, 213

Bargaining, strategic 战略谈判 5, 96, 199

Basic Principles Agreement 《美苏关系基本原则》 204, 225

Begin, Menachem 梅纳赫姆·贝京 173, 212, 215

Belgium 比利时 79, 97, 109, 111, 116, 117

Berchtold, Leopold 利奥波德·贝希托尔德 105

Berghahn, Volker 沃尔克·伯格哈恩 99, 111

Berlin Accords 《柏林协议》 205

Berlin crises 柏林危机 111, 190

Bethmann-Hollweg, Theobald von 特奥巴登·冯·贝特曼-霍尔维格 102, 105, 110, 111, 114-116, 118, 123

Betts, Richard K. 理查德·K.贝茨 126, 130

Black Hand 黑手党 114

Bosnia 波斯尼亚 8

Bracken, Paul 保罗·布拉肯 11

Breslauer, George 乔治·布雷斯劳尔 212

Bretton Woods Agreements 《布雷顿森林协定》 45

Brezhnev, Leonid 列昂尼德·勃列日涅夫 39, 135, 163, 171, 179, 216, 225

Brinkmanship 边缘政策 72, 73

Brodie, Bernard 伯纳德·布罗迪 4, 66

Bülow, Bernhard von 伯恩哈特·冯·比洛 215

Bundy, McGeorge 麦克乔治·邦迪 86, 129, 141, 210

Burlatsky, Fedor 菲德·波拉斯基 84, 85

Bush, George H. W. 乔治·H. W.布什 164, 215

Bush, George W., administration 乔治·W.布什政府(老布什政府) 15, 19, 175

## C

Cambon, Paul 保罗·坎本 226

*Cambridge History of the First World War* 《剑桥第一次世界大战史》 100, 117, 122, 123, 126, 127

Camp David Accords 《戴维营协议》 213

Campaign for Nuclear Disarmament 核裁军运动 54

Carter administration 卡特政府 52, 171

Castro, Fidel 菲德尔·卡斯特罗 13, 85, 86, 111, 147, 200

See also Cuban missile crisis 也参见古巴导弹危机

Catalysts 催化因素 76, 102, 134, 210-213

Ceaucescu, Nicolae 尼古拉·齐奥塞斯库 173

Central America 中美洲 50, 52

Central Intelligence Agency 中央情报局 14

Certainty of hindsight bias 后见之明偏差的确定性 209

Chamberlain, Neville 内维尔·张伯伦 20

Chernobyl 切尔诺贝利 213

China 中国 1, 8, 10, 17, 18, 44, 50, 75, 81, 161, 162, 172, 178, 179, 189, 198, 202, 206, 207, 214-216, 218, 219, 221

China, Nationalist 中国国民党 18

Churchill, Winston 温斯顿·丘吉尔 21

Civil War (US) 美国内战 106

Clark, Christopher 克里斯托弗·克拉克 99, 101, 103, 115, 121

Clausewitz, Carl von 卡尔·冯·克劳塞维茨 4, 5, 15

Clinton, Bill 比尔·克林顿 217

Cold War 冷战 2-4, 8-11, 13, 14, 17, 20, 22, 25-28, 43, 47, 49, 55, 57-60, 64-66, 98, 111-113, 125, 129, 134, 136, 137, 140, 144, 145, 148, 149, 151-153, 161-163, 165-168, 173-175, 181, 189, 190, 192, 196, 200-202, 208, 209, 212-216, 219-221, 223, 226

Common market 共同市场 45

Compellence 胁迫 1-3, 6, 8-10, 12, 26, 145-148, 187, 190, 191, 199, 218, 220, 223, 224

Contingency 偶然性 100, 103, 104

See also Counterfactuals 也参见反设事实

Cooper, Duff 达夫·库珀 21

Counterfactuals 反设事实 14, 22, 23, 104, 105, 111, 118, 124, 167

Cuban missile crisis 古巴导弹危机 13, 25, 26, 28, 83, 111-113, 115, 137, 146, 151, 190, 195, 196, 200, 223

Cyprus 塞浦路斯 214

Czechoslovakia 捷克斯洛伐克 20, 21, 44, 50, 164

## D

Dayan, Moshe 莫舍·达扬 173

Delcassé, Théophile  泰奥菲勒·德尔卡塞  215

Deterrence  威慑  12

    See also deterrence theory, immediate, general  也参见威慑理论,直接,总体

Deterrence theory  威慑理论  12, 66, 68, 69, 71, 73, 82, 88, 89, 110, 125, 192, 194, 220

Deutsch, Karl W.  卡尔·W. 多伊奇  118

Die Große Politik der Europäischen Kabinette  《欧洲各国政府重大政策文件集》  97, 120

Diesing, Paul  保罗·戴幸  66

Dimitrijević, Dragutin (Apis)  德拉古廷·迪米特里耶维奇(神牛)  114

Diplomacy  外交  1, 2, 28, 75, 107, 115, 118, 135, 163, 166, 187, 188, 199, 203, 207-209, 211-215, 218, 220, 221, 224, 225, 227

Dreyfus affairs  德雷福斯事件  211, 212

Dulles, John Foster  约翰·福斯特·杜勒斯  43, 47, 59, 196, 197

**E**

Eastern Europe  东欧  53

    See also Individual countries  也参见各具体国家

Egypt  埃及  73, 74, 76, 78, 135, 136, 140, 143, 161, 162, 166, 168-171, 173, 176, 179, 180, 189, 190, 192, 200, 205, 206, 209, 212, 213, 215, 216

Eisenhower, Dwight David  德怀特·戴维·艾森豪威尔  140, 195, 197, 216, 217, 225

Entente Cordiale  《英法协约》  189

Erskine, Toni  托尼·厄斯金  16

Ethical traps  伦理陷阱  9

Ethics  伦理  15, 18, 19

Ethiopia  埃塞俄比亚  44, 46

European Coal and Steel Community  欧洲煤钢共同体  45

European Recovery Act  《欧洲复兴法案》  45

**F**

Falklands/Malvinas war  福克兰/马尔维纳斯群岛战争  220

Fashoda crisis  法绍达危机  206, 211-215

Fearon, James  詹姆斯·费伦  14

Finite deterrence  有限威慑  131

    See also Nuclear strategy  也参见核战略

Finland  芬兰  202

Fischer Fritz  弗里茨·费舍尔  97,

99, 109, 120

Fischoff, Baruch 巴鲁克·费舍夫 209

Falkenhayn, Erich von 埃里希·冯·法尔肯海恩 99, 108, 116

Forrestal, James 詹姆斯·福里斯特尔 47

France 法国 20, 21, 44, 77, 79, 97, 98, 103, 106, 111, 112, 114, 116–118, 121, 141, 161, 162, 173, 179, 189, 206, 213, 215

Franz Ferdinand, Archduke 弗朗茨·斐迪南大公 102, 123, 127

Frost, Mervyn 默文·弗罗斯特 31

## G

Gaddis, John Lewis 约翰·刘易斯·加迪斯 59, 64

Garthoff, Raymond 雷蒙德·加特霍夫 85

Gaza Strip 加沙地带 175

Genghis Khan 成吉思汗 6

George, Alexander 亚历山大·乔治 111, 113, 204

Germany 德国 18, 21, 24, 43–45, 47, 54, 56–58, 64, 77, 79, 81, 97–99, 101–106, 108–113, 116–118, 120–124, 133, 134, 152, 161, 162, 164, 173, 174, 176, 179, 200, 206, 208, 209, 211, 214, 215, 219, 221, 226

Gilpatric, Roswell 罗斯韦尔·吉尔帕特里克 83, 87

Global warming 全球变暖 1, 12

Globalization 全球化 1

Gorbachev, Mikhail 米哈伊尔·戈尔巴乔夫 22, 39, 144, 163, 164, 171, 173, 211

Great Britain 英国 79

Great depression 大萧条 26

Grey, Edward 爱德华·格雷 104

Gromyko, Anatoliy 阿纳托利·葛罗米柯 84

Guatemala 危地马拉 18

Gulf War (1990–1991) 1990—1991年海湾战争 7

## H

Hastings, Max 马克斯·黑斯廷斯 98, 121

Hegemony 霸权 16, 17, 109

Helsinki Accords, Final act 《赫尔辛基协定》,最后文件 219

Herrmann, Richard 理查德·赫尔曼 14, 209

Hilsman, Roger 罗杰·希尔斯曼 83

Hitler, Adolf 阿道夫·希特勒 18

Hobbes, Thomas 托马斯·霍布斯 95

Holocaust 屠杀 18

Hopf, Ted 特德·霍普夫 125, 196, 228

Hözendorf, Conrad von 康拉德·冯·赫岑多夫 37, 102, 105, 108, 109, 112, 114, 115, 117, 119

Hoyos, Alexander 亚历山大·奥约斯 109

Hundred Years' War 百年战争 206

Hungary 匈牙利 37

Hussein, Saddam 萨达姆·侯赛因 7, 19

Huth, Paul 保罗·胡斯 14

## I

India 印度 8, 81, 202, 214

Indochina war 印度支那战争 215

International criminal court 国际刑事法庭 11

Iran 伊朗 9, 10, 18, 46, 51, 57, 68, 69

Iraq 伊拉克 1, 7, 9, 17, 19, 69, 152, 164, 193

Ireland 爱尔兰 214

Islam 伊斯兰 10

Israel 以色列 73-76, 78, 133, 135-137, 141, 148, 152, 161, 162, 166, 167, 170, 171

Italy 意大利 43, 44, 47

## J

Jagow, Gottlieb von 戈特利布·冯·亚戈 111

Janis, Irving 欧文·贾尼斯 74, 80, 81, 113, 126

Japan 日本 44-46, 57, 76, 79, 162, 193, 197

Jerusalem 耶路撒冷 173, 202

Jervis, Robert 罗伯特·杰维斯 12, 40, 41, 66, 70, 82, 126

Jews 犹太人 167

Johnson, Lyndon B. 林登·B.约翰逊 46, 51, 210, 216

## K

Kaufmann, William 威廉·考夫曼 4, 66

Kennedy, John F. 约翰·F.肯尼迪 25, 43, 51, 115

Khomeini, Ruhollah 鲁霍拉·霍梅尼 69

Khrushchev, Nikita S. 尼基塔·S.赫鲁晓夫 84

Kiderlen-Wächter, Alfred von 阿尔弗雷德·冯·基德伦-韦希特尔 105

Kissinger, Henry 亨利·基辛格 4, 52, 63, 70, 136, 148, 171, 189, 202, 206, 212, 214-216, 226

Korean War 朝鲜战争 46, 47, 81,

90, 139

Kriegschuldfrage (war guilt question) 战争责任问题 98

Kurds 库尔德人 10

**L**

Lebanon 黎巴嫩 46, 68

Lessons, policy 政策教训 11, 18, 58, 60

Libya 利比亚 1, 10, 19

**M**

Machiavelli, Niccolò 尼科洛·马基雅维利 95

MacMillan, Margaret 玛格丽特·麦克米伦 99, 103, 105, 110, 121, 203, 220, 226

Malinovsky, Rodion 罗季恩·马利诺夫斯基 85

Manchuria 满洲里 44, 46

Mann, Leon 利昂·曼 80

Marshall Plan 马歇尔计划 45, 59, 85

Marshall, George C. 乔治·C. 马歇尔 79

McMeekin, Sean 肖恩·麦克米金 98

McNamara, Robert S. 罗伯特·S. 麦克纳马拉 85, 86, 131

Mick, Christopher 克里斯托弗·米克 117

Middle East 中东 1, 13, 53, 131, 137, 138, 167, 168, 175, 204, 205

Mikoyan, Anastas I. 阿纳斯塔斯·I. 米高扬 84

Mikoyan, Sergei 谢尔盖·米高扬 84, 85

Milburn, Thomas 托马斯·米尔本 66

Missile gap 导弹差距 84–86, 135

Mitrany, David 戴维·米特兰尼 206, 229

Molotov, Vyacheslav M. 维亚切斯拉夫·M. 莫洛托夫 59

Moltke, Helmuth von, the Elder 老赫尔穆特·冯·莫尔特克 106, 113, 115

Mombauer, Annika 安妮卡·蒙鲍尔 99

Morgenthau, Hans J. 汉斯·J. 摩根索 15

Morocco 摩洛哥 106, 173, 206, 215

Mueller, John 约翰·米勒 130

Munich Conference 慕尼黑会议 14, 20, 21, 23, 44

Mussolini, Benito 贝尼托·墨索里尼 44, 46

Mutual Assured Destruction 相互确保

摧毁 129

See also Nuclear strategy 也参见核战略

N

Namier, Lewis 刘易斯·内米尔 21

Napoleonic Wars 拿破仑战争 6

Nasser, Gamal Abdul 迦玛尔·阿卜杜尔·纳赛尔 73

National Liberation Front (Viet Cong) 民族解放阵线(越共) 6

See also Indochina war 也参见印度支那战争

National Security Council (NSC) 国家安全委员会 47

National War College (US) 国家战争学院(美国) 11

Naval War College 海军军事学院 50

9/11 "9·11"事件

See Terrorism 参见恐怖主义

Nitze, Paul 保罗·尼采 49

Nixon, Richard 理查德·尼克松 4

North Atlantic Treaty Organization (NATO) 北大西洋公约组织(北约) 8, 18, 45, 52, 54, 64, 134, 172, 174, 214

North Korea 朝鲜 1, 9, 10

North Vietnam 北越 6, 7, 9

See also Indochina war 也参见印度支那战争

Northern Ireland 北爱尔兰 215

See also Ireland 也参见爱尔兰

Nuclear strategy 核战略 10, 11

Nuclear war 核战争 10, 12, 14, 54, 57, 131, 132, 134, 137, 139, 146, 149, 152-154

Nuclear weapons 核武器 9-11, 59, 111, 129-132, 139, 141, 143, 145, 146, 148-150, 152, 153

O

Obama administration 奥巴马政府 10

October 1973 war 1973年十月战争 170

See also Egypt, Israel 也参见埃及，以色列

Opportunity-vs. need-driven challenges 机会—与需求驱动的挑战 13, 68

Ostpolitik 东方政策 178

See also Germany 也参见德国

Otte, Thomas 托马斯·奥特 99, 113, 119

P

Pakistan 巴基斯坦 68, 202, 214

Palestinians 巴勒斯坦人 10, 175, 176, 181, 214, 217

Pearl Harbor 珍珠港 76, 78

Persian Gulf 波斯湾 52

Poland 波兰 21, 44, 77, 164

Power transition theory 权力转移理论 96, 109, 110, 163

Psychology, cognitive, motivational 心理学，认知，动机 12

　*See also* Janis and Mann 也参见贾尼斯和曼

Pugwash 普格沃什 207

Putin, Vladimir 弗拉基米尔·普京 162, 220

# R

Rabin, Yitzhak 伊扎克·拉宾 175

Rationalist approaches 理性主义方式 96, 107, 208

Reagan administration 里根政府 10, 131, 223

Reagan, Ronald 罗纳德·里根 22, 50, 151, 174, 176, 215

Realism 现实主义 15

Reassurance 增信释疑 2, 11, 28, 58, 174, 187, 188, 190, 198, 199, 201–206, 208, 218, 220

Refugees 难民 1

Reich, Simon 西蒙·赖克 16

Reykjavik summit 雷克雅未克峰会 174

Rhineland, reoccupation of 重新占领莱茵兰 44, 111

Ripeness 成熟 189, 209, 213

Ritter, Gerhard 格哈德·里特 97

Rogue states "流氓"国家 9

Röhl, John 约翰·罗尔 99

Roman empire 罗马帝国 72

Roosevelt, Franlin D. 富兰克林·D. 罗斯福 79

Russett, Bruce 布鲁斯·拉西特 14

Russia 俄罗斯 8–10, 77, 102, 104, 105, 108, 110, 112, 114, 116, 117, 154, 161, 193, 220

Russo-Japanese War 日俄战争 106

Rust, Matthias 马赛亚斯·鲁斯特 213

Rwanda 卢旺达 8

# S

Sadat, Anwar el 安瓦尔·萨达特 169, 173, 201, 211

Schelling, Thomas 托马斯·谢林 4, 9, 66, 196, 197

Schlieffen Plan 施里芬计划 99, 108, 110

Serbia 塞尔维亚 79, 99, 100, 102, 104, 105, 108, 109, 112, 114–116, 210

Shaknazarov, Georgi 格奥尔基·沙赫

纳扎罗夫 84,85

Shamir, Yitzhak 伊扎卡·沙米尔 177

Shevardnadze, Eduard 爱德华·谢瓦尔德纳泽 170,172

Sinai Peninsula 西奈半岛 206

Smoke, Richard 理查德·斯莫克 111

Snyder, Glenn 格伦·斯奈德 66

Snyder, Jack 杰克·斯奈德 76,193

Somalia 索马里 8

Sophocles 索福克勒斯 17

South Vietnam 南越 6

　See also Indochina war 也参见印度支那战争

Soviet Union 苏联 4

　See also Cold War 也参见冷战

Spain 西班牙 43

Stalin, Joseph 约瑟夫·斯大林 47,111,150,192

Status quo 现状 21,44,74,75,90,118,140,152,168,188,200,209,223

Stein, Janice Gross 贾尼丝·格罗斯·斯坦 2,3,12,14,27,67,73,90,168

Strachan, Hew 休·斯特拉坎 99,112

Strategic Air Command 战略空军 134,167

Strategic bombing 战略轰炸 6,210

Strategic Defense Initiative (SDI) 战略防御倡议 11,22,166,174

Suez Canal 苏伊士运河 78,135,171

Syria 叙利亚 9,168,175,188

## T

Taiwan Straits Crises 台湾海峡危机 196,221

Taylor, A. J. P. A. J. P. 泰勒 44

Terrorism 恐怖主义 1,10,15,168

Thatcher, Margaret 玛格丽特·撒切尔 203,220,226

Thompson, E. P. E. P. 汤普森 43,54

Thompson, William R. 威廉·R. 汤普森 182,186,230,231

Threat-based strategies 基于威胁的战略 1,3,8,28,224

　See also Deterrence and Compellence 也参见威慑与胁迫

Thucydides 修昔底德 15,17

*Thumos* (spirit) 精神 219

Tit-for-tat 你来我往 199

Track two diplomacy "第二轨道"外交 207

Tragedy 悲剧 15,16,21,56,59,61

Truman administration 杜鲁门政府 11

Truman Doctrine 杜鲁门主义 46

Truman, Harry S. 哈里·S. 杜鲁门 46

Trump, Donald 唐纳德·特朗普 220, 221

Tuchman, Barbara 芭芭拉·塔奇曼 24, 113

Tuhami, Hassan 哈桑·图哈米 173

Turkey 土耳其 46, 86, 87, 133, 147, 149, 180, 224

Turner, Stansfield 斯坦菲尔德·特纳 14

# U

U-2 affair U-2 侦察机事件 216

Ukraine 乌克兰 9, 17

United States 美国 13, 25

See also Cold War 也参见冷战

# V

Vergangenheitsbeweltigung (coming to terms with the past) 与过去和解

Versailles, Treaty of 《凡尔赛条约》 44, 97

Vietnam war 越南战争 11

See also Indochina war 也参见印度支那战争

# W

Waldersee, Alfred von 阿尔弗雷德·冯·瓦德西 113

Waltz, Kenneth N. 肯尼思·N. 沃尔兹 154, 182

War of attrition (Egypt-Israel) 消耗战（埃及—以色列） 73, 78

Warsaw Pact 华沙条约组织 54, 55, 134, 164, 176, 177, 171

*Washington Monthly* 《华盛顿月刊》 241 25

Watergate "水门事件" 52

Weapons of mass destruction (WMDs) 大规模杀伤性武器 19, 152

See also Nuclear weapons 也参见核武器

Weber, Max 马克斯·韦伯 18, 24

West Bank 西岸 175

See also Palestinians 也参见巴勒斯坦人

Western Europe 西欧 45, 46, 53, 65, 131, 134, 141, 167, 172, 174, 213, 214

Wheeler-Bennett, John 约翰·惠勒-贝内特 21

Wilhelm II (Germany) 德国威廉二世 36, 121

World War I, origins, why the Allies

won 第一次世界大战,起源,为何协约国获胜 116

World War Ⅱ 第二次世界大战 3, 7, 95, 98

## Y

Yugoslavia 南斯拉夫 18, 19, 50

## Z

Zamyatin, Leonid 列奥尼德·扎米亚金 225

Zartman, William 威廉·扎特曼 231

Zhou Enlai 周恩来 214, 215, 226

Zimmermann, Alfred 阿尔弗雷德·齐默尔曼 111

# 译 后 记

《避免战争，缔造和平》是译者主持的中共中央党校创新项目"国外政治文化研究"的阶段性成果。这部著作偏重从文化的视角来论证战争与和平这一人类永恒的课题。

在当今国际局势紧张、逆全球化趋势和贸易保护主义抬头的背景下，《避免战争，缔造和平》的翻译出版有着警示的作用。作者理查德·内德·勒博在书中采取整体研究视角，尝试融合历史学、政治学和心理学的研究取向，致力于理论与政策分析的结合，这对"国外政治文化研究"项目很有借鉴意义。政治文化研究就是跨学科的，它的兴起是社会学、心理学、人类学、政治学等共同汇聚的结果。

作为"马克思主义文化学理论"研究中心和"中国特色社会主义文化发展道路"研究中心，中共中央党校文史教研部亦致力于"国外政治文化研究"。该课题研究项目的参与成员主要来自文史教研部的外国语言与文化教研室。

四年来，课题项目组主要聚焦于译介与评论不同国家政治文化研究的优秀著作和前沿问题研究成果，已翻译出版了《美国智库与政策建议：学者、咨询顾问与倡导者》（北京大学出版社 2018 年版）、《何谓智库：我的智库生涯》（社会科学文献出版社 2018 年版）、《莎士比亚小传》（社会科学文献出版社 2018 年版）、《维多利亚时代的政治文化：合情顺理》（北京大学出版社 2019 年版）；另外，《现代日本的诞生——一个英国人的视角》《饥饿：一部现代史》等译著正在编辑中。

关于本书的翻译出版，首先要感谢耿协峰博士，他在了解我们项目组的研究方向后向我推荐了原著。其次要感谢本书的责任编辑董郑芳，她是我遇到的编辑中最为认真、敬业的一位，编辑业务娴熟，外语水平高，对翻译细节的精益求精非常值得我学习。

人们常说教学相长，其实在编辑与译者/作者的互动中也是一样，遇到好的编辑，译者受益更多，这也是译者的福分。

肖宏宇
2020 年 9 月